スッキリわかる

日商簿記1級

工業簿記・原価計算

III 直接・CVP・予算実績差異分析編

TAC出版開発グループ

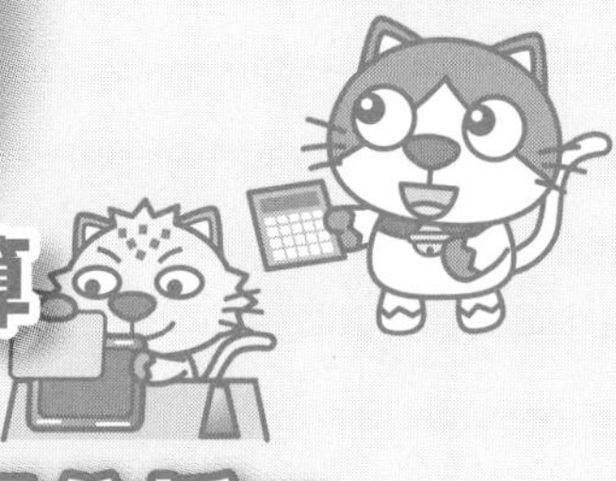

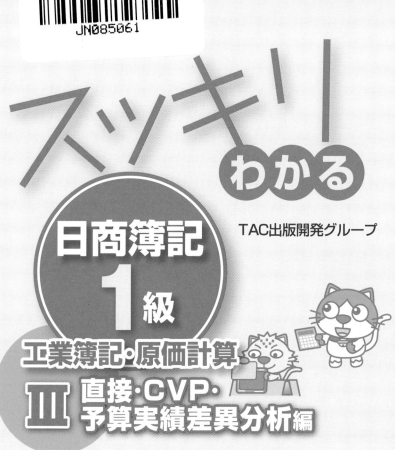

はしがき

工業簿記・原価計算は内容を正確に理解することが大切です。

１級の試験において、商業簿記・会計学はもちろん大切ですが、合格の鍵を握っているのは、工業簿記・原価計算といっても過言ではありません。というのも、工業簿記・原価計算の試験では、満点もねらえる反面、ひとつの間違いがその後の解答へと影響し、大きな失点につながることもあるからです。

そこで、工業簿記・原価計算の対策として何よりも必要なのは、**内容を正確に理解しておくこと**です。

特徴１　「場面をイメージしやすいテキスト」にこだわりました

そこで本書は、工業簿記・原価計算の理解を深めるため、２級でもおなじみのゴエモンというキャラクターを登場させ、工業簿記・原価計算の場面がイメージしやすいようにしてあります。みなさんもゴエモンといっしょに工業簿記・原価計算について正確な知識を学んでいきましょう。

特徴２　テキスト＆問題集

１級の試験対策として、ただテキストを読んで重要事項を暗記するだけでは通用しません。知識の正確な理解と**問題を繰り返し解くこと**が重要になってきます。

特に、工業簿記・原価計算は多くの資料の中から必要な資料を選び出して計算します。どの資料を使うかはその内容を正確に理解する必要があります。

そこで、テキストを読んだあとに必ず問題を解いていただけるよう、本書はテキストと問題集を一体にしました。問題集には、テキストの内容を理解するための基本問題はもちろん、本試験レベルの応用問題も入っています。

また、実力を確認するためのチェックテスト1回分（工簿・原計）を収載しています。テキストⅠ～Ⅳを学習したあとに、チャレンジしてください。

簿記の知識はビジネスのあらゆる場面で活かすことができます。

本書を活用し、簿記検定に合格され、みなさんがビジネスにおいてご活躍されることを心よりお祈りいたします。

初版から第２版への主な改訂点

第２版は、初版につき、最新の試験傾向に対応するために、改訂を行っています。

簿記の学習方法と合格までのプロセス

1. テキストを読む

テキスト

まずは、**テキストを読みます**。

テキストは自宅でも電車内でも、どこでも手軽に読んでいただけるように作成していますが、机に向かって学習する際には鉛筆と紙を用意し、取引例や新しい用語がでてきたら、**実際に紙に書いてみましょう**。

また、本書はみなさんが考えながら読み進めることができるように構成していますので、ぜひ**答えを考えながら**読んでみてください。

2. テキストを読んだら問題を解く！

問題編

簿記は**問題を解くことによって、知識が定着**します。本書はテキスト内に、対応する問題番号を付していますので、それにしたがって問題を解きましょう。

また、まちがえた問題には付箋などを貼っておき、あとでもう一度、解きなおすようにしてください。

3. もう一度、すべての問題を解く！＆チェックテストを解く！

問題編

上記1、2を繰り返し、テキストが全部終わったら、**テキストを見ないで**問題編の**問題をもう一度最初から全部解いてみましょう**。

こうすることで、知識を完全に身につけることができます。

そのあと、次のテキストに進みます。テキストⅣまで学習したら、巻末の別冊に入っている**チェックテスト**を解きましょう。

4. そして過去問題集を解く！

過去問題集

すべてのテキストの学習が終わったら、本試験の出題形式に慣れ、時間内に効率的に合格点をとるために**過去問題集（別売）**＊を解くことをおすすめします。

＊TAC出版刊行の過去問題集…「合格するための過去問題集 日商簿記１級」

合格

工業簿記・原価計算で学習する主な内容

テキストⅠ　費目別・個別原価計算編

工業簿記・原価計算の基礎			
費目別計算	材料費会計	労務費会計	経費会計
(単純)個別原価計算	一連の流れ	製造間接費の配賦と差異分析	
部門別個別原価計算	部門個別費と部門共通費の集計	補助部門費の製造部門への配賦	補助部門費の配賦方法と責任会計
個別原価計算の仕損			

テキストⅡ　総合・標準原価計算編

総合原価計算の基礎				
仕損・減損が生じる場合の計算	異常仕損・減損	正常仕損・減損（度外視法）	正常仕損・減損（非度外視法）	
工程別総合原価計算	累加法	非累加法		
組別・等級別総合原価計算	組別総合原価計算	等級別総合原価計算		
連産品の原価計算	連産品	副産物		
標準原価計算の基礎	標準原価計算とは	標準原価計算の計算手続	勘定記入	材料受入価格差異
標準原価計算の応用	標準工程別総合原価計算		標準個別原価計算	
標準原価計算における仕損・減損	原価標準の設定	第１法	第２法	配合差異・歩留差異
原価差異の会計処理	原価差異の会計処理	材料受入価格差異		

本書

テキストⅢ　直接・CVP・予算実績差異分析編

直接原価計算	直接原価計算とは	損益計算書の表示と勘定連絡	
	固定費調整	直接標準原価計算とは	
CVP 分析	固変分解	CVP 分析	多品種の CVP 分析
最適セールス・ミックス	制約条件が１種類の場合		制約条件が２種類の場合
予算編成			
事業部の業績測定	セグメント別損益計算書	資本コスト	事業部長と事業部自体の業績測定
予算実績差異分析	直接実際原価計算	直接標準原価計算	セグメント別の予算実績差異分析

テキストⅣ　意思決定・特殊論点編

差額原価収益分析	特別注文引受可否の意思決定	内製・購入の意思決定	追加加工の要否の意思決定
	セグメントの継続・廃止の意思決定	経済的発注量の計算	
設備投資の意思決定	設備投資の意思決定モデル		
	新規投資	取替投資	
新しい原価計算	品質原価計算	活動基準原価計算	

※上記収録論点は変更になる可能性があります。

日商簿記1級の出題傾向と対策（工業簿記・原価計算）

1．配点と合格点

日商簿記１級の試験科目は、商業簿記、会計学、工業簿記、原価計算の４科目で、各科目の配点は25点です。また、試験時間は商業簿記・会計学であわせて90分、工業簿記・原価計算であわせて90分です。

商業簿記	会 計 学	工業簿記	原価計算	合計
25点	25点	25点	25点	100点

試験時間90分（商業簿記・会計学）　試験時間90分（工業簿記・原価計算）

合格基準は100点満点中70点以上ですが、10点未満の科目が１科目でもある場合は不合格となりますので、苦手科目をなくしておくことが重要です。

2．出題傾向と対策（工業簿記・原価計算）

１級工業簿記・原価計算の出題傾向と対策は次のとおりです。

	出題傾向	対　策
工業簿記	工業簿記では、製品原価計算を前提とした勘定記入、差異分析、財務諸表の作成などが出題されます。	２級で学習した内容が大部分を占めますが、１級では正確な理解がともなわないと、解答するのが困難な問題が出されます。テキストⅠ・Ⅱをよく読み、背景にある理論体系をしっかりと理解したうえで、問題演習を繰り返してください。
原価計算	原価計算では管理会計を中心とした計算問題が出題されます。	１級ではじめて学習する管理会計は、学習内容がつかみづらい論点でもあります。まずはテキストⅢ・Ⅳをしっかりと読んで、学習をすすめてください。また、長文で出題され、応用力が問われる問題が多く出されます。必要な資料を的確にピックアップできるよう、正確に理解することを心がけてください。

※日商簿記１級の試験日は６月（第２日曜）と11月（第３日曜）です。試験の詳細については、検定試験ホームページ（https://www.kentei.ne.jp/）でご確認ください。

CONTENTS

第1章

直接原価計算

いよいよテキストⅢからは管理会計。主に原価計算で
出題される論点を学習していくんだって。
まずはじめは直接原価計算から。
２級でも学習したけど、直接原価計算は、原価を変動費と
固定費に分けて製品原価計算するのが特徴的で、
利益管理に役立つ方法だったよね。

それでは、管理会計においては重要な考え方である
直接原価計算について、しっかりと理解していきましょう。

この章で学習する項目

1．管理会計について
2．業績評価システム
3．直接原価計算
　：直接原価計算の特徴
　：直接原価計算制度
　：固定費調整
　：**直接標準原価計算** 1級 新 論点

CASE 1 管理会計について

管理会計のための原価計算とは?

テキストⅠ・Ⅱでは企業外部の利害関係者に対して情報を提供する財務会計目的の原価計算について学習してきました。
これからは、企業内部の利害関係者に対して情報を提供する管理会計目的の原価計算についてみていきます。
まずはその体系について整理してみましょう。

管理会計のための原価計算とは

管理会計のための原価計算とは、経営管理者などの企業内部の利害関係者が必要とする情報を提供する原価計算のことをいい、その情報が経常的に必要とされるものか、臨時的に必要とされるものかによって次のように分けられます。

(1) 業績評価のための原価計算

くわしくはCASE 2からみていきます。

経常的に行われる経営管理の一連のシステムは、**業績評価**のためのシステムであり、**計画**（Planning）と**統制**（Control）に大別することができます。そして、事前に立案された経営計

画とそれを実現させるために行う統制によって、企業経営はそのかじ取りがなされていきます。

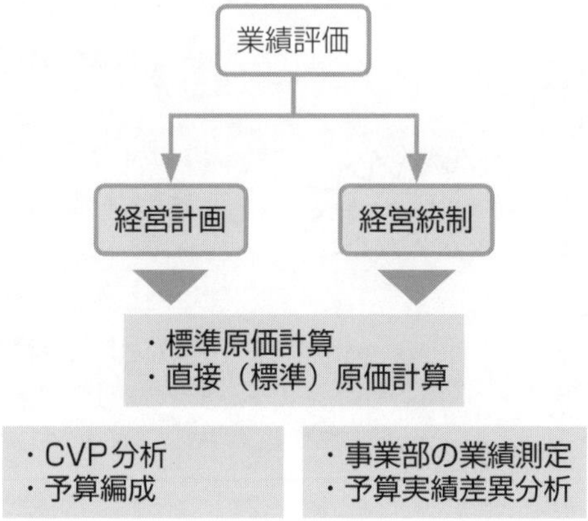

⑵　経営意思決定のための原価計算

これに対し、臨時的な経営管理情報とは**意思決定**のための情報をいいます。

企業内部における経営管理者は経営上生じる種々の問題点について、そのつど、適切な解決策を模索しなければなりません。原価計算はこのような経営意思決定に必要となる原価および利益に関する情報を提供していきます。

くわしくはテキストⅣでみていきます。

なお、経営意思決定は経営の基本構造に関する**構造的意思決定**と、短期の業務活動の執行に関する**業務的意思決定**に分けられます。

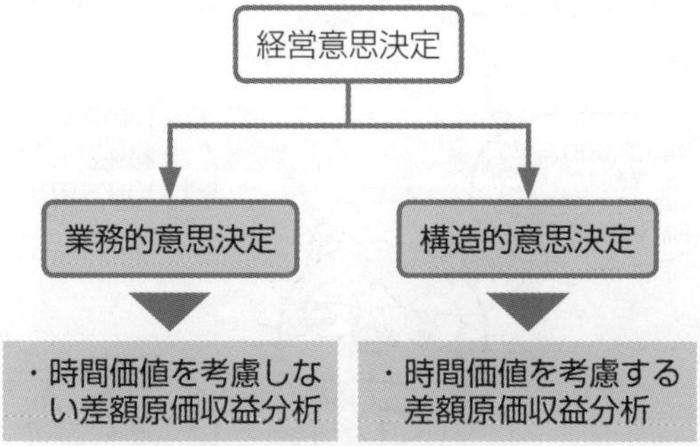

CASE 2

業績評価システム

利益管理とは?

売上－費用＝利益
利益管理をはじめよう！

利益が獲得できない企業はいずれ倒産してしまいますので、企業経営の目的は利益の獲得にあるといえます。
ゴエモン㈱も目標利益を獲得するために利益管理とよばれる活動を行うことにしました。

利益管理とは？

標準原価計算を採用することによって原価管理に役立つ情報を入手することはできますが、いくら原価を管理しても利益が獲得できなければ、いずれ企業は倒産してしまいます。このように、企業経営のもっとも重要な目標は利益の獲得にあるということができ、この利益を確保するため企業では**利益管理**を行っていきます。ここで利益管理とは、目標利益を達成するための管理活動をいい、次のプロセスによって進めていきます。

Step 1 目標利益の設定

５～10年の長期的な経営計画にもとづき、次年度における利益の目標をたてます。

5年で5,000万円の利益をあげたいから、来年は1,000万円の利益を達成するぞ！
1年後 利益 1,000万円
5年後 利益累計 5,000万円

Step 2 利益計画の作成

つづいてこれから1年間の大まかな活動計画である、利益計画を作成します。

利益計画を作成するための手法がCVP分析であり、第2章で学習します。
また最適販売量の決定をセールス・ミックス分析といい第3章で学習します。

具体的には、目標利益を獲得するためにはどのくらいの収益が必要か、原価はどれだけに抑えればよいかを見積るいっぽうで、そのためには、どの製品をどれだけ生産・販売すればよいかを検討します。

Step 3 予算編成

予算P/L・予算B/Sの作成を予算編成といい、第4章で学習します。

できあがった利益計画にもとづいて予算を編成します。

ここで予算とは購買、製造、販売、一般管理などの各部門の活動を計画し、金額で表現したものです。

企業においては利益計画を部門ごとに展開し、各部門がどれだけ収益をあげ、またどれだけの原価をかけるのか、さらに、そのなかでどのようにおのおのの活動を進めていくのかを詳細に検討します。

Step 4 予算統制

実際の活動の結果と予算との間のズレの原因を分析することを予算実績差異分析といい、第6章で学習します。また、各部門や管理者の業績評価（事業部の業績測定）については第5章で学習します。

予算ができあがったら、各部門は、それを目標としておのおのの活動を進めます。製造部門は予算に示された原価で所定の生産を行い、また販売部門は目標売上高の達成を目指します。

各部門がそれぞれ予算で決まった目標を達成すれば、年度末には、目標利益を獲得することができますが、ズレが生じた場合は、その原因を分析します。

分析結果は各部門やその管理者の業績評価の尺度となり、次の年度の利益管理プロセスにフィードバックされ、より適切な利益管理に役立てられます。

なお、Step1～Step4の利益管理のプロセス全体をまとめて、予算管理という場合もあります。

予算にもとづいて活動したら、年度末には目標どおりになったかどうか、見直さないとね。
予算 B/S
予算 P/L
実際 B/S
実際 P/L

CASE 3 直接原価計算

直接原価計算の特徴

2級でも学習した直接原価計算だけど、管理会計では重要な考え方なので、しっかり復習しておこう。
売上高
変動費
貢献利益
固定費
営業利益

利益管理を有効に行うためには、今まで学習した全部原価計算ではなく、原価を変動費と固定費に分けて計算する直接原価計算を採用すべきなんだよね。
まずは、直接原価計算の特徴についてみていきましょう。

例 当社では、製品Aの生産・販売を行っているが、全部原価計算によると、生産数量が変化すれば、他の条件がまったく同じであっても損益計算書の営業利益が変わってしまうので、直接原価計算を導入することにした。そこで以下の資料にもとづき、⑴全部原価計算による損益計算書と、⑵直接原価計算による損益計算書を作成しなさい。

［資　料］
1．販売単価：　500円／個
2．製造原価：変動製造原価　120円／個
　　　　　　　固定製造原価　24,000円／年
3．販 売 費：変 動 販 売 費　30円／個
　　　　　　　固 定 販 売 費　10,000円／年
4．一般管理費（すべて固定費）　8,000円／年
5．生産・販売データ

	第1期	第2期
期首在庫量	0個	0個
当期生産量	250個	300個
当期販売量	250個	250個
期末在庫量	0個	50個

（注）各期首・期末に仕掛品は存在しない。

利益の動き

そもそも利益とは、売上高から原価（製造原価、販売費、一般管理費）を差し引いて求めます。

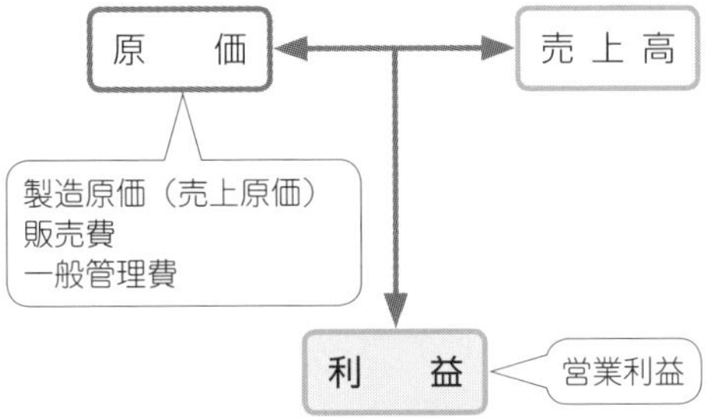

この利益について原価・売上高の動きをグラフにして、もう少し細かくみていくと、次のようになります。

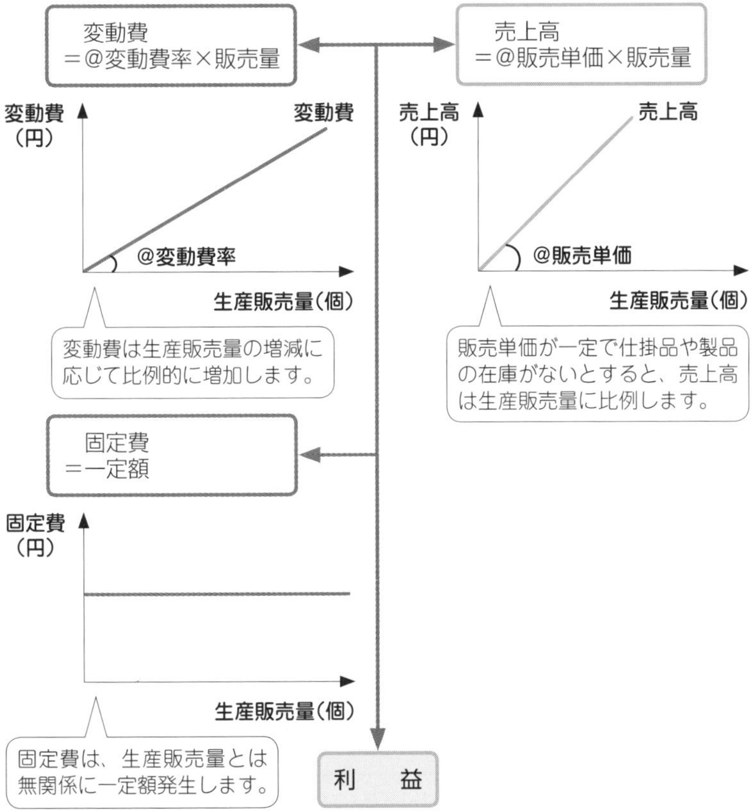

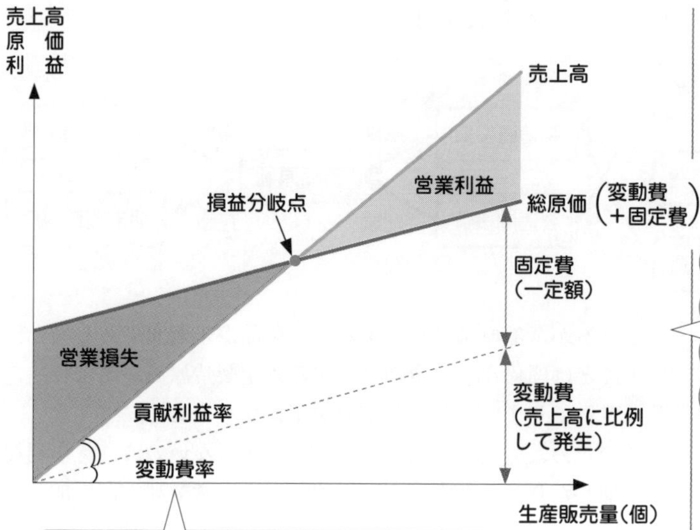

利益は、生産販売量によって動く売上高・変動費と、生産販売量によって動かない固定費からなりたっているといえます。

変動費・固定費・売上高のグラフを１つにあわせるとこのようになります。

以上より利益（Profit）は、売上、原価（Cost）、生産・販売量（Volume）の関係から決定され、利益の動きを理解し、管理するため、または利益計画を作成するためには、売上、原価、生産・販売量の関係を分析し、三者の相互関係を明らかにしなければなりません。

利益、原価、生産・販売量の三者の関係について、その頭文字をとってCVP関係といいます。

この点について、今まで学習してきた計算方法（全部原価計算）よりも、売上高から変動費、固定費を段階的に差し引いて営業利益を計算する**直接原価計算**の方が、CVP関係を明確にとらえることができ、利益管理に役立つという長所があります。

それでは、この特徴について数値例で確認してみましょう。

利益管理と全部原価計算

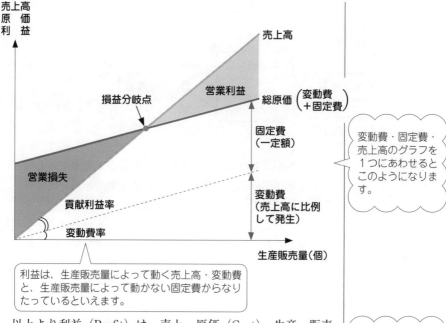

全部原価計算とは、製造活動によって生じる**すべての原価要素を製品原価に算入する**方法をいいます。つまり、変動費であろうが、固定費であろうが、製造原価はいったんすべて製品原価に含められたのち、その製品が販売された期間において売上

原価として費用化されます。

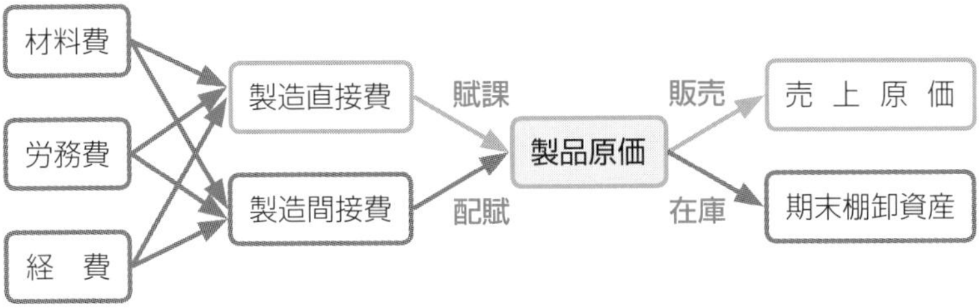

ところが全部原価計算によると、製品が未販売である場合、売上高とは関係なく一定額発生する固定製造原価が期末製品に配分されてしまい、発生年度の費用になりません。

このため、売上高の増加も原価の減少もないのに、営業利益が増加したり、また売上高が増加しても、営業利益が増加しないといった現象が起きてしまい、売上高の増加に対して原価や利益がどう変化するかを予測することができず、利益計画の作成や目標利益を獲得するための利益管理に役立つ計算方法とはいえません。

この全部原価計算による損益計算書は次のようになります。

CASE 3⑴の全部原価計算による損益計算書

① 売上高

・第 1 期：500 円 / 個 × 250 個 = 125,000 円

・第 2 期：500 円 / 個 × 250 個 = 125,000 円

② 売上原価

・第 1 期：54,000 円

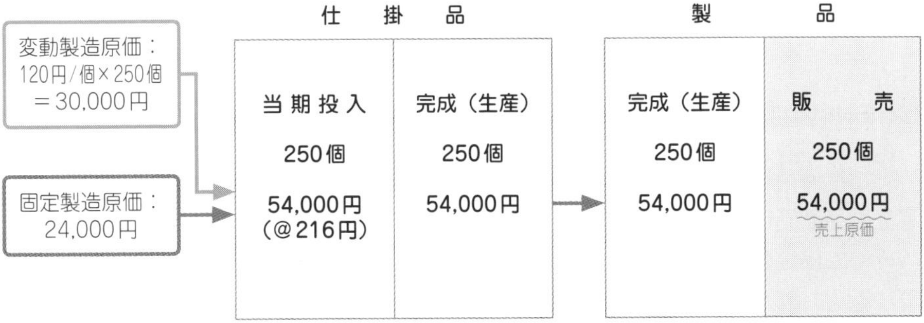

・第２期：50,000円

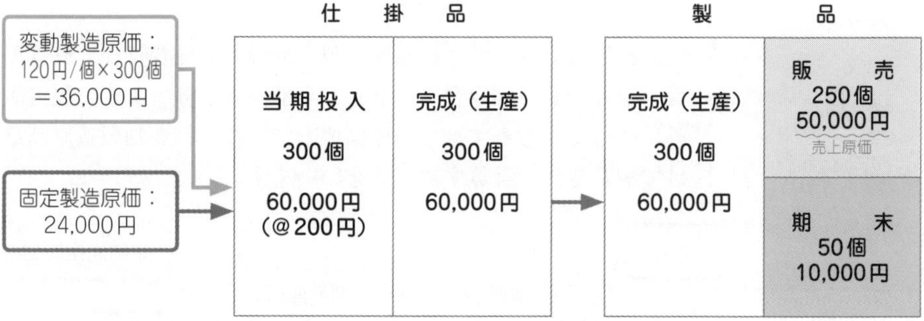

③　販売費及び一般管理費

・第１期：30円/個×250個＋10,000円＋8,000円＝25,500円
　（変動販売費：30円/個×250個　固定販売費：10,000円　一般管理費：8,000円）

・第２期：30円/個×250個＋10,000円＋8,000円＝25,500円
　（変動販売費：30円/個×250個　固定販売費：10,000円　一般管理費：8,000円）

損益計算書（全部原価計算）（単位：円）

	第１期	第２期
Ⅰ．売　上　高	125,000	125,000
Ⅱ．売　上　原　価	54,000	50,000
売上総利益	71,000	75,000
Ⅲ．販売費及び一般管理費	25,500	25,500
営　業　利　益	45,500	49,500

同じ販売数量でありながら、利益にズレが生じています。同じ販売数量なら、同じ利益となった方が、予測がたてやすいため、全部原価計算は利益予測に役立つ計算方法とはいえません。

全部原価計算では、一定額発生する固定製造原価を製品原価に算入するため、生産量によって製品単位原価が変化してしまいます。その結果、仮に販売量（売上高）が同じであっても損益計算書に計上される費用額（売上原価）が異なってしまい、営業利益は同じになりません。

利益管理と直接原価計算

直接原価計算とは、総原価（製造原価、販売費及び一般管理費）を変動費と固定費に分解し、全部原価計算のように製造活動によって生じるすべての原価要素ではなく、変動製造原価だけで製品原価を計算する方法をいいます。

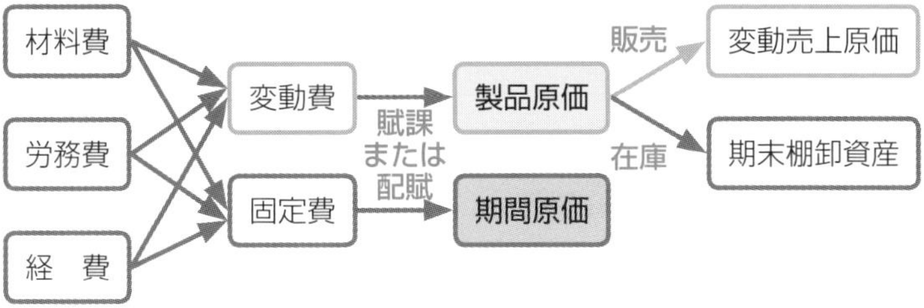

期間原価とは、発生した期間の費用ということです。

直接原価計算では、売上高と無関係に一定額発生する固定製造原価を製品原価に含めず、期間原価とすることによって、期間利益の計算における歪みを取り除くことができます。

たとえば売上高が２倍になったとき、売上高に比例して２倍になる原価（変動費）と、まったく変化しない原価（固定費）が判明します。

すなわち、原価を変動費と固定費に分けておくことで、売上高の増加に対して原価と利益がどのように変化していくかの予測ができます。また、この関係を利用することで来期の目標利益を獲得するためにはどれくらいの売上高が必要か、というような予測も可能になり、直接原価計算は利益管理に有用な計算方法といえます。

以上より、直接原価計算による損益計算書は次のようになります。

CASE 3⑵の直接原価計算による損益計算書

① 売上高

・第１期：500円/個×250個＝125,000円

・第２期：500円/個×250個＝125,000円

② 変動費（変動売上原価と変動販売費の合計）

・第１期：

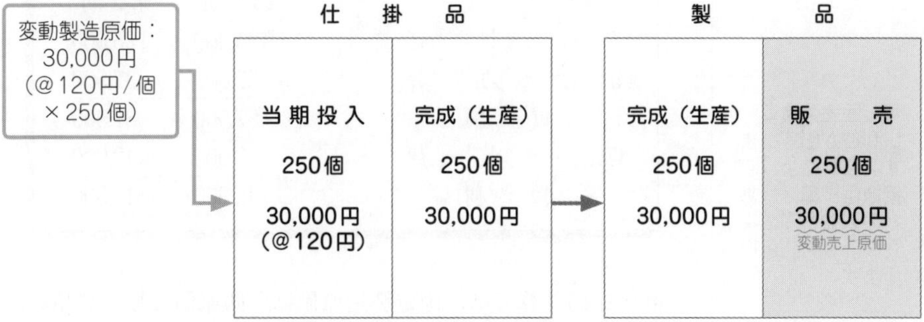

・変動売上原価：30,000円
・変動販売費：30円/個×250個＝7,500円
・変動費合計：30,000円＋7,500円＝37,500円

・第２期：

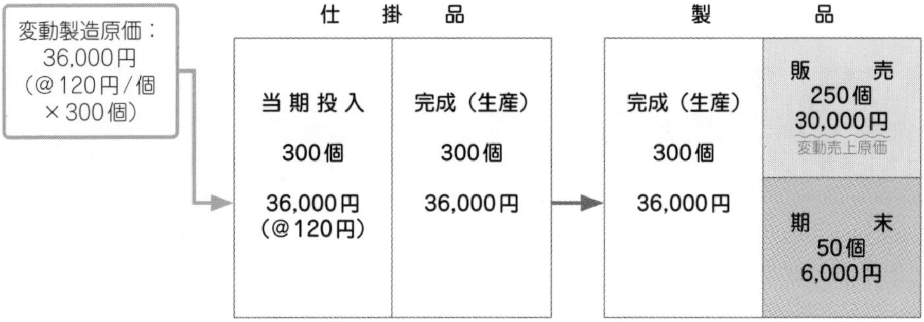

・変動売上原価：30,000円
・変動販売費：30円/個×250個＝7,500円
・変動費合計：30,000円＋7,500円＝37,500円

③ 固定費（第１期、第２期とも同額）：

・24,000円＋10,000円＋8,000円＝42,000円

固定製造原価　固定販売費　一般管理費

損益計算書（直接原価計算）（単位：円）

	第１期	第２期
Ⅰ．売　　上　　高	125,000	125,000
Ⅱ．変　　動　　費	37,500	37,500
貢献利益	87,500	87,500
Ⅲ．固　　定　　費	42,000	42,000
営業利益	45,500	45,500

同じ販売数量で同じ利益が出ています。これにより直接原価計算は経営者の利益予測に役立つ計算方法といえます。

直接原価計算では、固定製造原価は期間原価とし、製品原価に算入しないため、生産・販売量の影響を受けることはありません。

以上より、直接原価計算は、利益の予測計算（利益管理）に有用な計算方法であるといえます。

CASE 4

全部原価計算制度と直接原価計算制度

全部
材
労
経
V.S.
直接
変
固
全部原価計算では、全部の原価で製品原価を計算し、直接原価計算では、原価を変動費と固定費に分けて計算するんだったよね。

1級の試験では、全部原価計算と直接原価計算を対比させる問題が多いので、両者の計算方法の違いをしっかりとマスターしていきましょう。

例　製品Aを製造・販売する当社の下記の資料にもとづき、Ⓐ全部原価計算方式の損益計算書と、Ⓑ直接原価計算方式の損益計算書を作成しなさい。

［資　料］

1．当月の生産・販売データ

月初仕掛品	400個	(0.5)	月初製品	600個
当月投入	4,400		当月完成	4,000
合　計	4,800個		合　計	4,600個
月末仕掛品	800	(0.4)	月末製品	1,000
当月完成品	4,000個		当月販売	3,600個

（注）直接材料（変動費）は工程の始点で投入される。上記の（　　）内は加工費の進捗度を示す。

2．当月の実際製造原価データ

	月初仕掛品	当月製造費用
直接材料費	90,000円	770,000円
変動加工費	38,000円	370,800円
固定加工費	22,000円	659,200円

（注）完成品と月末仕掛品への原価配分は先入先出法によることとし、実際総合原価計算を適用している。

3．当月の実際販売価格と実際販売費及び一般管理費のデータ

製品販売価格	………	1,000円／個
変動販売費	………	120円／個
固定販売費	………	184,200円
一般管理費（固定費）	………	275,000円

4．月初製品有高は340,500円（うち固定費103,500円）であり、製品の倉出単価は先入先出法によること。

全部原価計算制度の勘定連絡図と損益計算書

全部原価計算方式の損益計算書で流れを確認しておきましょう。

全部原価計算では変動費であっても固定費であっても、製造原価は仕掛品勘定に振り替えられ、製品原価を構成します。一方、販売費及び一般管理費は、発生額をその期間の費用（期間原価）とします。

そこで、売上高から売上原価を差し引いて売上総利益を計算し、売上総利益から販売費及び一般管理費を差し引いて営業利益を計算します。

原価計算制度とは複式簿記と結合し、財務諸表作成などのために常時継続して行われる原価計算をいいます。（テキストⅠ CASE 3）

全部原価計算を会計記録の中に取り入れ、原価計算制度として実施する、全部原価計算制度での勘定連絡図と損益計算書は次のとおりになります。

〈全部原価計算の勘定連絡図〉

（注）Ⓥ＝変動費、Ⓕ＝固定費を示します。

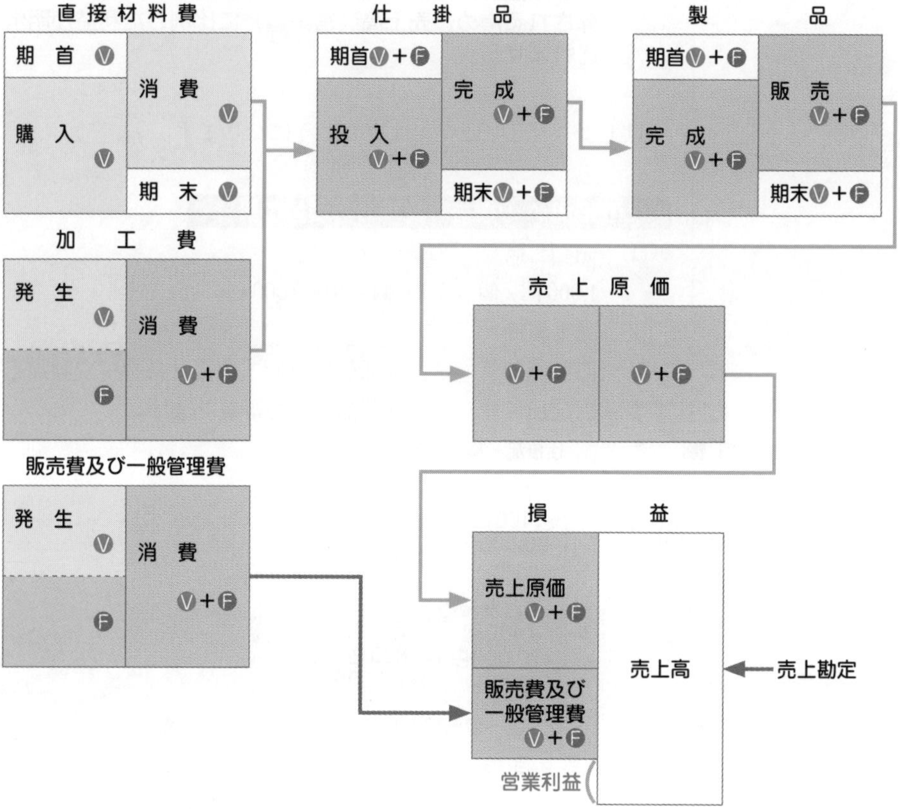

〈全部原価計算の損益計算書〉

損益計算書（全部原価計算方式）

Ⅰ 売上高		××××
Ⅱ 売上原価		
1．期首製品棚卸高	××	
2．当期製品製造原価	×××	
合計	×××	
3．期末製品棚卸高	××	×××
売上総利益		×××
Ⅲ 販売費及び一般管理費		××
営業利益		××

注意 全部原価計算では、売上原価が「変動費＋固定費」で計算されるため、売上高（営業量）に比例した利益が明示されません。

以上より、CASE 4⑷は次のようになります。

CASE 4⑷の損益計算書の各項目の計算

⑴ 売 上 高

・1,000円/個 × 3,600個 = 3,600,000円

⑵ 売上原価

全部原価計算では、全部製造原価〈直接材料費 + 変動加工費 + 固定加工費〉により製品原価を計算します。

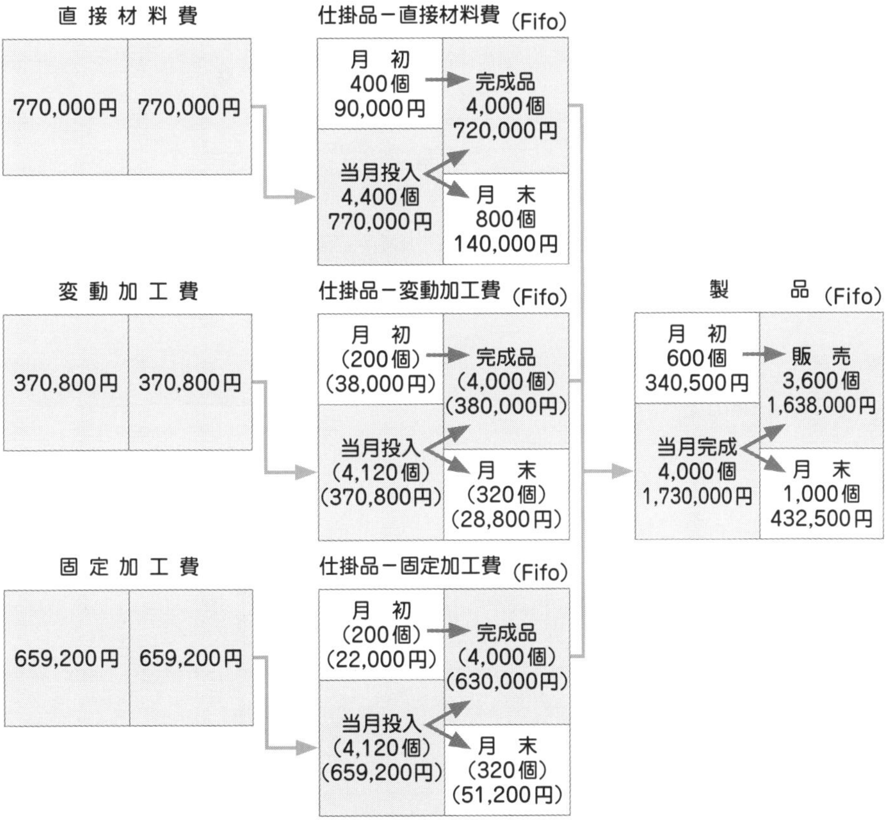

① 月末仕掛品原価

・直接材料費：$\dfrac{770{,}000\text{円}}{4{,}400\text{個}}$（＝@175円）× 800個

＝140,000円

・変動加工費：$\dfrac{370{,}800\text{円}}{4{,}120\text{個}}$（＝@90円）× 320個

＝28,800円

・固定加工費：$\dfrac{659{,}200\text{円}}{4{,}120\text{個}}$（＝@160円）× 320個

＝51,200円

合　計　：140,000円＋28,800円＋51,200円

＝220,000円

② 完 成 品 原 価（当月製品製造原価）

・直接材料費：90,000円＋770,000円－140,000円

＝720,000円

・変動加工費：38,000円＋370,800円－28,800円

＝380,000円

・固定加工費：22,000円＋659,200円－51,200円

＝630,000円

合　計　：720,000円＋380,000円＋630,000円

＝1,730,000円

完成品単位原価：1,730,000円÷4,000個＝@432.5円

③ 月末製品棚卸高

・@432.5円×1,000個＝432,500円

④ 売 上 原 価

・340,500円＋1,730,000円－432,500円＝1,638,000円

(3) 販売費及び一般管理費

・120円/個×3,600個（変動販売費）＋184,200円（固定販売費）＋275,000円（一般管理費）

＝891,200円

以上より、CASE 4の全部原価計算方式の損益計算書は次のようになります。

全部原価計算は、費用を売上原価（製造原価）と販売費及び一般管理費に分類（職能別分類）して営業利益を計算します。

CASE 4(A)の全部原価計算方式の損益計算書

損　益　計　算　書		(単位：円)
Ⅰ　売　上　高		3,600,000
Ⅱ　売　上　原　価		
1．月初製品棚卸高	340,500	
2．当月製品製造原価	1,730,000	
合　計	2,070,500	
3．月末製品棚卸高	432,500	1,638,000
売上総利益		1,962,000
Ⅲ　販売費及び一般管理費		891,200
営　業　利　益		1,070,800

直接原価計算方式の営業利益とズレています。CASE 4(B)と見比べてください。

直接原価計算制度の勘定連絡図と損益計算書

直接原価計算では、原価を変動費と固定費に分解し、製造原価のうち変動製造原価だけを仕掛品勘定に振り替えて製品原価を計算し、固定製造原価は発生額をすべてその期間の費用とします。

そこで、売上高からまず変動費（変動売上原価＋変動販売費）を差し引いて貢献利益を計算し、貢献利益から固定費（固定製造原価＋固定販売費及び一般管理費）を差し引いて営業利益を計算します。

直接原価計算方式の損益計算書で流れを確認しておきましょう。

直接原価計算を会計記録の中に取り入れ原価計算制度として実施する直接原価計算制度での勘定連絡図と損益計算書は次のとおりになります。

〈直接原価計算の勘定連絡図〉

（注）Ⓥ＝変動費、Ⓕ＝固定費を示します。

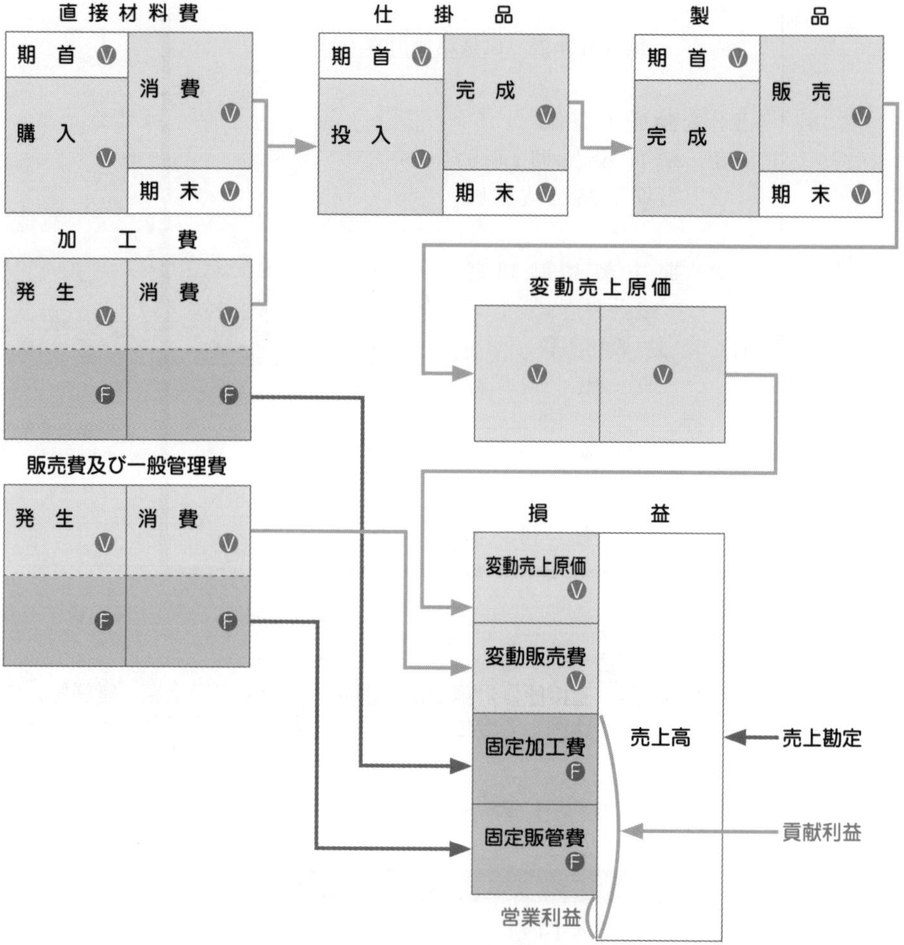

〈直接原価計算の損益計算書〉

損益計算書（直接原価計算方式）

Ⅰ 売上高		××××
Ⅱ 変動売上原価		
1．期首製品棚卸高	××	
2．当期製品製造原価	×××	
合計	×××	
3．期末製品棚卸高	××	×××
変動製造マージン		×××
Ⅲ 変動販売費		××
貢献利益		××
Ⅳ 固定費		
1．固定製造原価	××	
2．固定販売費及び一般管理費	××	××
営業利益		××

期間発生額を費用計上します。

注意 直接原価計算では、損益計算書上に売上高（営業量）に比例して発生する貢献利益を明示することができます。

以上よりCASE 4(B)は次のようになります。

CASE 4(B)の損益計算書の各項目の計算

(1) 売上高

・1,000円/個×3,600個＝3,600,000円

(2) 変動売上原価

・直接原価計算では、変動製造原価〈直接材料費＋変動加工費〉のみで製品原価を計算します。固定製造原価〈固定加工費〉は製品原価に算入せず当月実際発生額を期間原価として全額費用計上します。

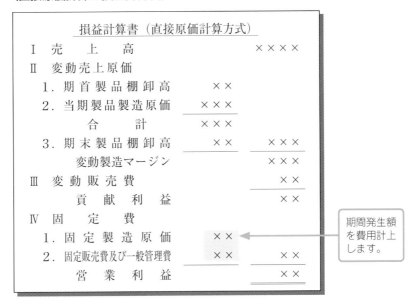

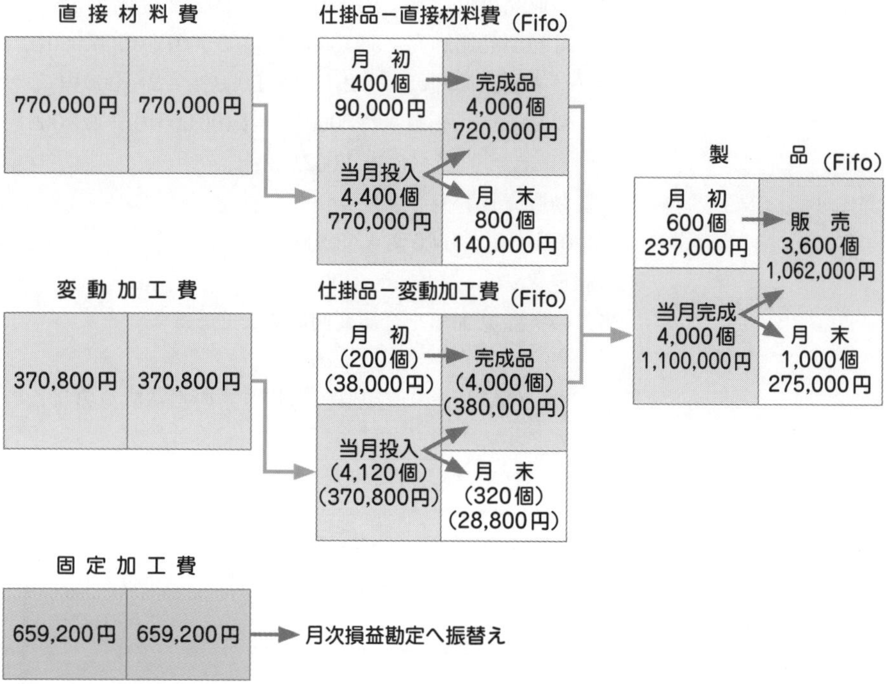

① 月末仕掛品原価

・直接材料費：$\dfrac{770{,}000円}{4{,}400個}$（＝@175円）× 800個

＝140,000円

・変動加工費：$\dfrac{370{,}800円}{4{,}120個}$（＝@90円）× 320個

＝28,800円

合　計　：140,000円＋28,800円＝168,800円

② 完 成 品 原 価（当月製品製造原価）

・直接材料費：90,000円＋770,000円－140,000円

＝720,000円

・変動加工費：38,000円＋370,800円－28,800円

＝380,000円

合　計　：720,000円＋380,000円

＝1,100,000円

完成品単位原価：1,100,000円÷4,000個＝@275円

③ 月初製品棚卸高：340,500円－103,500円＝237,000円

④ 月末製品棚卸高：@275円×1,000個＝275,000円

⑤ 変動売上原価：237,000円＋1,100,000円－275,000円
＝1,062,000円

変動販売費は販売量に対応して発生します。

⑶ 変動販売費

・120円/個×3,600個＝432,000円

⑷ 固定費

当月の実際発生額を全額期間原価とします。

以上より、CASE 4の直接原価計算方式の損益計算書は次のようになります。

直接原価計算は、費用を変動費と固定費に分類（操業度との関連における分類）して営業利益を計算します。

CASE 4⒝の直接原価計算方式の損益計算書

損益計算書 （単位：円）

Ⅰ 売上高		3,600,000
Ⅱ 変動売上原価		
1. 月初製品棚卸高	237,000	
2. 当月製品製造原価	1,100,000	
合計	1,337,000	
3. 月末製品棚卸高	275,000	1,062,000
変動製造マージン		2,538,000
Ⅲ 変動販売費		432,000
貢献利益		2,106,000
Ⅳ 固定費		
1. 固定加工費	659,200	
2. 固定販売費	184,200	
3. 一般管理費	275,000	1,118,400
営業利益		987,600

全部原価計算方式の営業利益とズレています。CASE 4⒜と見比べてください。

CASE 5

直接原価計算

固定費調整

CASE 4で求めた直接原価計算方式の営業利益は、利益管理には役立つけれど、企業外部の利害関係者へ報告するためのものとしては認められていないようです。さて、外部への報告はどうしたらよいのでしょうか？

例 CASE 4で求めた直接原価計算方式の営業利益を⑴ころがし計算法、⑵一括調整法により固定費調整を行い、全部原価計算方式の営業利益に修正しなさい。
なお、固定加工費の配賦は実際直接作業時間を基準に先入先出法によって行っており、当月の実際直接作業時間は206時間、在庫品に対する直接作業時間は月末製品が50時間、月末仕掛品が15時間であった。

全部原価計算の営業利益と直接原価計算の営業利益の差異

CASE 4で求めた両者の営業利益は83,200円だけズレています。

1,070,800円〈全部原価計算〉－987,600円〈直接原価計算〉＝83,200円

これは固定製造原価をどの期間の費用として損益計算書に計上するかというタイミングが異なるからです。

つまり、直接原価計算では、固定製造原価を期間原価として発生した期間に全額計上するのに対し、全部原価計算では、いったん製品原価に算入し、その製品を販売したときに、販売した分だけをその期の売上原価として計上していくからです。

固定費調整

直接原価計算は企業内部の利益管理には有用です。

しかし、現行の原価計算制度において、企業外部の利害関係者へ報告するための財務諸表では、全部原価計算の営業利益しか認められておらず、直接原価計算の営業利益は認められていません。そこで企業内部で直接原価計算を採用している場合には、外部報告用に全部原価計算の営業利益に修正する手続きが必要となります。これを**固定費調整**といい、基本的に次の式で計算します。

全部原価計算の営業利益 ＝ 直接原価計算の営業利益 ＋ （期末製品・期末仕掛品に含まれる固定製造原価 － 期首製品・期首仕掛品に含まれる固定製造原価）

（　）内を固定費調整額といいます。

損益計算書の表示は次のようになります。

損益計算書（直接原価計算方式）

Ⅰ　売上高		××× ×
Ⅱ　変動売上原価		×××
変動製造マージン		×××
Ⅲ　変動販売費		××
貢献利益		××
Ⅳ　固定費		
1．固定製造原価	××	
2．固定販売費及び一般管理費	××	××
直接原価計算方式の営業利益		××
固定費調整		
＋）加算項目		
期末製品に含まれる固定製造原価	××	
期末仕掛品に含まれる固定製造原価	××	＋ ××
－）減算項目		
期首製品に含まれる固定製造原価	××	
期首仕掛品に含まれる固定製造原価	××	－ ××
全部原価計算方式の営業利益		××

（±）××として、固定費調整額をまとめて表示する場合もあります。

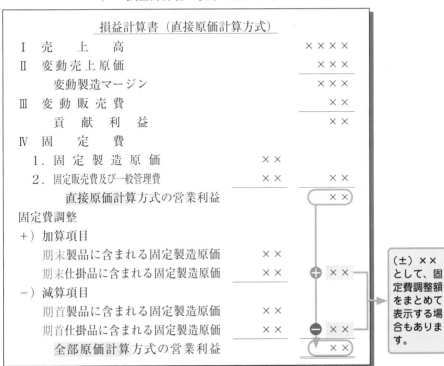

参考

固定費調整の構造について

直接原価計算と全部原価計算の営業利益が異なるのは、固定製造原価を費用とする時期が異なるからです。この時期のズレを利用して両者の利益を調整するのが固定費調整です。

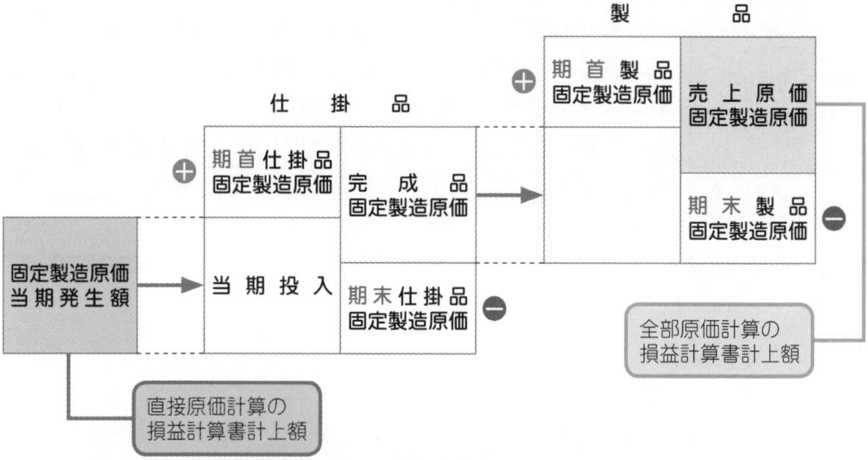

直接原価計算の損益計算書に計上される固定製造原価（当期発生額）に、期首在庫品（仕掛品＋製品）に含まれる固定製造原価をプラスして、期末在庫品に含まれる固定製造原価をマイナスすれば、全部原価計算の損益計算書に計上される固定製造原価（当期販売分）に修正することができます。

そこで、損益勘定においてすでに計算されている直接原価計算の営業利益から、期首在庫品の固定製造原価をマイナスし、期末在庫品の固定製造原価をプラスすれば、全部原価計算の営業利益に修正することができます。

〈固定費調整の構造〉

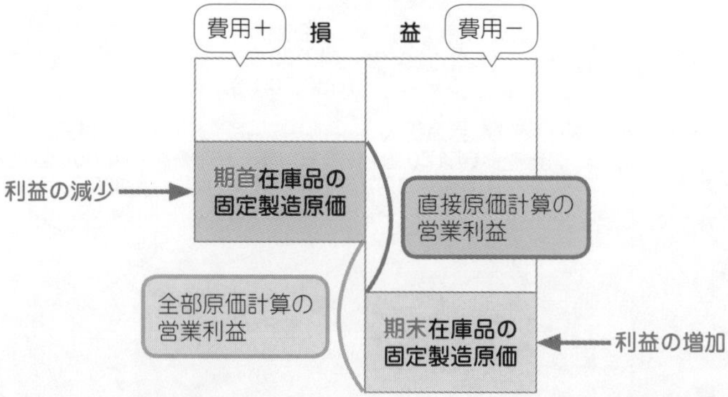

固定費調整の方法

固定費調整の方法には、⑴**ころがし計算法**と、⑵**一括調整法**の2つがあります。

⑴ ころがし計算法

ころがし計算法とは、固定製造原価だけで通常の総合原価計算と同じ計算を行うことにより、期末製品、期末仕掛品に含まれる固定製造原価を算定する方法です。

原価配分の方法は変動製造原価と同じ方法を適用していきます。

ころがし計算法による固定費調整を行えば、固定費調整後の営業利益は全部原価計算の営業利益に一致します。

〈例：先入先出法〉

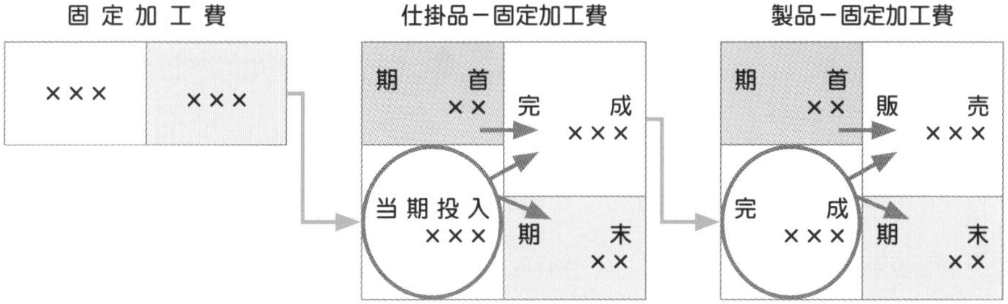

以上よりCASE 5⑴は次のようになります。

CASE 5⑴のころがし計算法

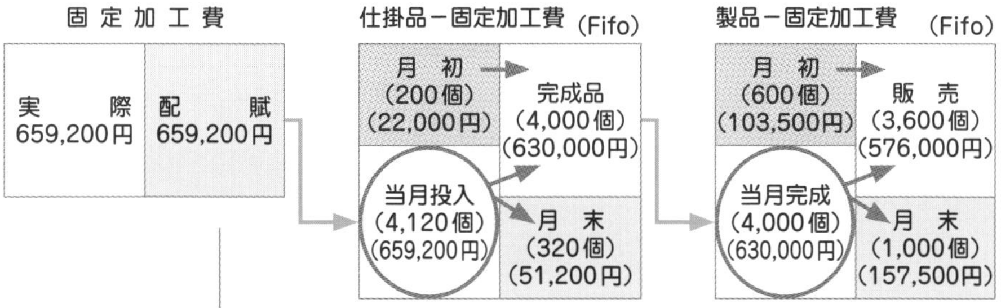

・月末仕掛品の固定加工費：$\frac{659{,}200円}{4{,}120個}$（＝@160円）× 320個

＝51,200円

・月末製品の固定加工費：$\frac{630{,}000円}{4{,}000個}$（＝@157.5円）× 1,000個

＝157,500円

直接原価計算方式の営業利益		987,600円
固定費調整		
＋）加算項目		
月末製品に含まれる固定製造原価	157,500円	
月末仕掛品に含まれる固定製造原価	51,200円	＋208,700円
－）減算項目		
月初製品に含まれる固定製造原価	103,500円	
月初仕掛品に含まれる固定製造原価	22,000円	－125,500円
全部原価計算方式の営業利益		1,070,800円

配賦基準としては生産量や変動原価によることもありますが、仕掛品の加工進捗度を考慮するために、変動加工費や直接作業時間などが望ましいとされています。

⑵　一括調整法

一括調整法とは、当期に発生した固定製造原価を売上品と期末製品、期末仕掛品にまとめて追加配賦することにより、期末製品、期末仕掛品に含まれる固定製造原価を算定する方法です。

また、一括調整法は簡便的な計算であるため、固定費調整後の営業利益は全部原価計算の営業利益とは通常、一致しません。

〈例：先入先出法〉

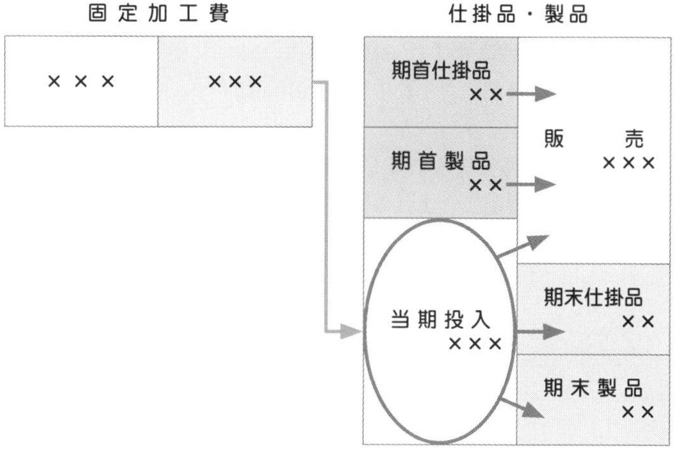

CASE 5⑵の一括調整法

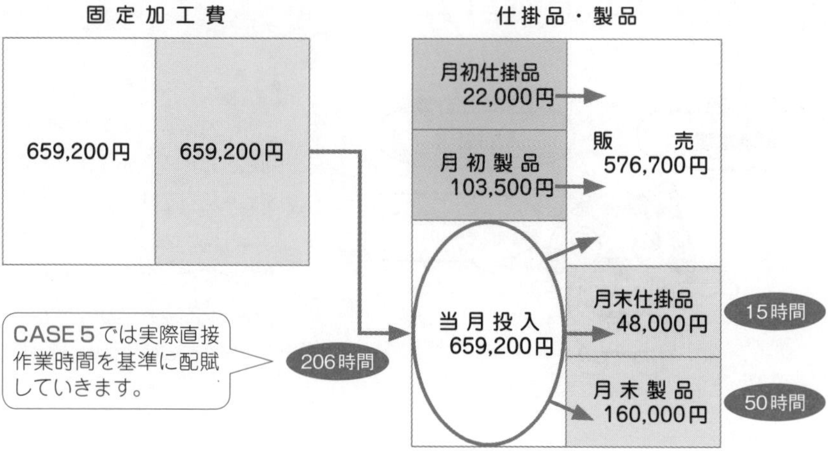

・月末仕掛品の固定加工費：$\dfrac{659{,}200\text{円}}{206\text{時間}}\times 15\text{時間}$

$= 48{,}000\text{円}$

・月末製品の固定加工費：$\dfrac{659{,}200\text{円}}{206\text{時間}}\times 50\text{時間}$

$= 160{,}000\text{円}$

直接原価計算方式の営業利益		987,600円
固定費調整		
＋）加算項目		
月末製品に含まれる固定製造原価	160,000円	
月末仕掛品に含まれる固定製造原価	48,000円	＋208,000円
－）減算項目		
月初製品に含まれる固定製造原価	103,500円	
月初仕掛品に含まれる固定製造原価	22,000円	－125,500円
全部原価計算方式の営業利益		1,070,100円

問題編
問題1、2

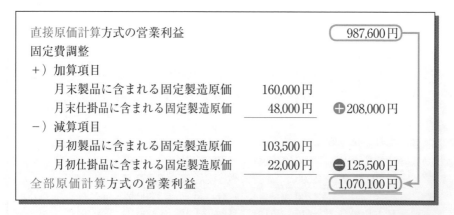

CASE 6 直接原価計算

直接標準原価計算

標準原価計算 原価管理 ＋ 直接原価計算 利益管理

利益管理と原価管理が、
同時にできれば一石二鳥！

テキストⅡで学習した原価管理に役立つ標準原価計算と、CASE 4までで学習した利益管理に役立つ直接原価計算とが結合すると、企業の経営管理に役立つさまざまな情報が入手できるようです。さっそく、どのように計算するのかみていきましょう。

例 製品Aを製造販売する当社の下記の資料にもとづき、⑴全部標準原価計算方式の損益計算書と、⑵直接標準原価計算方式の損益計算書を作成し、さらに⑶固定費調整を行って直接標準原価計算方式の営業利益を全部標準原価計算方式の営業利益に一致させなさい。

［資　料］

1．製品A１個あたりの標準全部製造原価

直接材料費	80円/kg × 2 kg/個 =	160円
直接労務費	120円/時 × 2時/個 =	240円
製造間接費		
変動費	100円/時 × 2時/個 =	200円
固定費	150円/時 × 2時/個 =	300円
合　計		900円

2．当月の生産販売データ

月初仕掛品	700個	(0.4)	月初製品	540個
当月投入	2,500		当月完成	2,760
合　計	3,200個		合　計	3,300個
月末仕掛品	440	(0.5)	月末製品	900
当月完成品	2,760個		当月販売	2,400個

(注) 直接材料（変動費）は工程の始点で投入される。上記

(　　) 内は加工費の進捗度を示す。

3．その他のデータ

(1) 製品A 1個あたりの販売価格は1,500円である。

(2) 製品A 1個あたりの標準変動販売費は50円である。

(3) 製造間接費の月間予算データ（公式法変動予算）

基準操業度　6,000直接作業時間

変動製造間接費予算額　600,000円

固定製造間接費予算額　900,000円

(4) 当月における製造原価の実際発生額

直接材料費　85円/kg × 5,120kg = 435,200円

直接労務費　116円/時 × 5,460時 = 633,360円

製造間接費　変動費　574,000円

固定費　888,000円

(5) 当月における販売費及び一般管理費の実際発生額

変動費　122,400円

固定費　185,040円

(6) 全部標準原価計算においては、製造間接費の差異分析は、変動予算による予算差異、変動費および固定費からなる能率差異、および操業度差異に分析する。

(7) 原価差異は少額であり、全額当月の期間損益に計上すること。

直接標準原価計算とは

これまでの学習で、標準原価計算によれば原価管理に役立つ情報を入手でき、直接原価計算によれば利益管理に役立つ情報を入手できることを学んできました。そこで、この両者をあわせれば原価管理にも利益管理にも役立つ情報を入手することができることになります。

この両者をあわせた原価計算を**直接標準原価計算**といい、利益の計画と統制からなる企業の経営管理に有用な原価計算方法です。

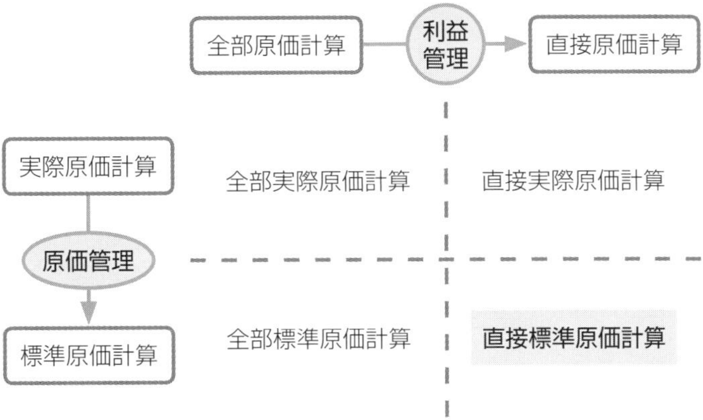

（全部）標準原価計算ではすべての製造原価（直接材料費＋直接労務費＋製造間接費）に対して原価標準を設定し、販売費及び一般管理費については原価標準を設定しません。

原価標準の設定

直接標準原価計算を採用する場合にも、すでに学習した（全部）標準原価計算と同様、原価標準をあらかじめ設定しておきます。ただし、（全部）標準原価計算と直接標準原価計算とでは標準が設定される原価の範囲が異なってくるので注意してください。

変動製造原価とは直接材料費、直接労務費、変動製造間接費をいい、問題文に指示がない限り、直接費は変動費とみなしていきます。

直接標準原価計算では、変動費（変動製造原価＋変動販売費）に対して原価標準を設定し、固定費については原価標準を設定しません。

以上より CASE 6の原価標準は次のようになります。

CASE 6(1)の全部標準原価計算の原価標準

直接材料費	80円/kg×2kg/個＝	160円
直接労務費	120円/時×2時/個＝	240円
製造間接費		
変動費	100円/時×2時/個＝	200円
固定費	150円/時×2時/個＝	300円
製品A1個あたりの標準製造原価		900円

製造原価に対して標準を設定

CASE 6(2)の直接標準原価計算の原価標準

直接材料費	80円/kg×2kg/個＝	160円
直接労務費	120円/時×2時/個＝	240円
変動製造間接費	100円/時×2時/個＝	200円
製品A1個あたりの標準変動製造原価		600円
製品A1個あたりの標準変動販売費		50円

変動費に対して標準を設定

全部標準原価計算の勘定連絡図と損益計算書

全部標準原価計算は、売上高から標準原価で計算した売上原価を差し引いて、標準売上総利益を計算し、これに原価差異を調整して実際売上総利益を計算します。続いて販売費及び一般管理費を差し引いて営業利益を計算します。

全部標準原価計算方式の損益計算書で流れを確認しておきましょう。

全部標準原価計算では製造原価に対して原価標準を設定しているため、製造原価に関する原価差異が算出されることになります。

全部標準原価計算の勘定連絡図をパーシャル・プランにより示せば、次のようになります。

〈全部標準原価計算の勘定連絡図〉

(注) Ⓥ＝変動費、Ⓕ＝固定費を示します。

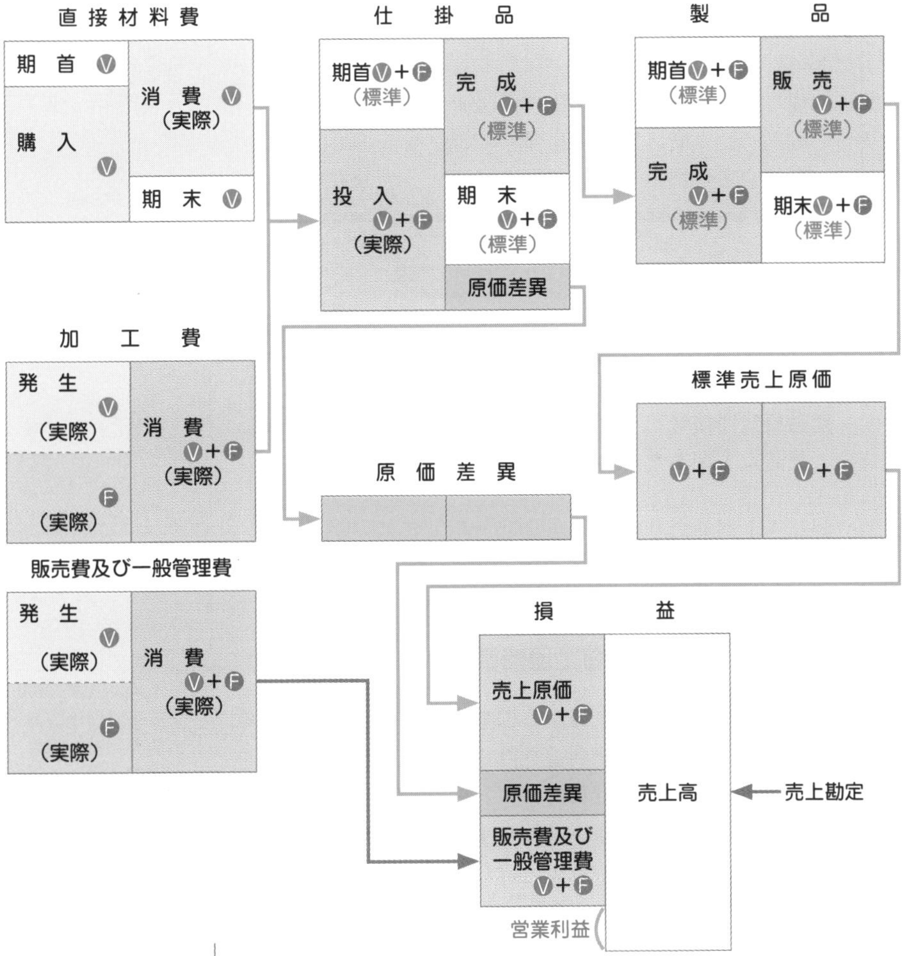

〈全部標準原価計算の損益計算書〉

損益計算書（全部標準原価計算方式）

Ⅰ　売　　上　　高		××× ×
Ⅱ　標準売上原価		
1．期首製品棚卸高	××	
2．当期製品製造原価	×××	
合　　計	×××	
3．期末製品棚卸高	××	×××
標準売上総利益		×××
Ⅲ　標準原価差異		
1．価　格　差　異	××	
2．数　量　差　異	××	
3．賃　率　差　異	××	
4．時　間　差　異	××	
5．予　算　差　異	××	
6．能　率　差　異	××	
7．操　業　度　差　異	××	××
実際売上総利益		×××
Ⅳ　販売費及び一般管理費		××
営　業　利　益		××

標準原価で計算

製造原価（変動費＋固定費）の差異

注意　差異の表示について

テキストⅡの標準原価計算における損益計算書では「Ⅱ．売上原価」の区分において「原価差額」という表示科目で、借方（不利）差異は標準売上原価に加算、貸方（有利）差異は標準売上原価から減算という記載方法でした。

一方、今回のケースにおいては、標準売上総利益をまず求めておいて、実際売上総利益に修正していく形式をとるので、**「Ⅲ．標準原価差異」の加減算は、テキストⅡの場合と逆に**なります。つまり借方（不利）差異は標準売上総利益から減算し、貸方（有利）差異は標準売上総利益に加算していくことになります。

標準原価計算を採用し、全部原価計算と直接原価計算を対比させるような問題はこの形式で出題されます。

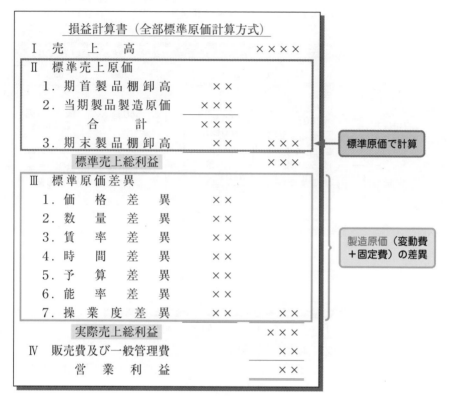

以上より、CASE 6(1)の全部標準原価計算による損益計算書を作成すると次のようになります。

CASE 6(1)の生産・販売データの整理と標準消費量の計算

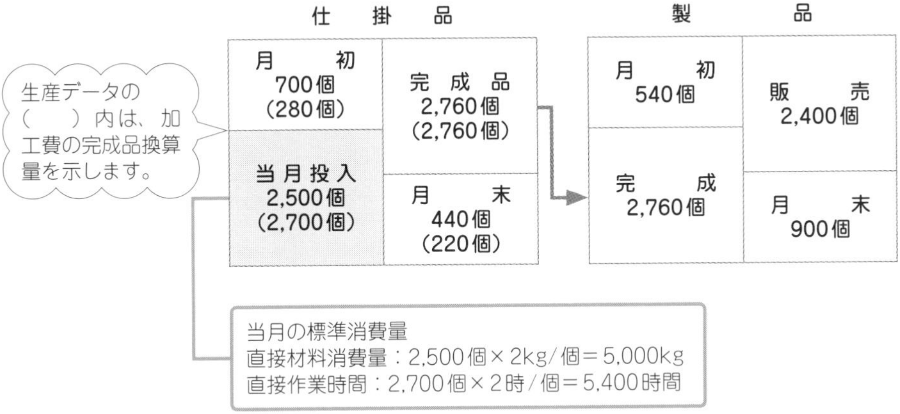

CASE 6(1)の損益計算書の各項目の計算

(1)　売上高：1,500円/個×2,400個＝3,600,000円

(2)　標準売上原価

全部標準原価計算では全部製造原価（変動費＋固定費）の900円/個で製品原価を計算します。

・月初製品棚卸高：900円/個×　540個＝　486,000円

・当月製品製造原価：900円/個×2,760個＝2,484,000円

・月末製品棚卸高：900円/個×　900個＝　810,000円

(3)　標準原価差異の分析

全部標準原価計算では、製造原価に関する原価差異が把握され、損益計算書に賦課されます。なお、製造原価の差異は当月投入量に対して計算されることに注意してください。

① 直接材料費

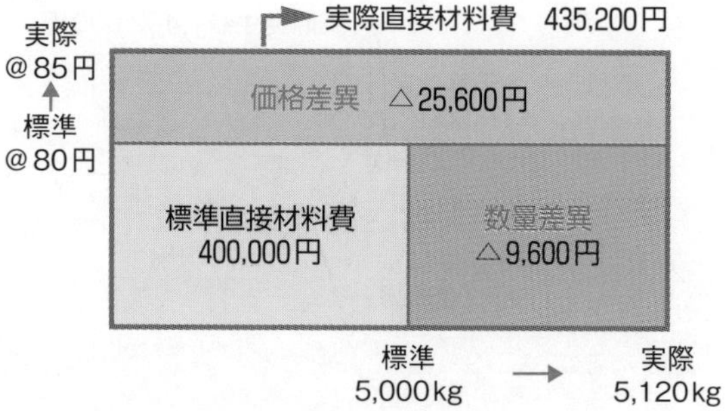

・価格差異：(@80円－@85円)×5,120kg

=△25,600円（借方）

・数量差異：@80円×(5,000kg－5,120kg)

=△9,600円（借方）

② 直接労務費

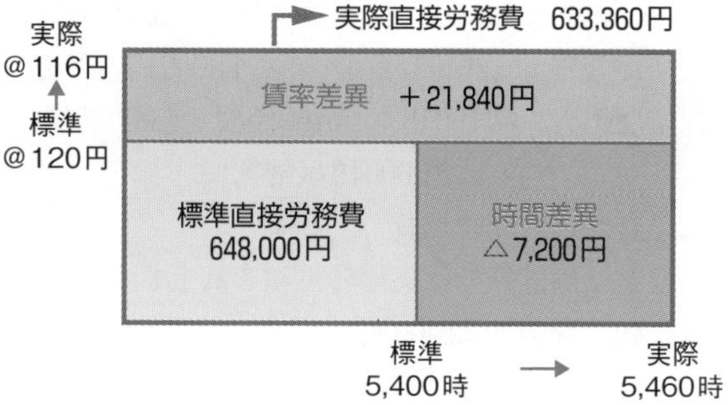

・賃率差異：(@120円－@116円)×5,460時間

=＋21,840円（貸方）

・時間差異：@120円×(5,400時間－5,460時間)

=△7,200円（借方）

③　製造間接費

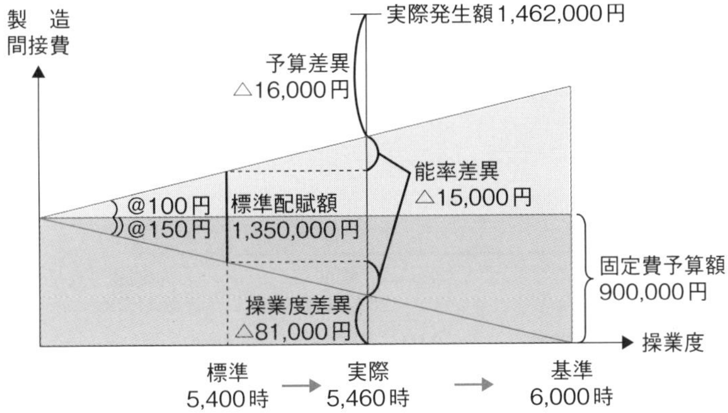

予 算 差 異：（@100円×5,460時間＋900,000円）

予算許容額

－1,462,000円＝△16,000円（借方）

能 率 差 異：（@100円＋@150円）×（5,400時間

－5,460時間）＝△15,000円（借方）

操業度差異：@150円×（5,460時間－6,000時間）

＝△81,000円（借方）

(4)　販売費及び一般管理費

全部標準原価計算では実際発生額を計上します。

変　動　費：	122,400円
固　定　費：	185,040円
合　計	307,440円

CASE 6⑴の全部標準原価計算方式の損益計算書

損益計算書（全部標準原価計算方式）　（単位：円）

Ⅰ．売　　上　　高			3,600,000
Ⅱ．標準売上原価			
1．月初製品棚卸高		486,000	
2．当月製品製造原価		2,484,000	
合　　計		2,970,000	
3．月末製品棚卸高		810,000	2,160,000
標準売上総利益			1,440,000
Ⅲ．標準原価差異			
1．価　格　差　異	［－］	25,600	
2．数　量　差　異	［－］	9,600	
3．賃　率　差　異	［＋］	21,840	
4．時　間　差　異	［－］	7,200	
5．予　算　差　異	［－］	16,000	
6．能　率　差　異	［－］	15,000	
7．操　業　度　差　異	［－］	81,000	［－］132,560
実際売上総利益			1,307,440
Ⅳ　販売費及び一般管理費			307,440
営　業　利　益			1,000,000

不利差異はマイナスし、有利差異はプラスします。

直接標準原価計算の勘定連絡図と損益計算書

直接標準原価計算は、売上高から標準原価で計算した変動費を差し引いて標準貢献利益を計算し、これに原価差異を調整して実際貢献利益を計算します。

この際、いったん売上高から標準変動売上原価を差し引いて標準変動製造マージンを表示し、さらに標準変動販売費を差し引きます。続いて全額期間原価となる固定費（固定製造原価＋固定販売費及び一般管理費）を差し引いて営業利益を計算します。

直接標準原価計算方式の損益計算書で流れを確認しておきましょう。

直接標準原価計算では、変動費（変動製造原価＋変動販売費）に対して原価標準を設定するため、変動費に関する原価差異が算出されます。

直接標準原価計算の勘定連絡図をパーシャル・プランにより示せば次のようになります。

〈直接標準原価計算の勘定連絡図〉

(注) Ⓥ＝変動費、Ⓕ＝固定費を示します。

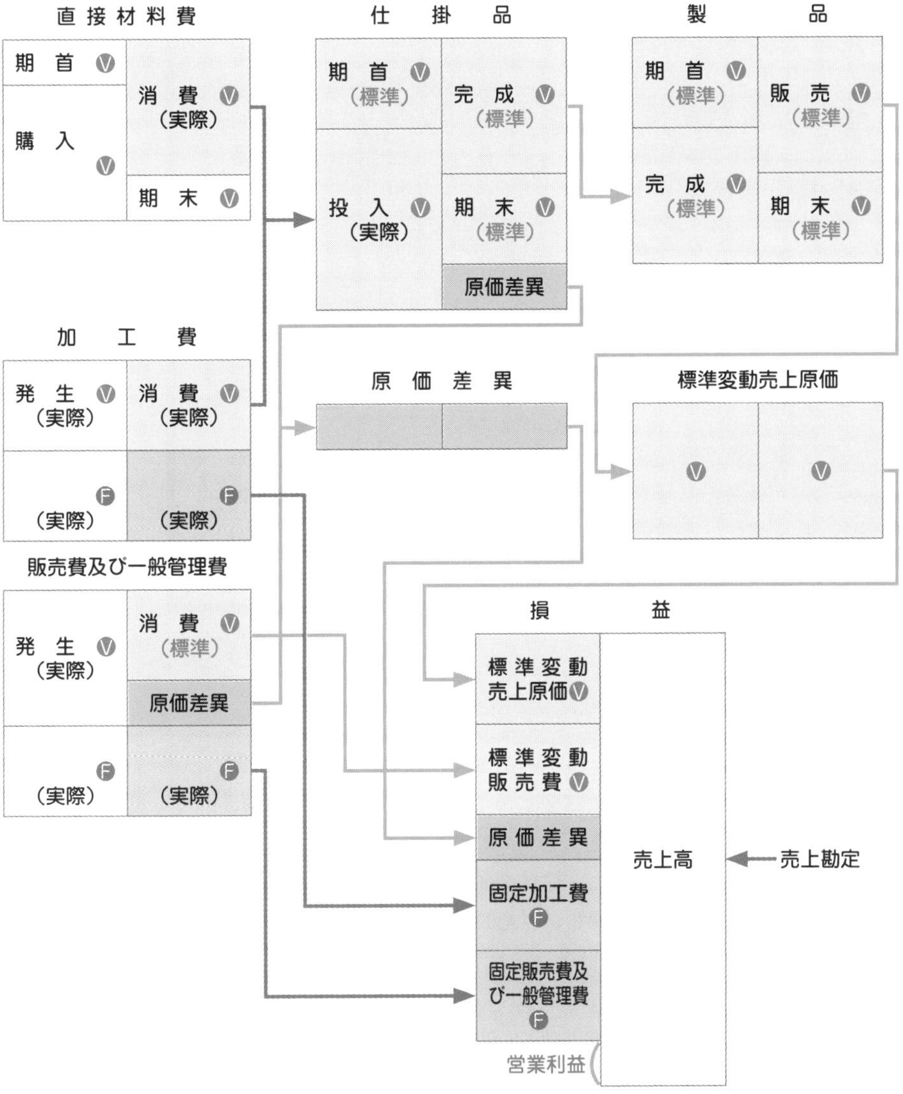

〈直接標準原価計算の損益計算書〉

損益計算書（直接標準原価計算方式）

Ⅰ　売上高		××××
Ⅱ　標準変動売上原価		
1．期首製品棚卸高	××	
2．当期製品製造原価	×××	
合計	×××	
3．期末製品棚卸高	××	×××
標準変動製造マージン		×××
Ⅲ　標準変動販売費		××
標準貢献利益		××
Ⅳ　標準変動費差異		
1．価格差異	××	
2．数量差異	××	
3．賃率差異	××	
4．時間差異	××	
5．変動製造間接費予算差異	××	
6．変動製造間接費能率差異	××	
7．変動販売費予算差異	××	××
実際貢献利益		××
Ⅴ　固定費		
1．固定製造原価	××	
2．固定販売費及び一般管理費	××	××
営業利益		××

標準原価で計算（Ⅱ 標準変動売上原価・Ⅲ 標準変動販売費）

変動費（変動製造原価＋変動販売費）の差異（Ⅳ 1.～7.）

実際発生額（Ⅴ 固定費）

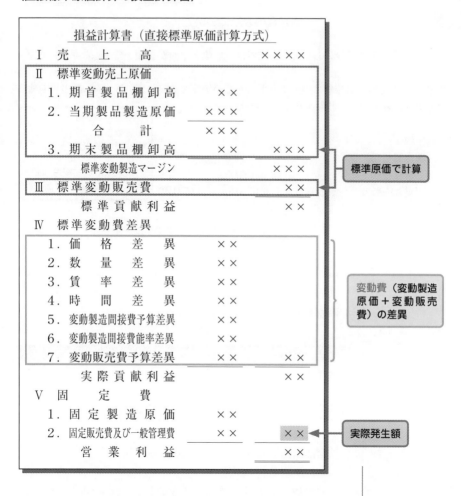

参考

固定費の表示について

直接（標準）原価計算において、固定費は、実際発生額が全額、発生した期間に費用計上されます。

しかし、固定製造間接費についてもあらかじめ予算を設定している場合、損益計算書は次のように表示することもあります（単位：円）。

Ⅴ　固定費		
1．固定製造間接費	900,000	
予算差異	（－）12,000	
2．固定販売費及び一般管理費	185,040	1,073,040

〈例〉
予算額900,000円
実際額888,000円
予算差異：
900,000円－888,000円＝＋12,000円（貸方）

貸方（有利）差異は予算額から減額し実際発生額に修正します。

以上より、CASE 6⑵の直接標準原価計算による損益計算書を作成すると次のようになります。

CASE 6⑵の生産・販売データの整理と標準消費量の計算

全部標準原価計算と同じになります。

CASE 6⑵の損益計算書の各項目の計算

⑴　売上高

全部標準原価計算と同じ：3,600,000円

⑵　標準変動売上原価

直接標準原価計算では標準変動製造原価の600円／個で製品原価を計算します。

・月初製品棚卸高：600円／個×　540個＝　324,000円
・当月製品製造原価：600円／個×2,760個＝1,656,000円
・月末製品棚卸高：600円／個×　900個＝　540,000円

⑶　標準変動販売費

・50円／個×2,400個＝120,000円

⑷　標準変動費の差異分析

直接標準原価計算では、変動製造原価と変動販売費につい

ての原価差異が把握され、損益計算書に賦課されます。なお、**変動製造原価の差異は当月投入量に対して**計算され、**変動販売費の差異は当月販売量に対して**計算されることに注意してください。

① 直接材料費：全部標準原価計算と同じになります。

② 直接労務費：全部標準原価計算と同じになります。

③ 変動製造間接費

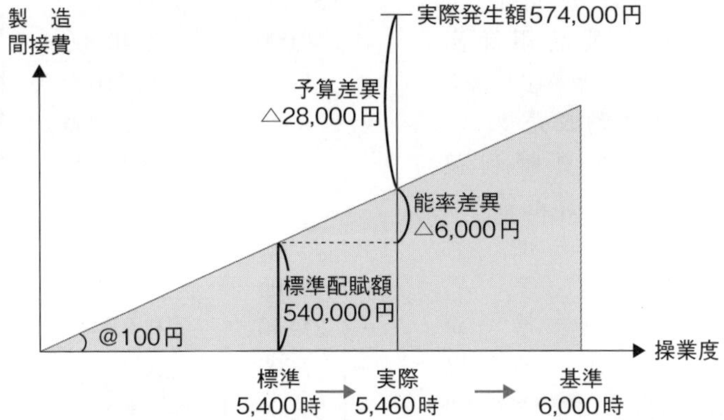

・予算差異：@100円×5,460時間－574,000円
予算許容額
＝△28,000円（借方）

・能率差異：@100円×(5,400時－5,460時)
＝△6,000円（借方）

④ 変動販売費予算差異：@50×2,400個－122,400円
実際販売量
＝△2,400円（借方）

(5) 固定費

直接標準原価計算では、固定費は全額期間原価として、実際発生額を計上します。

①	固定製造間接費	888,000円
②	固定販売費及び一般管理費	185,040円
	合　　計	1,073,040円

CASE 6(2)の直接標準原価計算方式の損益計算書

損益計算書（直接標準原価計算方式）（単位：円）

Ⅰ　売上高		3,600,000
Ⅱ　標準変動売上原価		
1．月初製品棚卸高	324,000	
2．当月製品製造原価	1,656,000	
合計	1,980,000	
3．月末製品棚卸高	540,000	1,440,000
標準変動製造マージン		2,160,000
Ⅲ　標準変動販売費		120,000
標準貢献利益		2,040,000
Ⅳ　標準変動費差異		
1．価格差異	[－] 25,600	
2．数量差異	[－] 9,600	
3．賃率差異	[＋] 21,840	
4．時間差異	[－] 7,200	
5．変動製造間接費予算差異	[－] 28,000	
6．変動製造間接費能率差異	[－] 6,000	
7．変動販売費予算差異	[－] 2,400	[－] 56,960
実際貢献利益		1,983,040
Ⅴ　固定費		
1．固定製造間接費	888,000	
2．固定販売費及び一般管理費	185,040	1,073,040
営業利益		910,000

不利差異はマイナスし、有利差異はプラスします。

直接標準原価計算における固定費調整

固定費調整の計算方法は、直接実際原価計算の場合（CASE 5）と基本的には同じです。

原価計算制度として直接標準原価計算を採用している場合にも、直接実際原価計算と同様、外部報告用である全部標準原価計算の営業利益に修正するための手続きとして、固定費調整が必要となります（CASE 5）。

標準原価計算を行っている場合、期末仕掛品や期末製品の原価は標準原価により計算するので、直接標準原価計算の営業利

益を全部標準原価計算の営業利益に修正する固定費調整額は標準原価で計算することになります。

全部標準原価計算の営業利益 = 直接標準原価計算の営業利益 + （期末製品・期末仕掛品に含まれる標準固定製造原価 − 期首製品・期首仕掛品に含まれる標準固定製造原価）

= 直接標準原価計算の営業利益 + 製品1個あたりの標準固定製造原価 × （期末製品・期末仕掛品の完成品換算量 − 期首製品・期首仕掛品の完成品換算量）

（固定費調整額）

なお、上記の計算式は、原価差異が少額で、その全額を売上原価へ賦課している場合（原則）の計算式です。

原価差異の金額が多額で売上原価と期末製品・仕掛品に対して追加配賦している場合（例外）には、期末製品・仕掛品に対して固定製造間接費配賦差異（固定製造間接費予算差異＋操業度差異）の追加配賦額も加算する必要があります。

以上より、CASE 6(3)の固定費調整は次のようになります。

CASE 6(3)の固定費調整

CASE 6では原価差異は少額であり、全額当月の期間損益に計上（原則処理）するものであることから、製品Ａ１個あたりの標準固定製造間接費300円／個を用いて計算します。

加算）	月末製品に含まれる固定製造原価	：300円／個 × 900個 ＝ 270,000円	
	月末仕掛品に含まれる固定製造原価	：300円／個 × 220個 ＝ 66,000円	（＋）336,000円
減算）	月初製品に含まれる固定製造原価	：300円／個 × 540個 ＝ 162,000円	
	月初仕掛品に含まれる固定製造原価	：300円／個 × 280個 ＝ 84,000円	（−）246,000円
	固定費調整額		（＋） 90,000円

また、上記の計算は次のように一括して行うこともできます。

・固定費調整額：300円/個×{(900個＋220個)－(540個＋280個)}＝(＋) 90,000円

直接標準原価計算方式の営業利益		910,000
＋）加算項目		
月末製品に含まれる固定製造原価	270,000	
月末仕掛品に含まれる固定製造原価	66,000	⊕336,000
－）減算項目		
月初製品に含まれる固定製造原価	162,000	
月初仕掛品に含まれる固定製造原価	84,000	⊖246,000
全部標準原価計算方式の営業利益		1,000,000

問題編
問題3

第2章

CVP分析

第1章でも学習したように、利益計画を作るためには
売上や原価が変化したときに利益がどう変化するかを
知る必要があるんだね。
この利益管理に役立つのがCVP分析なんだって。

CVP分析は2級でも学習しましたが、
1級でもよく出題されますので、
しっかりと学習していきましょう。

この章で学習する項目

1．原価の固変分解
　：高低点法
　：**最小自乗法**
2．CVP分析
　：CVP分析とは
　：CVP分析（2級の復習）
　：目標利益が経常利益の場合
3．感度分析
4．多品種製品のCVP分析

1級 新 論点

CASE 7 原価の固変分解

原価の固変分解

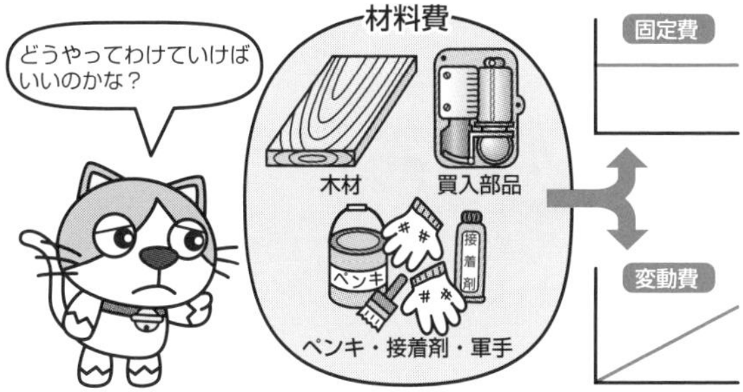

第１章で学習したように、直接原価計算を採用することにより利益管理に役立つ情報を入手することができます。

そのためには、原価を変動費と固定費に分けなければなりません。ここでは、その方法についてみていきましょう。

例　当社の直接作業時間（X）と補助材料費（Y）に関する過去４カ月間の実績データは下記のとおりであった。これらはすべて正常なデータである。補助材料費の原価線は、Y＝aX＋bで表せるものとして、⑴高低点法と、⑵最小自乗法によってa（変動費率）とb（固定費）を計算しなさい。

［資　料］

月	直接作業時間（X）	補助材料費（Y）
9	200時間	2,800円
10	300	4,800
11	100	2,400
12	400	5,400
合計	1,000時間	15,400円

原価の固変分解

第１章で学習したように、企業は直接原価計算を採用することにより、利益管理に役立つ情報を入手することができます。すなわち、生産量や販売量の増減に対して原価の発生がどのように変化するかについて知ることで、将来の原価の発生額を予

測することが可能になります。

そのためには、あらかじめ原価を変動費と固定費に分解しておくことが必要となり、これを原価の**固変分解**といいます。

原価の固変分解にはいくつかの方法がありますが、CASE 7では試験上重要な**高低点法**と**最小自乗法**についてみていきます。

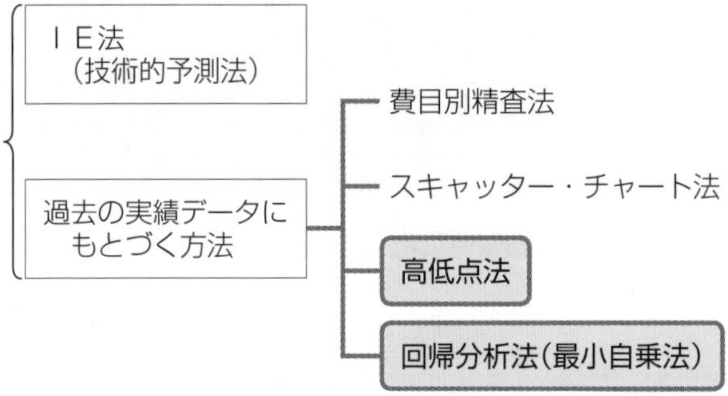

高低点法

高低点法とは過去の実績データのうち、その費目の最高の営業量のときの実績データと最低の営業量のときの実績データから、原価の推移を直線とみなし、変動費と固定費とに分解する方法です。

金額の最高と最低を選択するのではなく、営業量の最高と最低を選択します。

$$\text{変動費率} = \frac{\text{最高の営業量のときの実績データ} - \text{最低の営業量のときの実績データ}}{\text{最高の営業量} - \text{最低の営業量}}$$

$$\text{固定費} = \text{最高の営業量のときの実績データ} - \text{変動費率} \times \text{最高の営業量}$$

または

$$\text{最低の営業量のときの実績データ} - \text{変動費率} \times \text{最低の営業量}$$

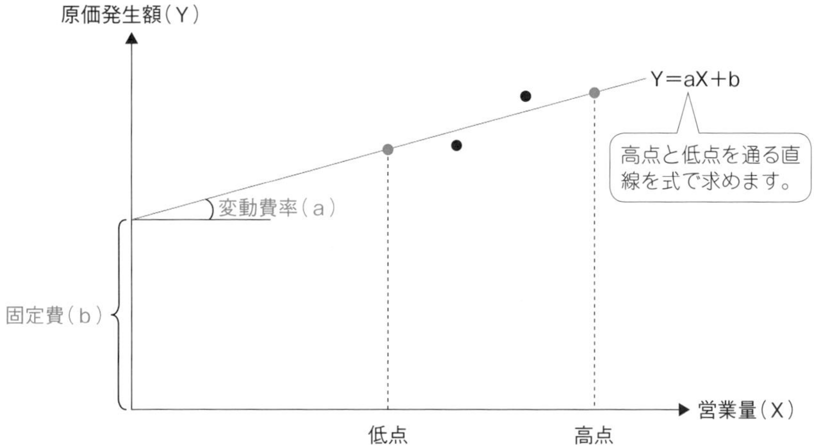

以上より、CASE 7について高低点法により固変分解すると次のようになります。

過去の実績データにもとづいて固変分解する場合、利用できるデータは正常なものに限られ異常なデータは除外されます。

CASE 7(1)の高低点法による固定分解

資料より最高の営業量は12月の400時間であり、最低の営業量は11月の100時間であることがわかります。

・変動費率(a):$\dfrac{5{,}400\text{円} - 2{,}400\text{円}}{400\text{時間} - 100\text{時間}} = @10\text{円}$

・固　定　費(b):5,400円 − @10円 × 400時間 = 1,400円
または
2,400円 − @10円 × 100時間 = 1,400円

最小自乗法

最小自乗法とは、原価の推移を営業量(たとえば直接作業時間)の変化に関係づけられる直線と考え、原価の実績データの平均線を次の方程式を立てて求め、その連立方程式を解くことにより変動費と固定費に分解する方法です。

Y：原価発生額、X：営業量、
a：変動費率、b：固定費、n：データ数、Σ：合計

$$\Sigma Y = a\Sigma X + n \cdot b \quad \cdots\cdots ①$$

$$\Sigma XY = a\Sigma X^2 + b\Sigma X \quad \cdots\cdots ②$$

（注）この2つの方程式を最小自乗法の正規方程式といいます。

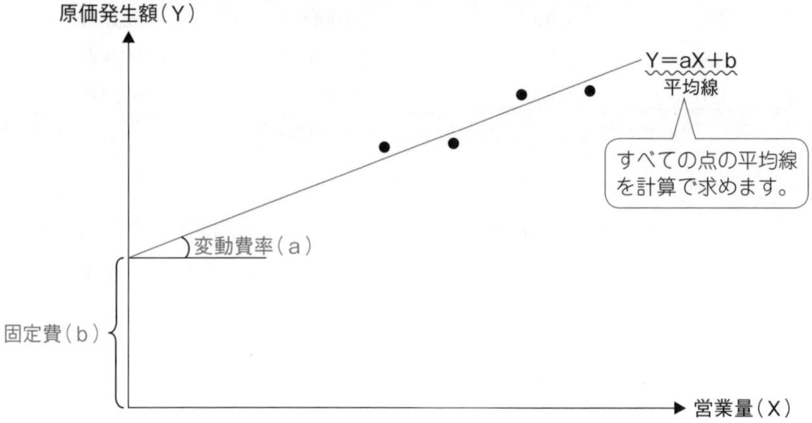

とても重要

最小自乗法の正規方程式のおぼえ方

Step 1 各データの営業量（X）と原価（Y）の関係を直線の公式Y＝aX＋bで表し、それらをデータの数だけ合計します。

$$\Sigma Y = a\Sigma X + n \cdot b$$

Step 2 各データの直線の公式Y＝aX＋bの両辺にXを掛けて、それをデータ数だけ合計します。

$$\Sigma XY = a\Sigma X^2 + b\Sigma X$$

以上より、CASE 7について最小自乗法により固変分解すると次のようになります。

CASE 7(2)の最小自乗法による固変分解

資料から判明します。

Step 1 まず計算のための表を作成します。

月	X	Y	X・Y	X^2
9	200	2,800	560,000	40,000
10	300	4,800	1,440,000	90,000
11	100	2,400	240,000	10,000
12	400	5,400	2,160,000	160,000
合計	$\Sigma X = 1{,}000$	$\Sigma Y = 15{,}400$	$\Sigma X \cdot Y = 4{,}400{,}000$	$\Sigma X^2 = 300{,}000$

それぞれを縦に合計します。

Step 2 最小自乗法の正規方程式に表の合計欄の値を代入して連立方程式を立て、その連立方程式を解いてa、bを求めます。

n＝データ数です。CASE 9では9月～12月までの4個分のデータがありますので、n・b＝4bとなります。

$$\begin{cases} \Sigma Y = a\Sigma X + n \cdot b \\ \Sigma XY = a\Sigma X^2 + b\Sigma X \end{cases}$$

↓

$$\begin{cases} 15{,}400 = 1{,}000\,a + 4\,b & \cdots\cdots ① \\ 4{,}400{,}000 = 300{,}000\,a + 1{,}000\,b & \cdots\cdots ② \end{cases}$$

↓ ①式を変形します。

$15{,}400 - 1{,}000\,a = 4\,b$

↓ 両辺を4で割ります。

$3{,}850 - 250\,a = b$ ……①´

↓ ①´式を②式に代入します。

$4{,}400{,}000 = 300{,}000\,a + 1{,}000 \times (3{,}850 - 250\,a)$ ……②´

↓ ②´をまとめます。

$4{,}400{,}000 = 300{,}000\,a + 3{,}850{,}000 - 250{,}000\,a$

$4{,}400{,}000 - 3{,}850{,}000 = 300{,}000\,a - 250{,}000\,a$

$550{,}000 = 50{,}000\,a$

∴ a ＝@11円…変動費率

↓ a＝11を①´式に代入します。

$3{,}850 - 250 \times 11 = b$

∴ b ＝1,100円…固定費

問題編
問題4、5

CASE 8 CVP分析

CVP分析とは?

Cost・Volume・Profit 分析

CVP分析って、実際には
どういう場面で役に立つの?

2級でも学習したCVP分析。実際、何の分析ができるようになるのか、CASE 8で全体像を確認しておきましょう。

CVP分析とは

CVP分析とは、CASE 3で学習した原価(Cost)、生産・販売量(Volume)、利益(Profit)のCVP関係を分析し、利益計画の作成に役立てるため、三者の関係を明らかにする分析手法です。

CVP分析では生産量と販売量は等しいと仮定します。

CVP分析で何ができるのか

CVP分析では具体的に次の3つの分析が可能となります。

① ある利益を任意で決めて、そのために必要な生産・販売量を逆算できる。

▼

損益分岐点分析
目標利益(率)達成点分析

これは利益計画の作成の際に利用するもので、主に2級で学習したものです。CASE 9、10、12で学習します。

② 任意の生産・販売量をとって企業の現状を分析することができる。

▼

安全余裕率
損益分岐点比率

これも2級で学習したものですね。CASE 9で復習します。

これは、企業が将来の不確実性への対応を図るための分析でCASE11で学習します。

③　操業度以外の要因が変化したときに、利益がどのように変化するか分析することができる。

▼

感度分析

CVP分析～基本編

損益分岐点
安全余裕率
CVP分析で使われる指標には
いろいろあったよね。
2級の復習からみていこう。

CVP分析の実践問題として、まずは2級の復習からみていきましょう。
CVP分析は2級の論点ですが、1級でも出題されますのでしっかりと復習しておきましょう。

例 当社の次年度の計画財務データは次のとおりである。この資料にもとづいて、次年度の(1)損益分岐点売上高と販売量、(2)目標営業利益60,400円を達成するための売上高、(3)目標売上高営業利益率18%を達成するための売上高、(4)安全余裕率を求めなさい。

［資　料］

1．次年度予想売上高

@500円×1,000個＝ 500,000円

2．次年度予想総原価

(1) 変動費

直接材料費	@ 60円×1,000個＝	60,000円
直接労務費	@140円×1,000個＝	140,000円
変動製造間接費	@ 66円×1,000個＝	66,000円
変動販売費	@ 34円×1,000個＝	34,000円
合　計	@300円	300,000円

(2) 固定費

固定製造間接費	101,520円
固定販売費・一般管理費	48,080円
合　計	149,600円

3．期首・期末の仕掛品、製品の在庫は無視する。

CVP分析とその解法

直接原価計算方式により次年度の予想損益計算書を作成してみると、次のようになります。

そして、予想損益計算書にもとづき、売上高をＳ円とするか、または販売量をＸ個として当社のCVP関係を示してみると次のようになります。

	予想損益計算書	売上高をＳ円	販売量をＸ個
売上高	500,000円	S	500X
変動費	300,000	0.6S[*1]	300X
貢献利益	200,000円	0.4S[*2]	200X
固定費	149,600	149,600	149,600
営業利益	50,400円	0.4S − 149,600	200X − 149,600

＊1　変動費率：300円÷500円＝0.6
変動費　販売単価

＊2　貢献利益率：200円÷500円＝0.4
貢献利益　販売単価

または

1 − 0.6 ＝ 0.4
変動費率

CASE12の多品種製品のCVP分析ではどちらかでしか解けない場合もありますので、いずれの方法でも解答できるようにしておきましょう。

(1)　損益分岐点の売上高と販売量

損益分岐点の売上高と販売量は、営業利益が０円となる売上高と販売量を計算することになるので、売上高をＳ円または販売量をＸ個として示した当社の営業利益を０円とすることで計算できます。

	売上高をＳ円		販売量をＸ個
売上高	S		500X
変動費	0.6S		300X
貢献利益	0.4S		200X
固定費	149,600		149,600
営業利益	0.4S − 149,600	← これが0円 →	200X − 149,600

したがって、損益分岐点の売上高と販売量は営業利益を0として以下のように求められます。

CASE 9⑴の損益分岐点売上高と販売量

$0.4S - 149{,}600 = 0$
$0.4S = 149{,}600$
$\therefore\ S = 374{,}000$円

374,000円÷@500円〈販売単価〉
＝748個

$200X - 149{,}600 = 0$
$200X = 149{,}600$
$\therefore\ X = 748$個

748個×@500円〈販売単価〉
＝374,000円

⑵ 目標営業利益達成売上高

目標営業利益60,400円を達成するための売上高は、売上高をS円または販売量をX個として示した当社の営業利益を60,400円とおくことで計算することができます。

	売上高をS円		販売量をX個
売　上　高	S		500X
変　動　費	0.6S		300X
貢献利益	0.4S		200X
固　定　費	149,600		149,600
営業利益	0.4S − 149,600	← これが60,400円 →	200X − 149,600

したがって、目標営業利益60,400円を達成するための売上高は、以下のように求められます。

CASE 9⑵の目標営業利益を達成するための売上高

$0.4S - 149{,}600 = 60{,}400$
$0.4S = 210{,}000$
$\therefore\ S = 525{,}000$円

$200X - 149{,}600 = 60{,}400$
$200X = 210{,}000$
$\therefore\ X = 1{,}050$個

1,050個×@500円〈販売単価〉
＝525,000円

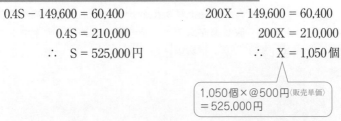

⑶　目標売上高営業利益率達成売上高

目標売上高営業利益率18％を達成するための売上高は、売上高をS円または販売量をX個として示した当社の営業利益を売上高の18％とおくことで計算することができます。

	売上高をS円		販売量をX個
売上高	S		500X
変動費	0.6S		300X
貢献利益	0.4S		200X
固定費	149,600		149,600
営業利益	0.4S − 149,600	← これが売上高の18％ →	200X − 149,600

したがって、目標売上高営業利益率18％を達成するための売上高は、以下のように求められます。

CASE 9⑶の目標売上高営業利益率を達成するための売上高

$$0.4S - 149{,}600 = \underbrace{0.18S}_{\text{売上高の18\%}}$$

$$0.22S = 149{,}600$$

$$\therefore \quad S = 680{,}000\text{円}$$

$$200X - 149{,}600 = \underbrace{500X \times 0.18}_{\text{売上高の18\%}}$$

$$110X = 149{,}600$$

$$\therefore \quad X = 1{,}360\text{個}$$

1,360個×@500円〈販売単価〉
＝680,000円

⑷　安全余裕率

安全余裕率とは、予想売上高が損益分岐点売上高からどれくらい離れているかを示す比率をいいます。この比率が高ければ高いほど、予想売上高が損益分岐点売上高より離れていることとなり、収益力があることを意味するので、安全であると判断されます。安全余裕率は次の公式によって計算されます。

$$\text{安全余裕率(\%)} = \frac{\text{予想売上高} - \text{損益分岐点売上高}}{\text{予想売上高}} \times 100$$

また、予想売上高に対する損益分岐点売上高の比率を損益分岐点比率といい、次の公式によって計算することができます。

$$\text{損益分岐点比率(\%)} = \frac{\text{損益分岐点売上高}}{\text{予想売上高}} \times 100$$

なお、安全余裕率と損益分岐点比率には次のような関係があります。

$$\text{安全余裕率(\%)} + \text{損益分岐点比率(\%)} = 100\%$$

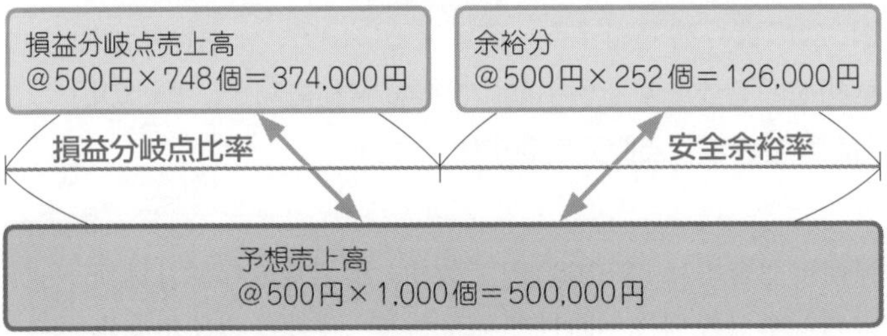

以上より、CASE 9の安全余裕率は次のようになります。

CASE 9⑷の安全余裕率

・安全余裕率：$\dfrac{126{,}000\text{円}}{500{,}000\text{円}} \times 100 = 25.2\%$

問題編
問題6

CVP分析～応用編

営業外損益は、どう取り扱ったらいいのかな。
確か営業外費用は、非原価項目だったよね。

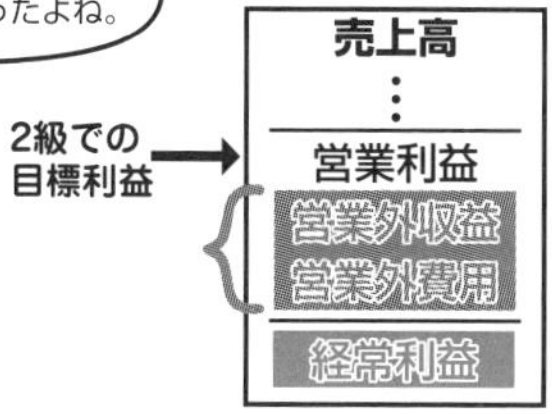
売上高
2級での
目標利益
営業利益
営業外収益
営業外費用
経常利益

CASE 9では営業利益を目標利益としてきましたが、1級ではさらに目標利益として経常利益が出題されることがあります。
この場合、営業外収益・営業外費用はどのように取り扱えばいいのでしょうか？

例 CASE 9に次の資料を追加する。次年度について、⑴目標使用総資本経常利益率を達成する税引前の目標経常利益額と、⑵その目標経常利益額を達成する販売量を求めなさい。

［追加資料］

1．次年度予想使用総資本は1,350,000円であり、税引後の年間目標使用総資本経常利益率（税引後年間目標経常利益÷年間予想使用総資本×100）は4％である。ただし法人税率は40％とする。

2．次年度において、営業外収益は12,000円、営業外費用は18,000円発生する見込みである。これらは固定費総額の修正項目として処理する。

使用総資本経常利益率とは

使用総資本経常利益率とは、資本利益率$\left(\frac{利益}{投下資本}\right)$の一形態で、企業の収益性（資本の運用効率）を示す指標です。分母の投下資本に使用総資本（総資産）を用いて分子の利益に経常利益を用いることで、経常的な企業活動全体の収益力を表すことができるといえます。

また、資本利益率の式を次のように変形すれば目標利益額を逆算することができます。

$$\frac{\text{経常利益}}{\text{使用総資本}} = \text{使用総資本経常利益率}$$

▼

$$\text{経常利益} = \text{使用総資本} \times \text{使用総資本経常利益率}$$

したがって、目標経常利益額は次のように計算されます。

CASE10(1)の目標経常利益額

・税引後の目標経常利益額：1,350,000円 × 4% = 54,000円

使用総資本　　使用総資本経常利益率

次に、法人税等の税率40%より、税引前の目標経常利益額を逆算します。

・税引前の目標経常利益額：54,000円 ÷ (1 − 0.4) = 90,000円

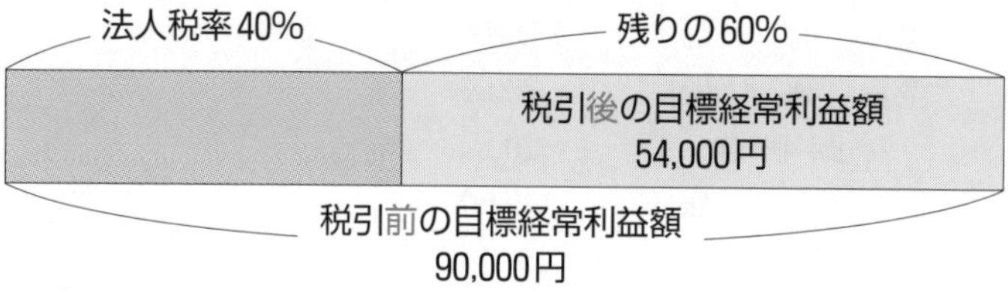

参考

経営指標の読み取り方

1級ではいろいろな経営指標がでてきますが、表現方法にはルールがあるので、それをおぼえておくと便利です。

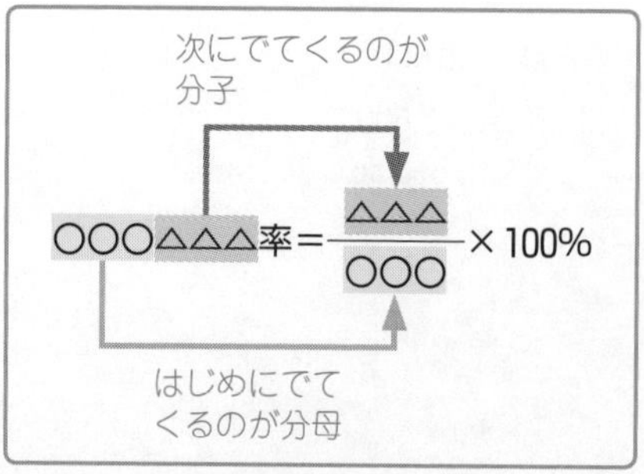

資本利益率 $= \frac{\text{利益}}{\text{資本}} \times 100\%$ ということです。

営業外損益の取扱い

営業外損益は生産・販売量とは無関係ですので、通常CVP分析からは除外されるべき性質の損益となります。

しかし、経常利益を目標利益にする場合には、営業外損益をCVP分析に含める必要があります。

このとき、**営業外損益を固定費の修正項目**と考え、営業外収益は固定費から控除し、営業外費用は固定費に加算していきます。

したがって、目標経常利益額を達成するための販売量は次のように求めていきます。

CASE10(2)の目標経常利益額を達成する販売量

販売量をX個として当社のCVP分析の関係を示すと次のようになります。

	販売量をX個
売上高	500X
変動費	300X
貢献利益	200X
固定費	149,600
営業利益	200X − 149,600
営業外収益	12,000
営業外費用	18,000
税引前経常利益	200X − 155,600

これが90,000円

したがって

$$200X - 155{,}600 = 90{,}000$$

$$200X = 245{,}600$$

$$\therefore \quad X = 1{,}228\text{個}$$

参考

変動的資本と固定的資本

CASE10では、資本の額（年間予想使用総資本1,350,000円）は一定のものとして計算しました。しかし、資本についても、原価と同じように生産販売量の増加にともなって増加する変動的資本と、生産販売量が増加しても変化しない固定的資本があります。

> 変動的資本の例…決済用の現預金、売掛金等への投資額
> 固定的資本の例…棚卸資産等の恒常在庫、固定資産の投資額

例 CASE10において次年度予想使用総資本の条件を変更し、1,350,000円ではなく「売上高の45%＋829,500円」とする。他の条件は変更しないものとして税引後の年間目標使用総資本経常利益率４%を達成する販売量を求めなさい。

税引前の目標経常利益額の算定

目標使用総資本経常利益率を達成する販売量をX個とすると次のようになります。

・税引後の目標経常利益額：$(500X \times 0.45 + 829{,}500) \times 4\%$
$= 9X + 33{,}180$

・税引前の目標経常利益額：$(9X + 33{,}180) \div (1 - 0.4)$
$= 15X + 55{,}300$

目標経常利益額を達成する販売量

	販売量をX個
売上高	500X
変動費	300X
貢献利益	200X
固定費	149,600
営業利益	200X − 149,600
営業外収益	12,000
営業外費用	18,000
税引前経常利益	200X − 155,600

← これが15X＋55,300円

したがって

$$200X - 155{,}600 = 15X + 55{,}300$$
$$200X - 15X = 55{,}300 + 155{,}600$$
$$185X = 210{,}900$$
$$\therefore \quad X = 1{,}140 \text{個}$$

問題編
問題7

CASE 11 感度分析

感度分析とは?

将来の状況を適切に判断しないと、ペルシャ(株)に差をつけられちゃうぞ。
ペルシャ株式会社

利益計画はあくまでも将来の予想ですので状況の変化はつきものです。
この将来の状況の変化に適切に対応しないとライバル企業に差をつけられてしまいます。
このような将来の状況変化に適切に対応するためにはどうしたらいいのでしょうか。

例 当社の次年度の予定損益計算書は次のとおりである。この資料にもとづいて、次年度の⑴販売価格を５％値上げしたときの営業利益、⑵販売量が10%増加したときの営業利益、⑶販売価格を8%値下げし、販売量が25%増加したときの営業利益、⑷製品単位あたりの変動販売費を10%引き上げたときの営業利益、⑸固定製造原価を10,000円増加させたときの営業利益を計算しなさい。

［資　料］

予定損益計算書

売　上　高	@500円	×1,000個……	500,000円
変動売上原価	@266円	×1,000個……	266,000
変 動 販 売 費	@　34円	×1,000個……	34,000
貢 献 利 益	@200円	×1,000個……	200,000円
固定製造原価		……	101,520
固定販売費・一般管理費		……	48,080
営 業 利 益			50,400円

感度分析とは

感度分析とは、当初の予想データが変化したら結果はどうなるのか分析することをいいます。つまりCVPの感度分析とは製品の販売価格、販売量、変動費、固定費などの変化が営業利益に与える影響を分析することをいいます。

CASE11で何も変化がない場合には次のように営業利益が求められます。

(@500円－@300円)×1,000個－149,600円＝50,400円

つづいて、(1)〜(5)までの条件を変化させていきます。

(1) (@500円×1.05－@300円)×1,000個－149,600円＝75,400円

@500円×1.05：5％値上げした販売価格

(2) (@500円－@300円)×1,000個×1.1－149,600円＝70,400円

1,000個×1.1：10％増加した販売量

(3) (@500円×0.92－@300円)×1,000個×1.25－149,600円＝50,400円

@500円×0.92：8％値下げした販売価格

1,000個×1.25：25％増加した販売量

(4) (@500円－@266円－@34円×1.1)×1,000個－149,600円＝47,000円

@34円×1.1：10％引き上げた変動販売費

(5) (@500円－@300円)×1,000個－(149,600円＋10,000円)＝40,400円

149,600円＋10,000円：10,000円増加した固定製造原価

参考

経営レバレッジ係数

経営レバレッジ係数とは、企業経営における**固定費の利用程度を測定する指標**のことです。経営レバレッジ係数は次の式で求めることができます。

> 経営レバレッジ係数は、固定費の割合が大きいほど、大きくなります。

$$経営レバレッジ係数 = \frac{貢献利益}{営業利益}$$

貢献利益が80,000円、営業利益が40,000円だった場合の経営レバレッジ係数は次のようになります。

$$経営レバレッジ係数 = \frac{80{,}000円}{40{,}000円} = 2.0$$

> レバレッジとはテコの原理を意味し、経営レバレッジとは固定費をテコに営業利益を大きく変化させることをいいます。

また、経営レバレッジ係数は売上高が変化したときに営業利益がどの程度変化するかを表す比率なので、この係数を使い売上高の増減率による営業利益の増減額を計算することができます。営業利益の増減額を式で表すと以下のようになります。

営業利益増減額＝営業利益×売上高増減率×経営レバレッジ係数

前述した例において売上高が20%増加した場合、営業利益の増減額は次のようになります。

営業利益増減額：40,000円 × 20% × 2.0 = 16,000円（増加）

（40,000円：営業利益、20%：売上高増加率、2.0：経営レバレッジ係数）

経営レバレッジ係数の大きい企業は、売上高の変化に対する営業利益の変化も大きくなります。一方、経営レバレッジ係数の小さい企業は、売上高の変化に対する営業利益の変化が小さくなります。

CASE 12 CVP分析

多品種製品のCVP分析

ゴエモン㈱では木彫りの熊の置物と写真立てを製造・販売していますが、このように複数の製品を販売している場合のCVP分析はどのように行うのでしょうか。

例　ゴエモン㈱では製品Aと製品Bを製造・販売している。
下記に示す各製品1個あたりの販売価格と変動費の資料にもとづいて、各問に答えなさい。

［資　料］

	製品A	製品B
1個あたりの販売価格	500円	700円
1個あたりの変動費	450	600
	50円	100円

また、両製品に共通して発生する固定費は455,000円であった。

［問1］製品Aと製品Bの販売量が3：2の割合となるように販売するものとして製品Aと製品Bの損益分岐点販売量を求めなさい。

［問2］製品Aと製品Bの売上高が3：7の割合となるように販売するものとして製品Aと製品Bの損益分岐点売上高を求めなさい。

多品種製品のCVP分析

複数の種類の製品を生産・販売している企業であっても、セールス・ミックス（各製品の生産・販売割合）を一定と仮定すれば、CASE 9で学習した単一製品のCVP分析と同様の方法でCVP分析を行うことができます。この場合には各製品の**販売量の割合を一定**としたり、各製品の**売上高の割合を一定**と仮定して分析することになります。

生産・販売割合を一定と仮定しなければ、Aを100個・Bを4,500個でも、Aを8,900個・Bを100個でも損益分岐点販売量となり、解答が無数に生じてしまうからです。

各製品の販売量の割合が一定の場合

各製品の販売量の割合が一定と仮定する場合、セールス・ミックスの基本となる最小セットを1セットとして計算を行います。

したがって、CASE12［問１］では、製品Ａ３個と製品Ｂ２個を１セットとして計算を行います。

まとめて1セットとして
計算すればいいんだね。

写真立て：3個
木彫りの熊：2個

CASE12［問1］の損益分岐点販売量

セット販売量をXとおいてCVPの関係を示すと次のようになります。

（単位：円）

	製品A	製品B	全　体
売　上　高	500 × 3X	700 × 2X	2,900X
変　動　費	450 × 3X	600 × 2X	2,550X
貢献利益	50 × 3X	100 × 2X	350X
固　定　費			455,000
営業利益			350X − 455,000

1セットなら、Aが3個、Bが2個。2セットなら、Aが6個、Bが4個。よって、XセットならAが3X個、Bが2X個になりますね。

したがって、損益分岐点のセット販売量は次のように求められます。

$$350X - 455{,}000 = 0$$
$$350X = 455{,}000$$
$$\therefore\ X = 1{,}300 \text{セット}$$

セット販売量が決まったら、AについてはXを3倍、BについてはXを2倍して、各製品の損益分岐点販売量を求めます。

・製品A：1,300セット× 3 個 = 3,900個
・製品B：1,300セット× 2 個 = 2,600個

また、損益分岐点のセット販売量は次のように求めることもできます。

CASE12においては、製品1個あたりの貢献利益が製品A 50円、製品B 100円ですので、1セットの販売から得られる貢献利益は次のようになります。

・50円× 3 個 + 100円× 2 個 = 350円

よって、貢献利益と固定費が等しくなるセット販売量Xは次のように求められます。

$$350X = 455{,}000$$
$$X = 1{,}300 \text{セット}$$

各製品の売上高の割合が一定の場合

各製品の売上高の割合が一定と仮定する場合、会社全体の加重平均貢献利益率を求めて計算を行います。

ここで、貢献利益率は次のように求められます。

各製品の貢献利益率 = 1個あたり貢献利益 ÷ 1個あたり販売価格

・製品A：50円÷500円=0.1

・製品B：100円÷700円= $\frac{1}{7}$

したがって、会社全体の加重平均貢献利益率は以下のように求められます。

	製品A	製品B	全 体
売上高	0.3	0.7	1
変動費	0.3×0.9	0.7×6/7	
貢献利益	0.3×0.1	0.7×1/7	0.13

Step 1　会社全体の売上高を1とします。

Step 2　売上高の割合が3：7なので製品A、製品Bの売上高が0.3、0.7と分けられます。

Step 3　各製品の売上高に貢献利益率を掛けて各製品の貢献利益を求めます。

Step 4　各製品の貢献利益を合計したものが加重平均貢献利益率となります。

加重平均貢献利益率の求め方

(製品Aの貢献利益率)×(製品Aの売上高割合)
0.1　0.3
+(製品Bの貢献利益率)×(製品Bの売上高割合)
1/7　0.7
=加重平均貢献利益率
0.13

加重平均の考え方はこの先もでてくるのでしっかりマスターしておこう。

CASE12［問2］の損益分岐点売上高

会社全体の売上高をSとおいて当社のCVP関係を整理すると、次のようになります。

（単位：円）

	製品A	製品B	全　体
売　上　高	0.3S	0.7S	S
変　動　費	0.9 × 0.3S	6/7 × 0.7S	0.87S
貢献利益	0.1 × 0.3S	1/7 × 0.7S	0.13S
固　定　費			455,000
営業利益			0.13S − 455,000

したがって、損益分岐点における会社全体の売上高は次のようになります。

$$0.13S - 455{,}000 = 0$$

$$0.13S = 455{,}000$$

$$\therefore \quad S = 3{,}500{,}000\text{円}$$

以上より、３：７の割合で各製品の損益分岐点売上高を求めます。

・製品A：3,500,000円 × 0.3 = 1,050,000円

・製品B：3,500,000円 × 0.7 = 2,450,000円

問題編
問題8

参考

全部原価計算のCVP分析

例 全部実際正常原価計算を採用する当社の次年度の計画財務データは次のとおりである。

1．製品1個あたりの予定販売価格　500円

2．製品1個あたりの予定製造原価

直接材料費	60円
変動加工費	206円
固定加工費	94円
合　計	360円

なお、固定加工費は、年間固定加工費予算101,520円を年間正常生産量1,080個で割って計算されており、加工費は、この1,080個を年間基準操業度として予定配賦される。

3．販売費・一般管理費予算

製品1個あたりの変動販売費	34円
固定販売費・一般管理費	48,080円

4．製品の計画生産・販売量

期首在庫量	400個	計画販売量	1,000個
計画生産量	960個	期末在庫量	360個

5．予想操業度差異は売上原価に賦課する。

上記の条件にもとづき、次年度の損益分岐点販売量を求めなさい。

全部原価計算のCVP分析においても、直接原価計算と同様に、求める販売量をXとした場合のCVP関係を示して解くことになります。

ただし、全部原価計算の製品原価は変動製造原価と固定製造原価から構成されるので、直接原価計算と比べて固定製造原価の取扱いが異なってきます。

本問では、固定加工費について予定配賦を行っているので、年間正常生産量（年間基準操業度）と年間計画生産量が異なる場合には固定加工費の配賦漏れ、つまり操業度差異が発生し、これを売上原価に賦課する点がポイントとなります。

不利差異ならば、売上原価にプラスし、有利差異ならば売上原価からマイナスします。

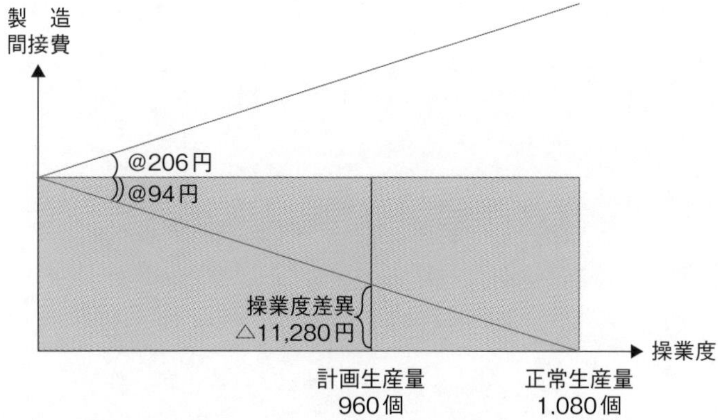

・操業度差異：@94円×(960個－1,080個)
　　　　　　＝△11,280円（不利差異）

したがって、求める販売量をXとした場合の当社のCVP関係は次のように示されます。

（単位：円）

売上高	500X
売上原価	360X＋11,280
売上総利益	140X－11,280
販売費・一般管理費	34X＋48,080
営業利益	106X－59,360

操業度差異を賦課

したがって、損益分岐点販売量は次のように求められます。

$$106X - 59{,}360 = 0$$

$$106X = 59{,}360$$

$$\therefore \quad X = 560\text{個}$$

第3章

最適セールス・ミックスの決定

利益計画で予想利益を計算しても、
目標利益を下回っちゃったら、
予想利益を改善しなくちゃいけないんだよね。
どうやって改善したらいいんだろう…。

そこで、取扱い製品の販売量の組み合わせを変更することにより
予想利益の改善を行い、
営業利益を最大にする販売量の組み合わせを
決定していくことにしました。
それでは具体的にどのように決定していくのか
みていきましょう。

この章で学習する項目

1. 共通する制約条件が1つの場合の
最適セールス・ミックスの決定
2. 共通する制約条件が2つ以上の
場合の最適セールス・ミックスの決定

1級 新 論点

CASE 13 最適セールス・ミックスの決定

制約条件が１つの場合

1年間で1,600時間
働けます！
組立時間が、1,600時間
しかないなら、
何個ずつ製造販売すれば
いいのかな？
組立作業時間

ゴエモン㈱埼玉工場では木彫りの熊の置物と写真立てを生産・販売していますが、年間組立時間は1,600時間と決まっています。
この条件の下で、何個ずつ生産・販売するのがいちばんよいのでしょうか。

例 ゴエモン㈱では組立部門で作業を行い、製品Aと製品Bを製造・販売しており、直接標準原価計算を採用している。次年度の予算編成に際し、現在までに次の資料に示す情報を入手している。
これらの条件にもとづき、⑴最適セールス・ミックスと、⑵そのときの年間営業利益を求めなさい。

［資　料］

	製品A	製品B
販売単価	400円	400円
単位あたり変動費	160円	200円
単位あたり組立作業時間	2時間	4時間
需要限度生産販売量	440個	360個
年間組立作業時間	1,600時間	

なお、各製品に共通的に発生する固定費は20,000円である。

最適セールス・ミックスの決定とは

多種類の製品を取り扱っている企業では、予算の編成の際、営業利益をもっとも大きくするために、各製品をどれだけ生産・販売すればよいかを決定しなければなりません。この営業利益を最大にする生産・販売量の組み合わせを**最適セールス・**

ミックスといいます。

その際、固定費はセールス・ミックスに関わらず一定額発生するので、**貢献利益を最大にするセールス・ミックスが同時に営業利益を最大にする**最適なセールス・ミックスとなります。

このセールス・ミックスが問題となるのは、製品の生産・販売にあたって何らかの制約条件があるからです。企業はこれらの制約条件をすべて満たしつつ、生産・販売していかなければなりません。

たとえば、販売市場における需要量、機械や人員などの生産能力、材料の調達可能量などが制約条件となります。

材料倉庫
調達可能量
機械運転時間
組立作業時間
限られた資源で、一番多くの利益をあげられる生産・販売計画は？

各製品に共通する制約条件の数により、セールス・ミックスは異なってきますので、以下２つのケースに分け、CASE13、14でみていきましょう。

共通する制約条件が1つだけの場合の最適セールス・ミックスの決定

各製品に共通する制約条件が１つだけの場合は、**共通する制約条件単位あたりの貢献利益額**を算定し、その金額が大きい製品の生産・販売を優先し、残りの資源をその他の製品に割り当てることで最適セールス・ミックスを決定していきます。

とても重要

共通する制約条件が１つだけの場合の最適セールス・ミックスの判断方法

各製品に共通する制約条件が1つだけの場合は、共通する**制約条件単位あたりの貢献利益額**が大きい製品の生産・販売を優先する。

以上より、CASE13の最適セールス・ミックスを決定していくと次のようになります。

CASE13の最適セールス・ミックスの決定

Step 1 共通する制約条件1時間あたりの貢献利益の比較

製品A、Bの需要限度生産販売量は個別の制約条件となります。

製品A、Bは共に組立部門で作業を行い、製品化されますので、組立部門の作業能力1,600時間が共通の制約条件となります。

(1) 各製品の単位あたりの貢献利益額

	製品A	製品B
販売単価	400円	400円
単位あたり変動費	160	200
単位あたり貢献利益	240円	200円

各製品の単位あたりの貢献利益額で判断するわけではないので注意しよう。

(2) 組立時間1時間あたりの貢献利益額

・製品A：240円÷2時間＝@120円

・製品B：200円÷4時間＝@ 50円

したがって、組立時間1時間あたりの貢献利益額が大きい製品Aを優先して生産・販売していきます。

Step 2 製品Aの生産・販売量の決定

製品Aの生産・販売に割り当てられる時間：440個×2時間＝880時間。

営業利益（貢献利益）を最大にするには、製品Aを需要限度生産・販売量（個別制約条件）まで生産・販売することになります。よって、製品Aの生産・販売量は440個となります。

これにより年間組立作業能力1,600時間のうち880時間が製品Aの生産・販売に割り当てられる時間となります。

Step 3 製品Bの生産・販売量の決定

年間組立作業能力1,600時間のうちの残り720時間が製品Bの生産・販売に割り当てられるので、製品Bの生産・販売量は、180個となります。

製品Bの生産・販売に割り当てられる時間：1,600時間 －880時間 ＝ 720時間。
製品Bの生産・販売量：720時間÷４時間/個＝180個。

Step 4 最適セールス・ミックスでの営業利益

	全　体	製品A（440個）	製品B（180個）
売　上　高	248,000円	176,000円	72,000円
変　動　費	106,400	70,400	36,000
貢献利益	141,600円	105,600円	36,000円
固　定　費	20,000		
営業利益	121,600円		

…最適セールス・ミックスのときの年間営業利益

CASE 14

最適セールス・ミックスの決定

制約条件が2つ以上の場合

CASE13では共通する制約条件が組立作業時間だけでしたが、年間機械稼働時間にも2,000時間までという制約があることがわかりました。
この場合、どのように最適セールス・ミックスを決定していくのでしょうか。

例 ゴエモン㈱では、機械加工部門を経て組立部門で作業を行い、製品Aと製品Bを製造・販売しており、直接標準原価計算を採用している。次年度の予算編成に際し、現在までに次の資料に示す情報を入手している。
これらの条件にもとづき、⑴最適セールス・ミックスと、⑵そのときの年間営業利益を求めなさい。

［資　料］

	製品A	製品B
販売単価	400円	400円
単位あたり変動費	160円	200円
単位あたり機械時間	4時間	2時間
単位あたり組立作業時間	2時間	4時間
需要限度生産販売量	440個	360個
年間機械稼働時間	2,000時間	
年間組立作業時間	1,600時間	

なお、各製品に共通的に発生する固定費は20,000円である。

共通する制約条件が2つ以上ある場合の最適セールス・ミックスの決定

各製品に共通する制約条件が２つ以上あり、しかも共通する制約条件単位あたりの貢献利益額の大小による優先順位が制約条件ごとに異なる場合には、CASE13のような直接原価計算の手法のみでは最適セールス・ミックスは決定できません。そこで登場するのが経営科学の領域で開発された**線型計画法**（**リニアー・プログラミング**）です。

優先順位が異ならない場合にはCASE13と同じように考えます。

線型計画法（リニアー・プログラミング）とは

線型計画法（リニアー・プログラミング）とは、各製品に共通する制約条件が２つ以上ある場合の営業利益を最大にする各製品の販売量の組み合わせを求める手法をいいます。

なお、この線型計画法（リニアー・プログラミング）を利用する場合には、与えられた情報を整理し、**目的関数**、**制約条件**および**非負条件**といった情報を収集、数式化する必要があります。

目的関数…最大にすべき貢献利益あるいは営業利益を示す関数。
制約条件…各製品の制約条件を不等式で示したもの。
非負条件…製品の生産・販売の性質による条件であり、通常は各製品の生産・販売量は０個以上として明示される。

以下、具体的にCASE14について最適セールス・ミックスを決定していきましょう。

CASE14の最適セールス・ミックスの決定

Step 1 共通する制約条件１時間あたりの貢献利益の比較

製品Ａ、Ｂは機械加工部門を経て組立部門で作業を行い製品化されるので、機械稼働時間2,000時間と組立作業時間1,600時間の２つが両製品に共通する制約条件となります。

⑴ 各製品の単位あたりの貢献利益額

	製品A	製品B
販売単価	400円	400円
単位あたり変動費	160	200
単位あたり貢献利益	240円	200円

⑵ 機械稼働時間1時間あたりの貢献利益

・製品A：240円÷4時間＝@60円

・製品B：200円÷2時間＝@100円

製品A＜製品Bとなるので、**製品Bの生産・販売を優先**すべきということがわかります。

⑶ 組立作業時間1時間あたりの貢献利益

・製品A：240円÷2時間＝@120円

・製品B：200円÷4時間＝@50円

製品A＞製品Bとなるので、**製品Aの生産・販売を優先**すべきということがわかります。

⑵⑶より、**制約条件によって優先すべき製品が異なる**ため、線型計画法によって最適セールス・ミックスを求めていきます。

Step 2 問題の定式化

⑴ 目的関数

製品AをA個、製品BをB個生産・販売するとして、貢献利益をZとすれば、目的関数は以下のようになります。

MaxZ＝Max（240A＋200B）

単位あたり貢献利益@240円の製品AをA個、単位あたり貢献利益@200円の製品BをB個販売したときの貢献利益Zが最大になる組合わせを示しています。

⑵ 制約条件

4A＋2B　≦　2,000　…　❶（機械稼働時間の制約）

製品AをA個、製品BをB個生産したときの機械稼働時間が2,000時間以内であることを示しています。

2A + 4B　≦　1,600　…　❷（組立作業時間の制約）

製品Aを A 個、製品Bを B 個生産したときの組立作業時間が1,600時間以内であることを示しています。

A　≦　440　…　❸（製品Aの需要量の制約）

B　≦　360　…　❹（製品Bの需要量の制約）

製品A、Bの生産・販売はそれぞれ440個、360個までであることを示しています。

(3) 非負条件

A、B　≧　0

製品の生産・販売量は 0 個以上であることを示しています。

Step 3 グラフによる解法

(1) 可能領域の図示

Step2の制約条件のすべてを満たすA、Bの値を可能解といい、可能解の集合を可能領域といいます。この可能領域の中で、目的関数を最大にする製品Aと製品Bの販売量の組み合わせが、最適セールス・ミックスとなります。

それでは、可能領域をグラフにしてみましょう。

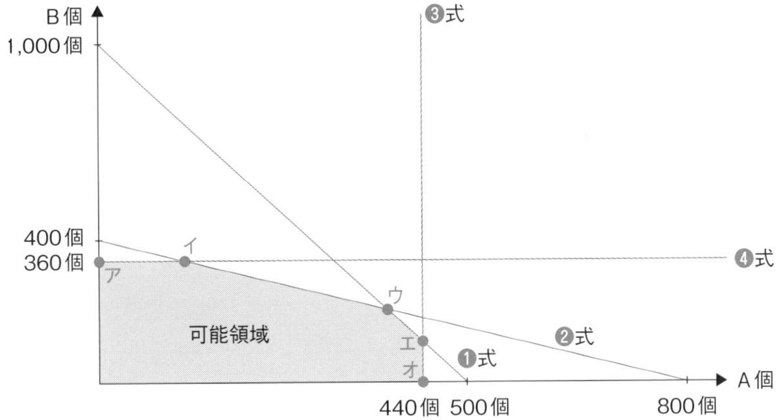

参考

グラフの描き方

線型計画法（リニアー・プログラミング）においてグラフを使って解を求め、最適セールス・ミックスを決定する場合には、グラフ上に可能領域を図示する必要があります。

可能領域は制約条件のすべてを満たす可能解の集合ですから、可能領域を図示するためには、すべての制約条件をグラフ上に直線で表すことになります。

そこで制約条件をグラフ上に直線で表すためには、たとえば❶の$4A + 2B \leqq 2{,}000$であれば、$4A + 2B = 2{,}000$と仮定し、$A = 0$のときのBの値1,000（$= 2{,}000 \div 2$）、$B = 0$のときのAの値500（$= 2{,}000 \div 4$）を求めます。そして求めた２つの解（A，B）＝（0，1,000）と（500，0）を縦軸、横軸にとり、２点を結ぶことで表すことができます。

⑵　最適セールス・ミックスの決定

本問の可能領域のようなへこんでいない部分の集合を凸集合といい、また図形の端の点を端点といいます。可能領域の中で目的関数を原点から徐々に遠ざけていけば、遠ざかるにつれて製品Ａと製品Ｂの販売量の組み合わせは大きくなっていき、貢献利益も大きくなっていきます。したがって、**貢献利益が最大となるのは可能領域の端点のいずれか**になることがわかります。

そこで、端点の座標を代入して最適セールス・ミックスを決定していくことになります。

① **端点の座標**

	製品A	製品B
ア点（縦軸と④式の交点）→	（　0個,	360個）
イ点（②式と④式の交点）→	（ 80個,	360個）
ウ点（①式と②式の交点）→	（400個,	200個）
エ点（①式と③式の交点）→	（440個,	120個）
オ点（③式と横軸の交点）→	（440個,	0個）

② **最適セールス・ミックス**

目的関数に端点の座標を代入します。

ア点：@240円×　0個＋@200円×360個＝　72,000円

イ点：@240円×　80個＋@200円×360個＝　91,200円

ウ点：@240円×400個＋@200円×200個＝136,000円…**貢献利益最大**

エ点：@240円×440個＋@200円×120個＝129,600円

オ点：@240円×440個＋@200円×　0個＝105,600円

したがって、最適セールス・ミックスは次の組み合わせとなります。

・製品A：400個

・製品B：200個

Step 4 最適セールス・ミックスでの営業利益

	全　体	製品A（400個）	製品B（200個）
売　上　高	240,000円	160,000円	80,000円
変　動　費	104,000	64,000	40,000
貢献利益	136,000円	96,000円	40,000円
固　定　費	20,000円		
営業利益	116,000円		

…**最適セールス・ミックスのときの年間営業利益**

問題編
問題9、10

参考

共通する制約条件が2つ以上の場合と
リニアー・プログラミング

共通する制約条件が2つ以上あるから線型計画法で解くと判断してStep1の手順を省略しないように注意してください。

CASE14では製品A、Bの単位あたりの機械時間がそれぞれ4時間、2時間です。しかし、たとえばそれが2時間、4時間であったとすると、機械稼働1時間あたりの貢献利益は次のようになります。

・製品A：240円÷2時間＝@120円

・製品B：200円÷4時間＝@ 50円

よって、機械稼働時間、組立時間ともに1時間あたり貢献利益は製品Aの方が大きくなるので、製品Aの生産・販売を優先すべきとわかります。

したがって最適セールス・ミックスの決定は線型計画法ではなくCASE13のように決定していくことになります。

以下、この前提での最適セールス・ミックスを示しておきます。

Step 2 製品Aの生産・販売量の決定

製品Aは需要限度生産販売量の440個まで生産・販売することになります。

これにより年間機械稼働時間2,000時間のうち880時間（440個×2時間）が製品Aの生産・販売に割り当てられる時間となります。

また、年間組立作業能力1,600時間のうち880時間（440個×2時間）が製品Aの生産・販売に割り当てられる時間となります。

Step 3 製品Bの生産・販売量の決定

年間機械稼働時間2,000時間のうち1,120時間（＝2,000時間－880時間）が製品Bに割り当てられ、製品Bの生産・販売量は280個（＝1,120時間÷4時間）となります。

また、年間組立作業能力1,600時間のうち720時間（＝1,600時間－880時間）が製品Bに割り当てられ、製品Bの生産・販売量は180個（＝720時間÷4時間）となります。

このうち、2つの制約条件を満たすのは、生産・販売量の少ない180個となり、製品Bの生産・販売量は180個と決定されます。

280個が選択されると年間の組立作業能力が1,600時間をオーバーする結果となるからです。

第4章

予算編成

予算に従って企業活動の全体を管理していくためには
まず年間予算を作成し（予算編成）、
さらに、それを達成するため
日々の企業活動の舵取りをしていかなくては
ならないんだよね（予算統制）。
予算管理はこの2つのプロセスに分かれるようだけど
具体的にはどのようにしていったらいいのだろう…。

ここではまず、予算を作成する予算編成の
プロセスについてみていきましょう。

この章で学習する項目

1．予算管理とは
2．基本予算編成手続

1級 新 論点

CASE 15 予算管理とは?

ゴエモン㈱では経営活動を円滑に実行するための経営管理手法として、予算管理を実行することにしました。そこでまずは予算管理とはどのように行うのかみていきましょう。

予算管理とは

CASE 2でみた利益管理のプロセスを予算管理という場合もあります。

企業予算には翌年度の経営活動についての計画と統制という2つの機能があります。目標利益を獲得するために企業予算により経営活動を管理する手法のことを特に**予算管理**といいます。

このように、予算管理は予算編成（計画）と予算統制の2つのプロセスに大別することができます。

ここで予算編成とは、購買、製造、販売、一般管理などの各部門の活動を計画しそれを金額的にあらわす過程をいいます。

また予算統制とは予算が達成されるように日々の業務活動を統制する過程をいいます。その結果は次年度の予算編成にフィードバックされます。

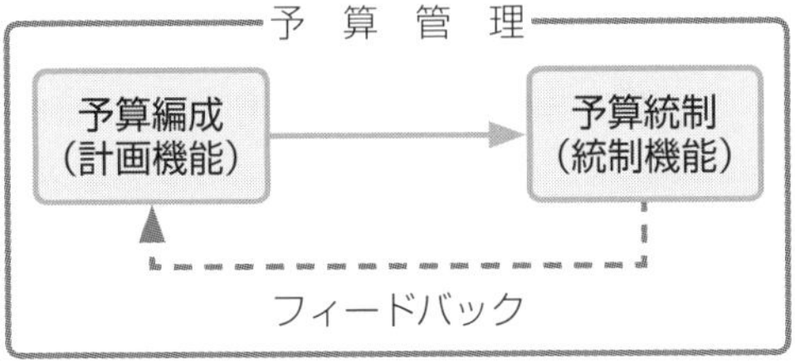

予算管理の体系

企業の予算管理システムは次のような体系により構成されています。

予　算

- 中長期経営計画による長期予算
  （設備投資予算など１年以上にわたる予算）
- 短期利益計画による短期予算
  （総合予算：向こう１年間の予算）
  (1)　基本予算（損益予算と財務予算）
  (2)　付属予算（変動予算など）
  (3)　予算報告書（予算・実績比較報告書）

短期予算の予実分析の結果を受けて、長期予算へもフィードバックされ、調整が加えられていきます。

第４章では基本予算の編成について学習し、予算統制の具体的手法である予算実績差異分析については第６章において学習します。

基本予算の編成手続

予算管理の中心である基本予算の編成手続について、おおまかな流れをみていきましょう。

まず、翌年度の利益計画にもとづき、販売→製造→購買の順に、各活動に関する計画について、具体的な会計数値で示されます。同時にその活動により生じる資金の動きを把握し、現金支出予算に反映され、財務予算としてまとめられます。

このようにして編成された基本予算をとりまとめて予定損益計算書や予定貸借対照表などを作成し、企業の正式な短期の経営計画が示されます。

これらの流れを図で示すと以下のようになります。

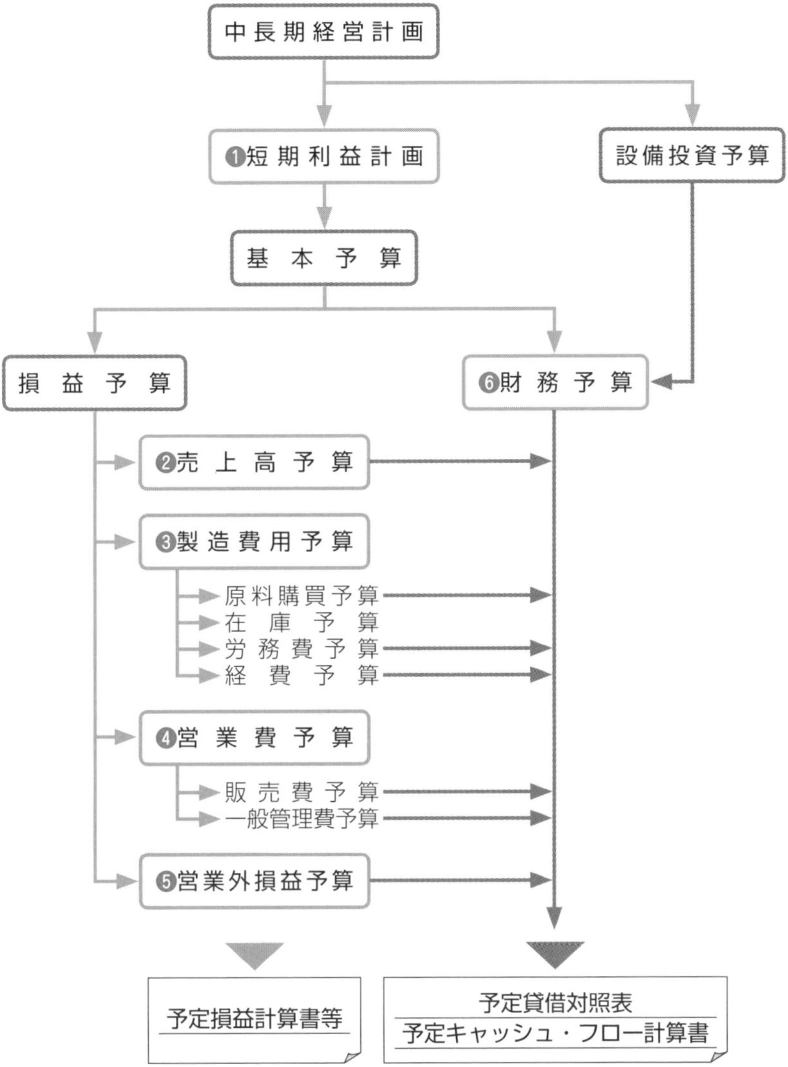

❶ CVP分析や経営者の方針などを受けて**短期利益計画**を定め、それにもとづいて基本予算の編成作業に入ります。

❷ 基本予算はまず**売上高予算**の策定から始まります。販売予測にもとづいて、次年度の販売計画案を策定し、売上高予算を決定します。

❸ 売上高予算が決定されれば、その販売計画にもとづいて次

年度の計画生産量を計算し、**製造費用予算**を決定します。計画生産量は次のように求められます。

計画生産量 ＝ 計画販売量 ＋ 期末在庫量 － 期首在庫量

　また、原材料の計画購入量を計算し、**原料購買予算**を決定します。計画購入量は次のように求められます。

計画購入量 ＝ 計画生産量に必要な原材料消費量 ＋ 期末原材料在庫量 － 期首原材料在庫量

　なお、在庫に関しては通常、期首＝期末としておきます。

　販売予算、製造予算および購買予算の間の相互関係は勘定形式で示すと次のようになります。

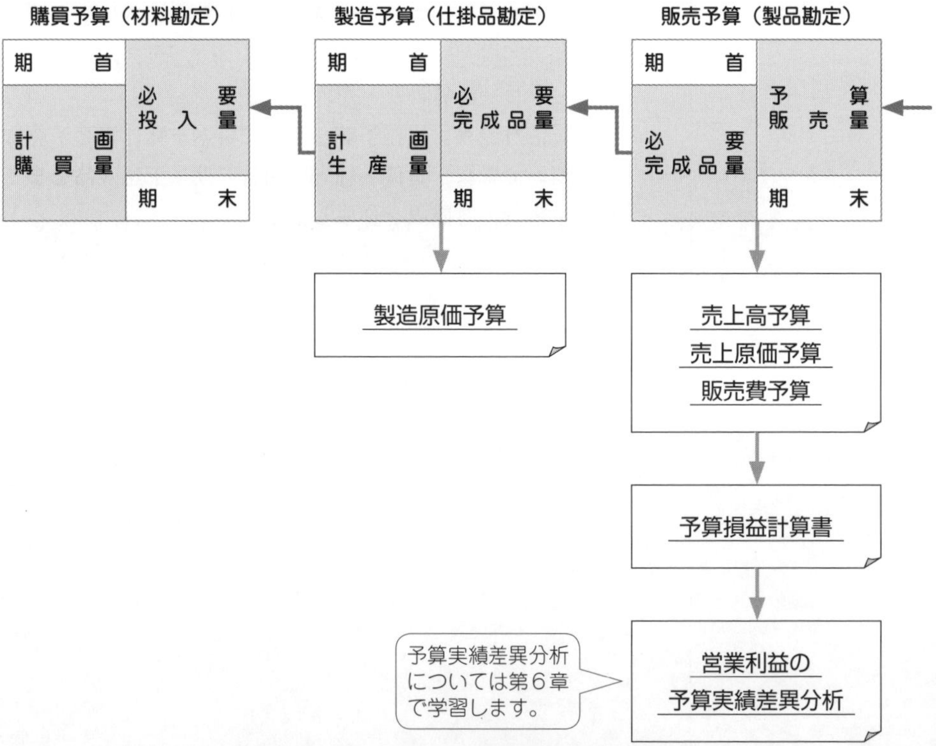

❹❺　このほか、**営業費予算**（**販売費・一般管理費予算**）、**営業外損益予算**を決定します。

❷～❺　以上により、**損益予算**が集計され、これをもとに直接

原価計算または全部原価計算による予定損益計算書が作成されます。

また予想される剰余金の配当・処分項目にもとづき、予定株主資本等変動計算書も作成されます。

❻ 上記の損益予算の編成と並行して、**財務予算**が編成されます。財務予算の主要部分は、**資本予算、資金予算、予定貸借対照表**の作成からなります。

・資本予算：長期経営計画にもとづいて計画された設備投資計画などのうち、次年度についてのものをいいます。

・資金予算：経営者は、その事業や信用販売の性質により、資金の最低保有残高を決定したうえで、期中に必要となる資金の総額と利用できる資金の総額を比較しながら、資金不足や不要な遊休資金を手許に保有しないように資金調達計画を策定します。これらの内容をもとに予定キャッシュ・フロー計算書などを作成します。

・予定貸借対照表：損益予算ならびに資本予算、資金予算にもとづいて資産・負債・純資産項目の期末予想残高をまとめて予定貸借対照表を作成します。

CASE 16

基本予算編成手続

予算編成

来期の予算を
つくってみよう。
かしこまりました。
経 理
部長

ここでは実際に来期の予算手続を確認していきます。

なお、予算管理を用いるにあたってはCVP関係を明示するために直接原価計算を採用するのが一般的であり、ゴエモン㈱でも直接標準原価計算により予算管理を行うことにしました。

それではさっそく予算を作成してみましょう。

例 製品Aを量産するゴエモン㈱は、直接標準原価計算を採用しており、現在、来期の予算を編成中である。そこで下記の条件にもとづき、来期の年間予算を編成し、直接原価計算方式の予定損益計算書と予定貸借対照表を作成しなさい。

［資　料］

1．製品A１個あたりの標準変動製造原価

直接材料費：50円/kg × 10kg/個 =	500円
変動加工費：75円/時 × 2時/個 =	150円
変動製造原価合計	650円

2．当期末貸借対照表（単位：万円）

流動資産		流動負債	
現　金	600	買掛金	600
売掛金	810	借入金	0
製　品	65	流動負債合計	600
原材料	75	固定負債	
その他	450	社　債	750
流動資産合計	2,000	負債合計	1,350

固定資産		純資産	
土地	900	資本金	1,000
建物・設備	1,250	利益準備金	250
差引：減価償却		任意積立金	750
累計額	(400)	繰越利益剰余金	400
固定資産合計	1,750	純資産合計	2,400
資産合計	3,750	負債・純資産合計	3,750

(注) 製品は変動製造原価で計上されている。

3．当期の繰越利益剰余金は配当金を支払ったあと50万円を任意積立金とする。

4．来期の予算データ

(1) 年間計画生産・販売量

期首製品在庫量	1,000個
年間製品計画生産量	60,000
合計	61,000個
期末製品所要在庫量	1,000
年間製品計画販売量	60,000個

(注) ① 製品販売単価は1,000円/個（すべて掛売り）
② 仕掛品の在庫は無視する

(2) 原材料購買予算

期首原料在庫量	15,000kg	
年間原料計画購入量	600,000	(仕入単価は50円/kg、すべて掛買い)
合計	615,000kg	
期末原料所要在庫量	15,000	
年間原料計画消費量	600,000kg	

(3) 加工費予算（公式法変動予算）

変動費　75円/時×直接作業時間

固定費　300万円

なお固定費のうち25万円は減価償却費であって、それ以外の固定費および変動費はすべて現金支出原価である。

(4) 販売費・一般管理費予算（公式法変動予算）

変動販売費　80円/個×製品販売量

固定販売費・一般管理費　670万円

なお固定販売費・一般管理費のうち35万円は減価償却費であって、それ以外の固定費および変動費はすべて現金支出原価である。

(5) 予想現金収支（単位：万円）

	四半期				
	1	2	3	4	合　計
売掛金回収	1,135	1,315	1,150	1,540	5,140
支　　払					
原料費	790	580	545	875	2,790
労務費	380	310	475	510	1,675
その他経費	155	120	135	205	615
社債利息		15		15	30
機械購入				300	300
配当金	250				250
合　計	1,575	1,025	1,155	1,905	5,660

各四半期末に保有すべき最低現金残高は500万円である。四半期末の現金残高が500万円に満たないと予想される場合にはあらかじめその四半期の期首に、銀行から年利4％で250万円の整数倍で借り入れておく。その後、各四半期の期末資金に余裕があると予想される場合には借りた元金はできるだけ早く、250万円の倍数額で各四半期末に返済する。なおその場合、利息は返済する元金分の利息だけを元金とともに支払う。ただし、借入金が1年を超える場合は、借り換えなければならない。

来期予定損益計算書の作成

来期の製品計画販売量60,000個にもとづいて、損益計算書の各金額を算定していきます。なお、変動製造マージン、貢献利益、営業利益、経常利益は差引計算で求めます。

(1) 売　上　高：1,000円/個×60,000個
　　= 6,000万円〈資料4(1)〉

(2) 変動売上原価：650円/個×60,000個
　　= 3,900万円〈資料1、4(1)〉

(3) 変動販売費：80円/個×60,000個 = 480万円〈資料4(1)、(4)〉

(4) 固　定　費〈資料4(3)、(4)〉

製　造　費	300万円
販売費・一般管理費	670万円
計	970万円

(5) 支払利息：

30万円〈社債利息、資料4(5)〉+ 20万円〈借入金利息〉* = 50万円

* 借入金利息
第2四半期の期末返済分：
250万円×4%×2期/4期 = 5万円〈現金払い〉
第4四半期の期末返済分：
250万円×4%×4期/4期 = 10万円〈現金払い〉
第4四半期の期首借入分：
500万円×4%×1期/4期 = 5万円〈未払費用〉
計 20万円

借入金利息についての詳細は現金残高の計算●**来期予定貸借対照表の作成**を参照してください。

以上より、CASE16の予定損益計算書は次のようになります。

CASE16の予定損益計算書

来期予定損益計算書

	(単位：万円)
売上高	6,000
変動売上原価	3,900
変動製造マージン	2,100
変動販売費	480
貢献利益	1,620
固定費	
製造費	300
販売費・一般管理費	670
計	970
営業利益	650
支払利息	50
経常利益	600

来期予定貸借対照表の作成

当期末の貸借対照表（資料の2）の数値が来期の期首残高となります。来期の予定貸借対照表を作成するには、これに各科目の増減などを加減算して来期末残高を算定していきます。

(1) 製品・原材料

・期末製品：650円/個×1,000個＝65万円〈資料1、4(1)〉

・期末原材料：50円/kg×15,000kg＝75万円〈資料1、4(2)〉

(2) 売　掛　金

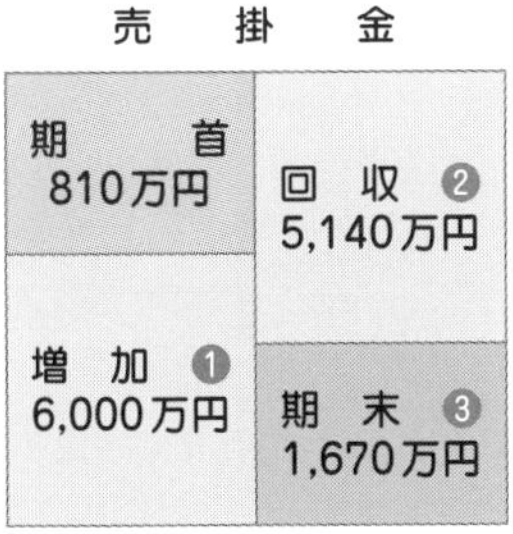

❶増加：1,000円/個×60,000個〈販売量〉
＝6,000万円
❷回収：5,140万円
〈売掛金の回収／第１四半期から第４四半期の合計〉
❸期末：貸借差引

∴　売掛金：1,670万円

(3) 買　掛　金

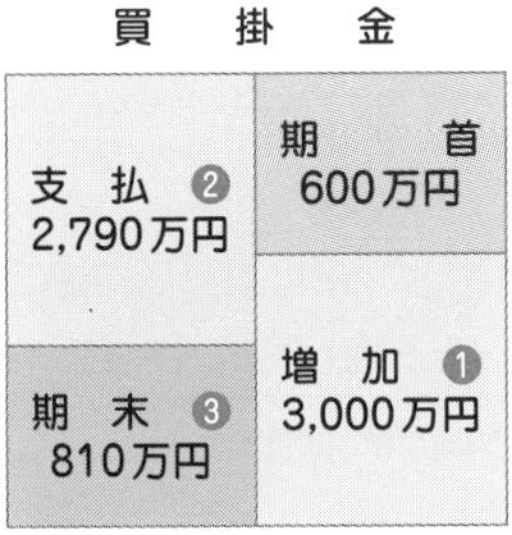

❶増加：50円/kg×600,000kg
＝3,000万円
❷支払：2,790万円
〈原料費の支払／第１四半期から第４四半期の合計〉
❸期末：貸借差引

∴　買掛金：810万円

(4) 現　　　金

現金期末残高は、予想現金収支にもとづいて計算します。本問では各四半期末に保有すべき最低現金残高が500万円であることと、借入期間は１年以内であることに注意してください。

そのため、いったん借入れと返済を考慮しない仮残高を計算し、残高不足であれば不足分を借り入れ、逆に仮残高に余裕があれば借入金を利息とともに返済します。

〈第１四半期〉

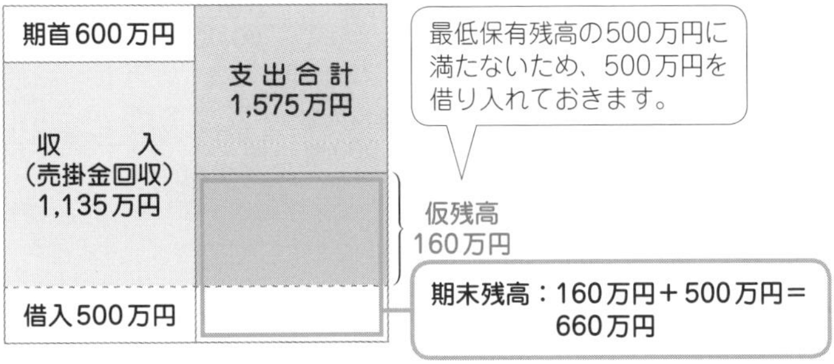

〈第２四半期〉

余裕があるので借入金のうち250万円を利息５万円とともに返済します。

仮残高
950万円

・支払利息：

$$250万円 \times 4\% \times \frac{2期}{4期} = 5万円$$

なお、借入れは第１四半期の期首に行い、返済は第２四半期の期末であるため借入期間は2期分となります。

〈第３四半期〉

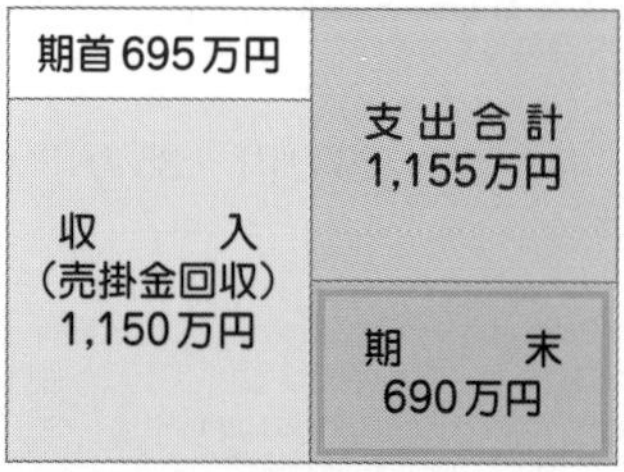

残高不足はありませんが、返済する余裕もない状態です。

仮残高
690万円

〈第４四半期〉

残高不足を解消する必要借入額は250万円ですが、第１四半期の残り250万円の返済が必要なため、新たに500万円の借入れが必要となります。

仮残高
325万円

・支払利息：

$$250万円 \times 4\% \times \frac{4期}{4期} = 10万円$$

なお、借入れは第１四半期の期首に行い、返済は第４四半期の期末であるため、借入期間は４期分となります。また、第４四半期期首に借り入れた分の利息については未払費用となり、現金は動いていません。

期末残高：325万円＋500万円－260万円
＝565万円

∴　現金：565万円

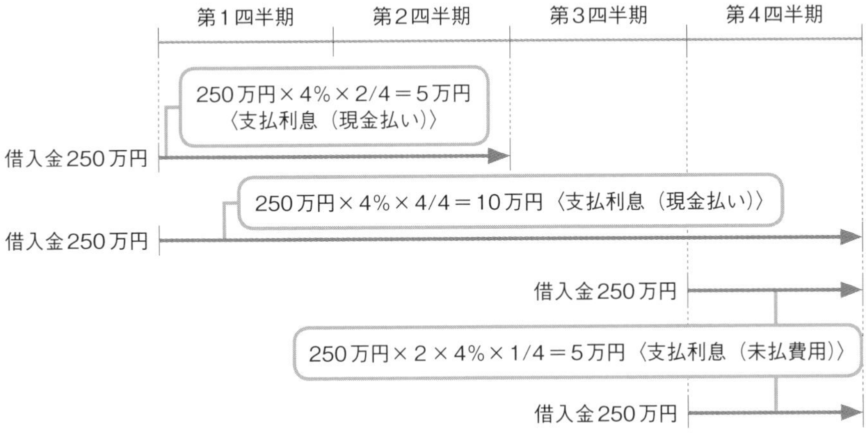

(5) **建物・設備**：1,250万円〈当期末B/S〉＋300万円〈機械購入〉
＝1,550万円

(6) **減価償却累計額**：400万円〈当期末B/S〉＋25万円＋35万円
＝460万円

(7) **借　入　金**

借　入　金

❶借入れ：500万円〈第1四半期首に借入れ〉
500万円〈第4四半期首に借入れ〉
計　1,000万円

❷返　済：250万円〈第2四半期末に返済〉
250万円〈第4四半期末に返済〉
計　500万円

∴　借入金：500万円

(8) **未払費用**：5万円〈来期予定P/Lの作成(5)参照〉

(9) **任意積立金**：750万円＋50万円＝800万円

(10) **繰越利益剰余金**：400万円－300万円〈配当と処分〉
＋600万円〈経常利益〉＝700万円

その他の科目は増減がないため当期末の貸借対照表価額がそのまま記入されます。

以上より、CASE16の予定貸借対照表は次のようになります。

CASE16の予定貸借対照表

来期末　予定貸借対照表　（単位：万円）

流動資産		流動負債	
現金	565	買掛金	810
売掛金	1,670	借入金	500
製品	65	未払費用	5
原材料	75	流動負債合計	1,315
その他	450	固定負債	
流動資産合計	2,825	社債	750
固定資産		負債合計	2,065
土地	900	純資産	
建物・設備	1,550	資本金	1,000
差引：減価償却		利益準備金	250
累計額	(460)	任意積立金	800
固定資産合計	1,990	繰越利益剰余金	700
		純資産合計	2,750
資産合計	4,815	負債・純資産合計	4,815

参考

予想現金収支資料の読み取り

CASE16の「資料4．(5)予想現金収支」における「労務費」と「その他経費」は製造活動だけではなく、販売・一般管理活動も含めた人件費と諸経費を意味しています。このことは次のように確認することができます。

● 「資料4．(3)と(4)」より

・加工費予算のうち現金支出原価：

75円/時×120,000時* + 300万円 − 25万円 = 1,175万円

・販売費・一般管理費予算のうち現金支出原価：

80円/個×60,000個 + 670万円 − 35万円 = 1,115万円

計 2,290万円

● 「資料4．(5)」より

労務費	1,675万円
その他経費	615万円
計	2,290万円

一致

* 直接作業時間：60,000個×2時/個 = 120,000時

問題編
問題11、12

第5章

事業部の業績測定

写真立てやクマの置物…いろいろな製品を生産販売しているけど
すべてをまとめて損益計算をしているから
どの製品からいちばん利益がでているのかわからないよなぁ。
利益計算に有効なCVP分析の直接原価計算が使えそうだけど…。

ゴエモンくんの予想通り、写真立て事業部、クマの置物事業部など、
事業部ごとに直接原価計算を採用することにより、
それぞれの企業全体の利益への貢献度が測定できます。
それでは、事業部制組織を採用している場合の
業績測定についてみていきましょう。

この章で学習する項目

1. セグメント別損益計算
2. 資本コスト率の計算
3. 事業部長と事業部自体の業績評価
4. 業績評価の指標

1級 新 論点

CASE 17 セグメント別損益計算

+7,500円
△5,100円
+3,000円
写真立ては赤字だから、生産販売を中止した方がいいのかな？

ゴエモン㈱では木彫りの熊の置物、写真立て、うさぎのぬいぐるみを生産・販売しています。
当年度末に利益を計算してみると、写真立てが赤字となりました。そこで写真立てがゴエモン㈱の利益獲得にマイナスの影響を及ぼしているかどうか、くわしく分析することにしました。

例 ゴエモン㈱では製品A、製品Bおよび製品Cを生産・販売している。当事業年度における製品別損益計算書は［資料1］のとおりであった。
これを見たゴエモン君は製品Bの営業利益が△5,100円であるため製品Bの生産・販売を中止するように指示をした。
しかし、この判断は正しいものではない。そこで［資料2］をもとに、各製品の収益性が正しく判断できるような製品別損益計算書を作成しなさい。

［資料1］

製品別損益計算書 （単位：円）

	製品A	製品B	製品C	合　計
売上高	75,000	33,000	42,000	150,000
売上原価	51,000	28,200	26,400	105,600
売上総利益	24,000	4,800	15,600	44,400
販売費・一般管理費	16,500	9,900	12,600	39,000
営業利益	7,500	△5,100	3,000	5,400

[資料2]

1．製造原価のうち変動費は、それぞれの売上高に対して製品Aは45%、製品Bは30%、製品Cは35%である。
2．販売費・一般管理費のうち固定費は売上高の10%の割合で各製品に対して配賦している。
3．固定製造原価のうち個別固定費が製品Aは11,250円、製品Bは3,300円、製品Cは6,300円であり、それ以外の固定製造原価および固定販売費・一般管理費は各製品に共通して発生するものである。

用語 **セグメント**…企業の収益単位を製品品種別、販売地域別、事業部別に区分したものをいう。

セグメント別損益計算とは

これまで、直接原価計算を利用すると、利益管理にとって有用な、CVP分析に関する情報を入手することができることを学習しました。

そこで、この直接原価計算を工夫し、セグメント単位で直接原価計算を適用すれば、会社全体のCVP分析が把握できるだけでなく、会社の利益獲得に各セグメントがどれだけ貢献しているのかが把握できるようになります。

各セグメントの業績評価をも有効に実施することができます。

各製品ごとの損益計算をした方が、
どの製品がどれだけもうかっているか、
わかりやすくなるね。

CASE17の［資料1］の損益計算書は全部原価計算によるものです。この全部原価計算では固定費を任意の配賦基準によって一括配賦するため、各セグメントの貢献度を判断するには信頼性に乏しく、利益の動きを読み取るのにも不適切であるた

各セグメントに割りふれない原価を一定の基準で無理やり配賦するので適正な評価は行えないわけです。

め、業績評価を適切に行えません。そこで、まず直接原価計算による損益計算書に作り替えます。

資料１の売上高と資料２の１より求めます。

・変動売上原価：製品Ａ：75,000円×45％＝33,750円
製品Ｂ：33,000円×30％＝ 9,900円
製品Ｃ：42,000円×35％＝14,700円

資料１の売上高と資料２の２より販売費・一般管理費の固定費部分を求め、残りから求めます。

・変動販売費：製品Ａ：16,500円－75,000円×10％
＝9,000円
製品Ｂ： 9,900円－33,000円×10％
＝6,600円
製品Ｃ：12,600円－42,000円×10％
＝8,400円

資料１の売上原価と販売費・一般管理費の合計より変動費をマイナスして求めます。

・固　定　費：製品Ａ：51,000円＋16,500円－33,750円
－9,000円＝24,750円
製品Ｂ：28,200円＋9,900円－9,900円
－6,600円＝21,600円
製品Ｃ：26,400円＋12,600円－14,700円
－8,400円＝15,900円

以上を直接原価計算による損益計算書にあてはめ、貢献利益、営業利益を求めます。

個別固定費、共通固定費を考慮していません。

	製品Ａ	製品Ｂ	製品Ｃ	合　計
売　上　高	75,000	33,000	42,000	150,000
変動売上原価	33,750	9,900	14,700	58,350
変動販売費	9,000	6,600	8,400	24,000
貢献利益	32,250	16,500	18,900	67,650
固　定　費	24,750	21,600	15,900	62,250
営業利益	7,500	△5,100	3,000	5,400
貢献利益率	43％	50％	45％	45.1％

・貢献利益率：製品Ａ：32,250円÷75,000円×100＝43％
製品Ｂ：16,500円÷33,000円×100＝50％
製品Ｃ：18,900円÷42,000円×100＝45％

このように、直接原価計算で損益計算書を作成し、製品別の貢献利益率を計算すれば、各製品ごとの収益性を明らかにすることができ、どの製品に企業資源を優先して配分すべきか、あるいは改善すべき製品はどれかなどの判断資料を得ることがで

きます。

セグメント別損益計算書のメリット

直接原価計算＝企業全体のCVP分析を可能にする
損益計算方式

▼ セグメント別に細分化

セグメントごとのCVP分析が可能になる。つまり、企業全体の利益に対し各セグメントがどれだけ貢献しているのかセグメント別の収益性の判断が正しく行える。

個別固定費と共通固定費

先ほどの計算では、固定費は一括的に貢献利益から控除しましたが、固定費のなかには製品Aの製造に必要な設備の減価償却費などのように、どのセグメントで発生したかが明らかなものと、本社建物の減価償却費などのように明らかでないものがあります。

どのセグメントで発生したかが明確な固定費は、各セグメントの収益から直接控除したほうが、各セグメントの収益性を正しく判断することができます。

そこで、固定費は各セグメントに直接跡づけられるか否かにより、**個別固定費**と**共通固定費**に分類します。

個別固定費と共通固定費

固定費	個別固定費	各セグメントに直接跡づけられる固定費 〈例〉特定の製品の製造に必要な設備の減価償却費 事業部長の給料
	共通固定費	各セグメントに共通して発生する固定費 〈例〉本社建物の減価償却費 本社役員の給料

個別固定費

共通固定費

セグメント・マージン

セグメント別損益計算書において固定費を貢献利益から一括的に差し引かずに個別固定費と共通固定費を段階的に差し引くことにより**セグメント・マージン**を把握することができます。

セグメント・マージンとは共通固定費を回収し全社的利益を獲得するのに各セグメントがどのくらい貢献したかを示す各セグメント固有の利益をいいます。

以上より、CASE17のセグメント別損益計算書は次のようになります。

個別固定費、共通固定費を段階的に差し引いています。

CASE17のセグメント別損益計算書

セグメント別損益計算書　(単位：円)

	製品A	製品B	製品C	合　計
売　上　高	75,000	33,000	42,000	150,000
変動売上原価	33,750	9,900	14,700	58,350
変動販売費	9,000	6,600	8,400	24,000
貢献利益	32,250	16,500	18,900	67,650
個別固定費	11,250	3,300	6,300	20,850
セグメント・マージン	21,000	13,200	12,600	46,800
共通固定費				41,400
営業利益				5,400

・共通固定費：105,600円＋39,000円－(58,350円＋24,000円＋20,850円)＝41,400円

105,600円	＋39,000円	－(58,350円	＋24,000円	＋20,850円)	＝41,400円
売上原価	販売費・一般管理費	変動売上原価	変動販売費	個別固定費	

製品の収益性が高くても個別固定費が多ければセグメント・マージンは低くなり、全社的な利益に対する各セグメントの貢献度が低くなってしまいます。

固定費を一括的に配賦すると、製品Ｂの営業利益は△5,100円でしたが、個別固定費を差し引いたあとの製品Ｂのセグメントマージンは13,200円であり、企業の利益獲得に貢献しているといえます。

参考

セグメントマージンの名称

セグメント・マージンは、セグメントの区分の仕方により、さまざまな名称で表現することができます。その一例を示せば次のようになります。

セグメントの区　　分	セグメント・マージンの名称
製品品種	製品貢献利益
販売地域	地域別貢献利益
事業部	事業部貢献利益

資本コスト率の計算

いろいろなところからお金を集めても、
それぞれ見返りが必要だよね。
株券
社債
銀行
借入金

企業経営には膨大な資金が必要です。しかし、その全額を自分で出すことはできないので、株式の発行、銀行からの借入れ、社債の発行によりお金を集めることにしました。

もちろんこれらを無償で調達することはできず、見返りが必要となってきます。

例 次の資料により税引後加重平均資本コスト率を計算しなさい。
ただし法人税率は40%とする。

［資　料］

調達源泉	構成割合	資本コスト率
負　　債	50%	6％（税引前）
普通株	20%	11%
留保利益	30%	10%
	100%	

資本コストとは

これを投下資本といいます。

企業が経営活動を行うためには資金が必要となります。これらは株式の発行、銀行からの借入れなどによって調達され、経営活動に投下されます。

もちろんこれらの資金は無償で調達できるわけではなく、株式であれば株主への配当金が、借入金や社債であれば利息の支払いが調達の見返りとして必要になります。

このように経営活動に投下される資金に必要なコストを**資本**

コストといい、投下される資金に対する資本コストを比率で表したものを**資本コスト率**といいます。

加重平均資本コスト率の計算

資本コスト率にはいろいろな種類がありますが、試験上の重要性から、ここでは**加重平均資本コスト率**の計算についてみていきます。

加重平均資本コスト率の計算では資金の源泉が負債か自己資本（資本）かによって計算方法が異なってきます。

(1) 負債の資本コスト率

借入金にかかる支払利息や社債にかかる社債利息などを負債の資本コストといいます。

これらは損益計算において費用として計上され、税務上も費用（損金とよばれます）として扱われます。

負債の資本コストがかかれば、企業利益（税務上は課税所得）は減少します。そして、その利益に一定割合をかけて算定される法人税等も減少するため、負債の資本コストには法人税等による支出を節約する効果があります。

たとえば、営業利益3,000円、法人税等40％の状況のもとで、借入れなしの場合と年利率（資本コスト率）５％の条件で、銀行から6,000円借り入れた場合を比較してみましょう。

① 資本コストがない場合

損益計算書

	⋮
営業利益	3,000円
法人税等	1,200円
当期純利益	1,800円

40%

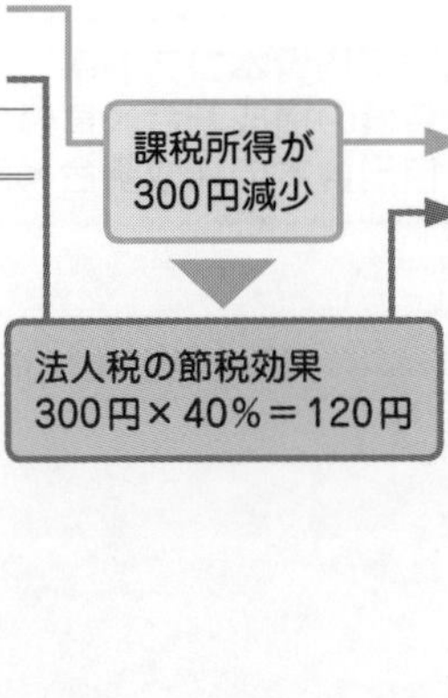

② 資本コストがある場合

損益計算書

	⋮
営業利益	3,000円
支払利息	300円＊1
経常利益	2,700円
法人税等	1,080円
当期純利益	1,620円

40%

＊1　6,000円×５％＝300円

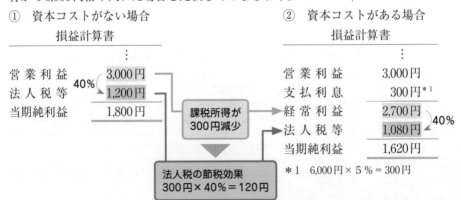

したがって、税引前であれば300円の支払利息（資本コスト）が発生しますが、法人税を考慮すると、法人税の支払額が120円節約されるので、税引後の資本コストは次のようになります。

・税引後の資本コスト：

300円（支払利息）－120円（節税額）＝300円×（1－40%（法人税率））＝180円

以上より、負債の税引後資本コスト率は法人税等の節約額を考慮に入れた実効利子率によって計算します。

> **負債の税引後資本コスト率**
> **＝税引前支払利子率×（1－法人税等の税率）**

(2) 自己資本の資本コスト率

それに対して自己資本の資本コストからは法人税等の節税効果は得られません。

試験上は資料に与えられた資本コスト率をそのまま使用します。

たとえば、株式発行による資本コスト（株主への配当金）は、剰余金の処分項目であって、損益計算書の費用ではありません。そのため、自己資本の資本コスト率は税引前でも税引後でも変わりません。

(3) 税引後加重平均資本コスト率の計算

(1)(2)でみてきた負債と自己資本の資本コスト率にもとづき、全社的な加重平均資本コスト率は次のように計算します。

> **税引後加重平均資本コスト率**
> **＝負債の構成割合×負債の税引後資本コスト率**
> **＋自己資本の構成割合×自己資本の資本コスト率**

したがってCASE18の税引後加重平均資本コスト率は次のように計算されます。

CASE18　税引後加重平均資本コスト率の計算

調達源泉	税引後資本コスト率	
負　　債	50% × 6% × (1 − 0.4)	= 1.8%
普 通 株	20% × 11%	= 2.2%
留保利益	30% × 10%	= 3.0%
合　計	：税引後加重平均資本コスト率	7.0%

資本コストは資本を調達し、利用することにより発生するコストであるため、企業は最低でも資本コストを上回る利益を獲得しなければ、実質的利益が計上されているとはいえません。

したがって、資本コスト率は最低限獲得すべき必要投下資本利益率の意味をもつと同時に、企業全体が事業部などの業績測定や、投資案の採否の決定を行う際の指標として用いられます。

投下資本利益率とは利益÷投下資本により計算した指標をいいます。

CASE 19　事業部の業績測定

事業部長と事業部自体の業績評価

事業部といっしょに
事業部長の評価も
してみよう。
部長
部長
木彫りの熊事業部
写真立て事業部

ゴエモン㈱では、年度末になったので、木彫りの熊の置物と写真立ての製品事業部について業績評価を行うことになりました。それぞれの事業部には事業部長がいるので、あわせて評価することになったのですが、同じように評価していいのでしょうか？

例　ゴエモン㈱では、製品Aと製品Bを製造・販売しており直接標準原価計算を採用している。責任を明確にするため、製品品種ごとに事業部を設け、それぞれの事業部に責任ある経営管理者を割り当て利益を管理している。

下記に示す次年度の予算データにもとづいて各問に答えなさい。

［資　料］

1．各製品の販売単価と生産・販売数量および製品単位あたり変動費に関するデータ

	製品A	製品B
販売単価	2,000円	1,000円
生産・販売量	200個	450個
直接材料費	500円	100円
直接労務費	600円	200円
変動製造間接費	400円	200円
変動販売費	100円	40円

2．予定固定製造原価は75,000円であり、そのうち、60,000円は個別固定費（製品Aが18,000円、製品Bが42,000円）、残りは共通固定費である。個別固定費のうち25％が管理可能固定費であり、残り75％はすべて管理不能固定費である。

3．予算固定販売費・一般管理費は33,000円であり、すべて共通固定費である。

なお、共通固定費は従業員数を基準に、製品Aに18,000円、製品Bに30,000円配賦している。

4．各事業部投資額

製品A事業部：200,000円（うち管理可能投資額　150,000円）

製品B事業部：400,000円（うち管理可能投資額　250,000円）

5．ゴエモン㈱の全社的加重平均資本コスト率は税引後で7%である。また法人税等の税率は40%とし、業績測定用の利益はすべて税引後で計算するものとする。

［問1］製品事業部別の予算損益計算書を作成しなさい。

［問2］事業部長の業績測定に適した資本利益率と残余利益を計算しなさい。

［問3］事業部自体の業績測定に適した資本利益率と残余利益を計算しなさい。

事業部制組織とは

企業における組織を製品別、地域別などに分類し、それぞれがあたかも独立した企業のように製造、販売、調達活動などを行うように区分された組織構造を**事業部制組織**といいます。

区分されたそれぞれの組織を事業部といいます。業務活動に関する意思決定権が各事業部長に委譲されており、各事業部長はその事業部について包括的な利益責任を負うことになります。

<分権的組織>

個別固定費の細分

CASE17では固定費を個別固定費と共通固定費に区別することによって各セグメント固有の利益を把握することを学習しましたが、さらに個別固定費を細分すれば事業部長の業績評価に有用な情報を入手することができます。

事業部長の業績評価のためには、**原価の発生が事業部長にとって管理可能か否か**により固定費を細分するのが有効であり、個別固定費は**管理可能個別固定費**と**管理不能個別固定費**に分類します。また、貢献利益から管理可能個別固定費を差し引いて得られる利益を**管理可能利益**といいます。

この管理可能利益は、事業部長にとって責任を負うべき利益といえ、事業部長の業績評価は管理可能利益にもとづく予算と実績の比較により行われます。

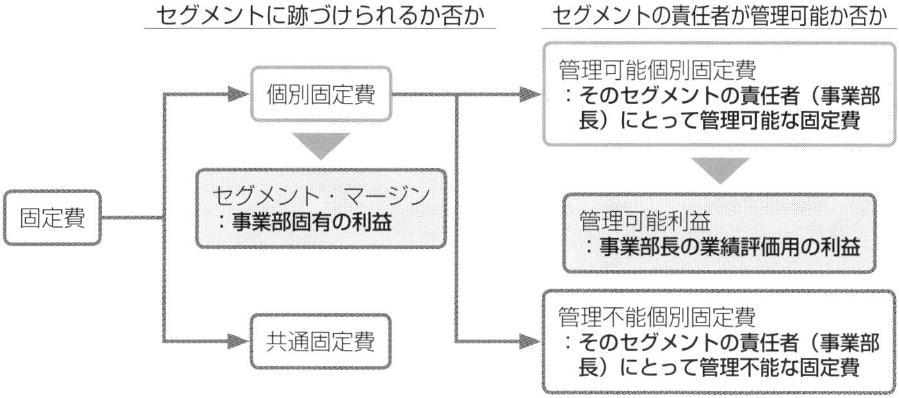

以上より、CASE19［問１］製品事業部の予算損益計算書は次のようになります。

CASE19［問1］の製品事業部別の予算損益計算書

製品事業部別予算損益計算書　(単位：円)

	製品A	製品B	合　計
売　上　高	400,000	450,000	850,000
変　動　費			
売上原価	300,000	225,000	525,000
販　売　費	20,000	18,000	38,000
計	320,000	243,000	563,000
貢献利益	80,000	207,000	287,000
管理可能個別固定費	4,500	10,500	15,000
管理可能利益	75,500	196,500	272,000
管理不能個別固定費	13,500	31,500	45,000
事業部貢献利益	62,000	165,000	227,000
共通固定費	18,000	30,000	48,000
営業利益	44,000	135,000	179,000

15,000円＋33,000円

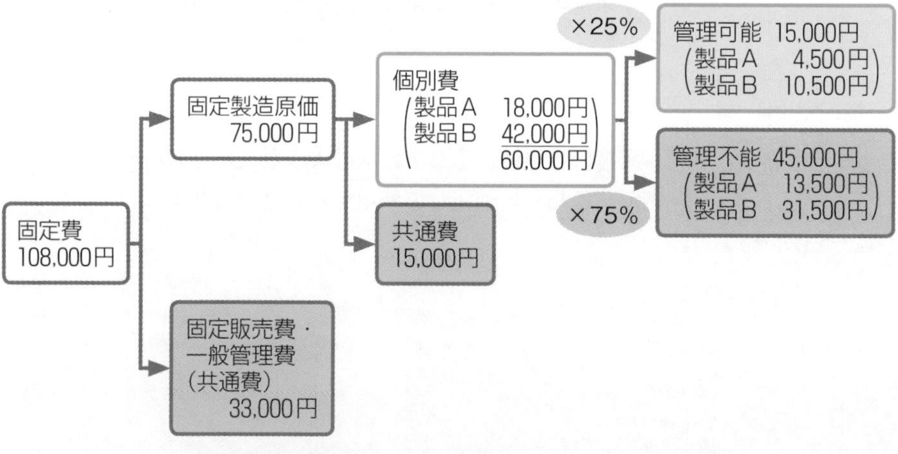

業績測定の指標

企業は、さまざまな手段により調達した資本を利用して経営活動を行います。そこで、経営活動に投下された資本からどの程度の利益が獲得できたのか、きちんと測定する必要があります。

投下資本と関連した経営活動の業績を測定する指標には、次の２つがあります。

(1) 比率による指標（資本利益率）

比率による業績測定指標は**資本利益率**（rate of return on investment；ROI）といい、活動に投下した資本に対してどのくらいの利益をあげられたか、つまり資本をどのくらい効率よく使えたかどうかを比率で表したものです。

資本利益率は最低限、資本コスト率を上回ることが必要となります。なぜなら、資本コスト率は投下資本に対する最低限必要となる利益率を意味するからです。

$$\text{資本利益率（\%）} = \frac{\text{利益額}}{\text{投下資本}} \times 100$$

(2) 金額による指標（残余利益）

金額による業績測定指標は**残余利益**（residual income；RI）といい、資本コストを除いた後の利益を計算するものです。

残余利益は投下資本に対するコストを差し引いた後に残る利益であるため、プラスになることが必要です。

$$\text{残余利益} = \text{利益額} - \text{資本コスト}$$

両者の指標にはそれぞれ次のような長所と短所があるので、実際には相互に補完して使用することになります。

資本利益率と残余利益

	資本利益率	残余利益
長所	・業績が比率で表示されるので規模に関係なく比較できる。	・業績測定の際、関心が利益額の増大へ向くため、全社的な利害と特定部門の利害が対立しない。
短所	・業績測定の際、関心が利益額の増大よりも利益率の増大へ向いてしまい、全社的な利害と特定部門の利害が対立するおそれがある。	・規模の異なる部門間の比較には適さない。

試験では の部分がよく出題されるので、次のCASE20で具体的な数値例を使って確認していきます。

事業部長の業績評価

事業部長の業績を適切に測定する場合に重要なのは、事業部長が収益・原価・利益・投資額に対して管理可能かどうかです。なぜなら、事業部長は自らが管理できない原価や投資額については責任を負えないからです。

したがって、事業部長の業績測定において使われる資本利益率や残余利益は、事業部長にとって管理可能な利益と投資額を用いて計算されます。

事業部長の業績測定用の利益 … 管理可能利益

(1) **管理可能投下資本利益率**

$$\text{管理可能投下資本利益率（\%）} = \frac{\text{管理可能利益}}{\text{管理可能投資額}} \times 100$$

(2) **管理可能残余利益**

$$\text{管理可能残余利益} = \text{管理可能利益} - \text{管理可能投資額に対する資本コスト}$$

以上より、CASE19［問２］は次のように計算されます。

CASE19［問2］の事業部長の業績測定

：資料４より。
：［問１］予算P/Lより。

〈A製品事業部長〉

・資本利益率：

$$\frac{75{,}500\text{円}\times(1-0.4)\langle\text{税引後管理可能利益}\rangle}{150{,}000\text{円}\langle\text{管理可能投資額}\rangle}\times 100 = 30.2\%$$

・残 余 利 益：75,500円×（１－0.4）－150,000円×７％

（75,500円×（１－0.4）：税引後管理可能利益、150,000円×７％：管理可能投資額に対する資本コスト）

＝34,800円

〈B製品事業部長〉

・資本利益率：

$$\frac{196{,}500\text{円}\times(1-0.4)\langle\text{税引後管理可能利益}\rangle}{250{,}000\text{円}\langle\text{管理可能投資額}\rangle}\times 100 = 47.16\%$$

・残 余 利 益：196,500円×（１－0.4）－250,000円×７％

（196,500円×（１－0.4）：税引後管理可能利益、250,000円×７％：管理可能投資額に対する資本コスト）

＝100,400円

事業部自体の業績評価

これに対して、事業部自体の業績を適切に測定するのに重要な概念は、収益・原価・利益・投資額に対する追跡可能性であり、特定の事業部に対して跡づけられる固有の利益と投資額により計算されます。

事業部自体の業績測定用の利益 … 事業部貢献利益

(1) 投下資本利益率

$$\text{投下資本利益率}(\%) = \frac{\text{事業部貢献利益}}{\text{事業部総投資額}}\times 100$$

(2) 残余利益

残余利益 ＝ 事業部貢献利益 － 事業部総投資額に対する資本コスト

以上より、CASE19［問３］は次のように計算されます。

CASE19［問3］の事業部自体の業績測定

〈A製品事業部〉

・資本利益率：$\dfrac{62{,}000円 \times (1-0.4)〈税引後事業部貢献利益〉}{200{,}000円〈事業部総投資額〉}$

$\times 100 = 18.6\%$

・残余利益：$62{,}000円 \times (1-0.4) - 200{,}000円 \times 7\%$

（税引後事業部貢献利益）（事業部総投資額に対する資本コスト）

$= 23{,}200円$

〈B製品事業部〉

・資本利益率：$\dfrac{165{,}000円 \times (1-0.4)〈税引後事業部貢献利益〉}{400{,}000円〈事業部総投資額〉}$

$\times 100 = 24.75\%$

・残余利益：$165{,}000円 \times (1-0.4) - 400{,}000円 \times 7\%$

（税引後事業部貢献利益）（事業部総投資額に対する資本コスト）

$= 71{,}000円$

（濃い網掛け）：資料４より。
（薄い網掛け）：［問１］予算P/Lより。

問題編
問題13

CASE 20

事業部の業績測定

業績評価の指標

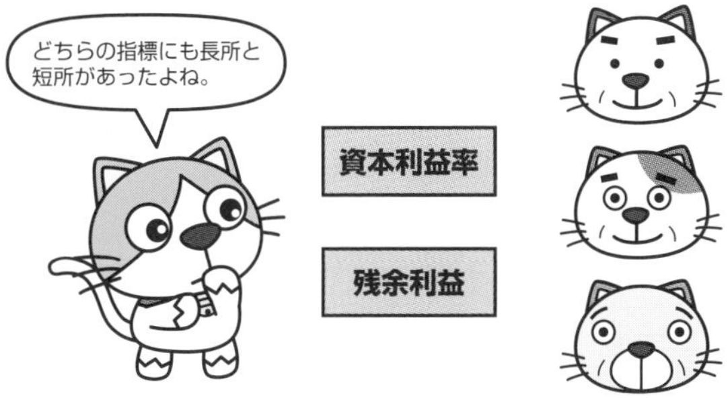

どちらの指標にも長所と短所があったよね。
資本利益率
残余利益

CASE19では資本利益率と残余利益を使って事業部長と事業部の業績評価を行いましたが、この2つの指標にはそれぞれ長所と短所がありました。CASE20ではこの長所と短所を数値例を使って確認していきましょう。

例 CASE19に次の条件を追加したうえで各問に答えなさい。

［資　料］

新規プロジェクトとして新製品Dの製造・販売計画の採用が検討されている。仮に新製品Dを採用したとしても、当面の間は新しく事業部を設置せず、B製品事業部が製造・販売を行うことになる。新製品Dへの年間投資額は20,000円、年間利益は税引前で10,500円と見込まれており、投資額、利益額ともにB製品事業部長にとって管理可能である。

［問１］資本利益率により事業部長の業績が測定されている場合において、新製品Dを採用したときのB製品事業部長の資本利益率を計算し、新製品Dの採否に関する判断を示しなさい。

［問２］残余利益により事業部長の業績が測定されている場合において、新製品Dを採用したときのB製品事業部長の残余利益を計算し、新製品Dの採否に関する判断を示しなさい。

［問３］［問１］と［問２］によって、採否に関する事業部長の判断が異なる場合がある。このようなケースにおいて全社的な観点から判断すると、新製品Dの製造・販売計画は採用すべきであるか採用すべきでないか答えなさい。

資本利益率の短所と残余利益の長所

CASE19で学習したように資本利益率と残余利益については、それぞれ長所と短所があります。これについて、数値例を使って確認していきましょう。

［問１］［問２］については、事業部長の業績測定尺度である管理可能利益と管理可能投資額に**新製品Ｄの投資額と利益を加えて計算**し、CASE19で計算した資本利益率・残余利益と比較して新製品Ｄの採否を判断します。また［問３］については、新規投資案自体で採否を判断することになります。

CASE20［問１］の資本利益率による場合の新製品Ｄの採否

・資本利益率：$\dfrac{(196{,}500\text{円}+10{,}500\text{円})\times(1-0.4)}{250{,}000\text{円}+20{,}000\text{円}}\times 100$

$=46\%$

Ｄについての投資額、利益を加味して計算します。

以上より、資本利益率で業績測定すると、CASE19で計算した資本利益率47.16％を下回るため、Ｂ製品事業部長は新製品Ｄの製造・販売計画は採用しないという判断を行うことになります。

CASE20［問２］の残余利益による場合の新製品Ｄの採否

・残 余 利 益：$(196{,}500\text{円}+10{,}500\text{円})\times(1-0.4)$

$-(250{,}000\text{円}+20{,}000\text{円})\times 7\%=105{,}300\text{円}$

Ｄについての投資額、利益を加味して計算します。

以上より、残余利益で業績測定すると、CASE19で計算した残余利益100,400円を上回るため、Ｂ製品事業部長は新製品Ｄの製造・販売計画を採用するという判断を行うことになります。

CASE20［問３］の全社的な観点からの新製品Ｄの採否

ここで新製品Ｄ自体の資本利益率と残余利益を計算してみると次のようになります。

・資本利益率：$\dfrac{10{,}500\text{円}\times(1-0.4)}{20{,}000\text{円}}\times 100=31.5\%$

・残 余 利 益：$10{,}500\text{円}\times(1-0.4)-20{,}000\text{円}\times 7\%$

$=4{,}900\text{円}$

Ｄについての投資額、利益のみで計算します。

以上より、資本利益率は資本コスト率７％を上回り、残余利益もプラスとなっているので、全社的にみると有利な投資案といえます。

したがって、全社的な観点からすると新製品Ｄの製造・販売計画を採用するという判断を行うことになります。

以上の設問より、資本利益率を用いて新製品Ｄの採否を行うと、Ｂ製品事業部長は、全社的に有利な投資案をみすみす棄却することになり、利益の増加という全社的な利害とＢ製品事業部長の利害が対立することになります（資本利益率の短所）。

これに対して残余利益を用いて新製品Ｄの採否を行うと、新製品Ｄから得られる額だけ残余利益が増加するので、全社的な利害とＢ製品事業部長の利害は対立しないことになります（残余利益の長所）。

問題編

問題14、15

第6章

予算実績差異分析

みんな今期も予算を達成するためにがんばってくれたなぁ。
すべての部門が予算を達成していれば全体の目標利益は獲得できるはず。
そろそろ年度末。業務活動は予算どおりに進んだのかな？

年度末には予算と実績を比較・分析し、
予算どおりでないときにはその原因を把握する必要があります。
ここでは予算と実績の分析手法について具体的にみていきましょう。

この章で学習する項目

1. 予算実績差異分析とは
2. 直接実際原価計算の予算実績差異分析
3. 直接標準原価計算の予算実績差異分析
4. 製品品種別のマーケット・シェア分析
5. 同種製品のセールス・ミックス分析

1級 新 論点

予算実績差異分析とは?

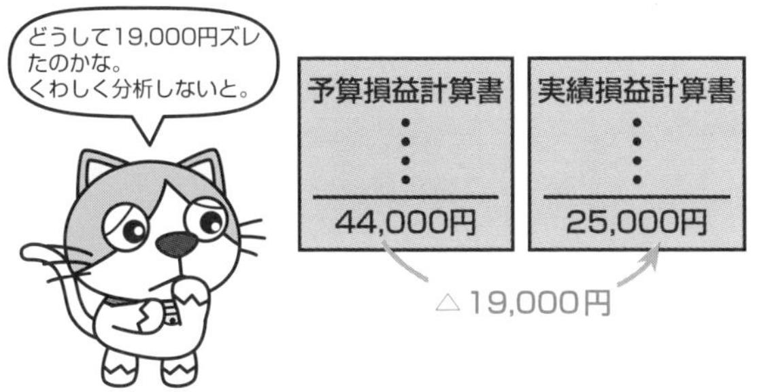

ゴエモン㈱では、会計年度の初めに計画した予算にもとづいて業務活動をしてきました。年度末に実際利益を計算したところ、計画利益とズレが生じています。
そこで、来期の予算編成に役立てるために、このズレについてくわしく分析することにしました。

予算実績差異分析とは

CASE15で学習したように、企業の経営管理は予算管理（利益管理）によって行われます。予算管理では事前の予算にもとづいて業務活動が実行されますが、その実行段階において、つねに予算データと実績データを比較することで、両者のズレを把握し、その原因を分析することで、その後の業務活動の実行や将来の計画へとフィードバックしていきます。

これを予算統制といいます。

予算実績差異分析とは、予算管理の一環として一定期間の業務活動が終了し、実績利益が明らかになったとき、予算利益と実績利益を比較し、差異分析を行うことをいいます。

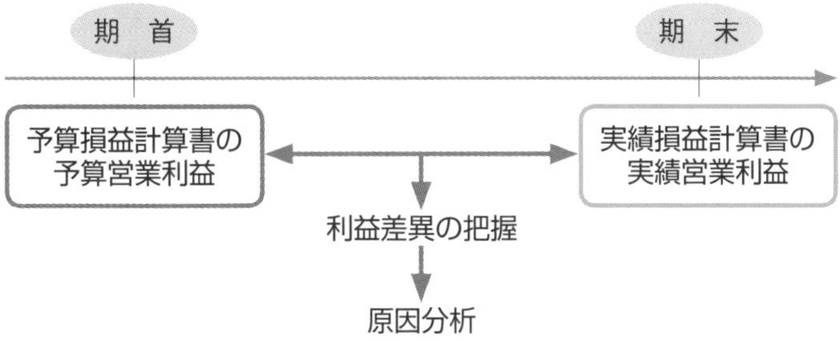

A製品事業部の予算P/L			A製品事業部の実績P/L	
売上高	400,000円	予定より多くの売上があったので30,000円の有利差異	売上高	430,000円
変動費	320,000円	予定より多くの変動費がかかったので50,000円の不利差異	変動費	370,000円
貢献利益	80,000円	予定より少ない貢献利益だったので20,000円の不利差異	貢献利益	60,000円
固定費	36,000円	予定より少ない固定費だったので1,000円の有利差異	固定費	35,000円
営業利益	44,000円	予定より少ない営業利益だったので19,000円の不利差異	営業利益	25,000円

原価項目と収益（利益）項目の差異分析

予算実績差異分析については、原価と収益（または利益）の両方について差異分析を行いますが、予算と実績の大小関係が有利・不利のいずれになるのかは項目の性質によって次のように異なります。

(1) 原価項目の差異分析

原価項目の差異分析は予算原価から実績原価をマイナスすることによって、有利差異をプラスの値、不利差異をマイナスの値として示すことができます。

さらに、詳細な分析ができる項目については、これを価格面の差異と数量面の差異に分析します。その分析図は次のようになります。

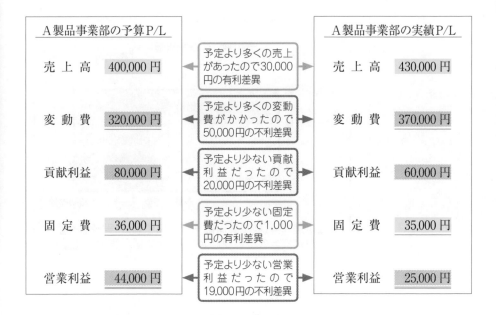

予算原価 − 実績原価 ＝ { ⊕有利 / ⊖不利 }

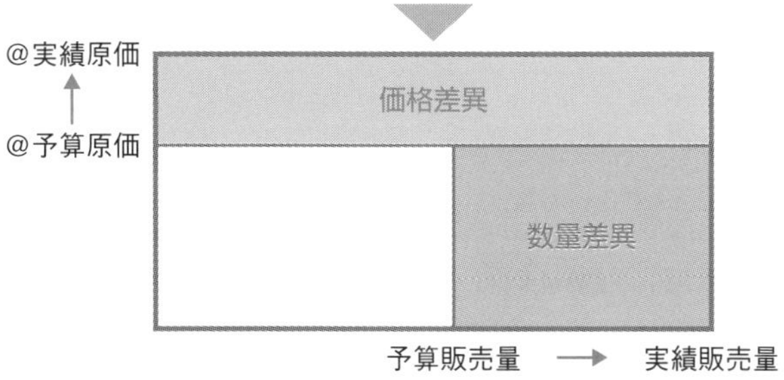

価格差異＝(@予算原価－@実績原価)×実績販売量
数量差異＝@予算原価×(予算販売量－実績販売量)

注意 原価項目の差異分析

テキストⅡで学習した標準原価計算の直接材料費、直接労務費の差異分析と似ていますが、**予算実績差異分析では予算と実績の販売量にもとづいて差異分析**していることに注意してください。

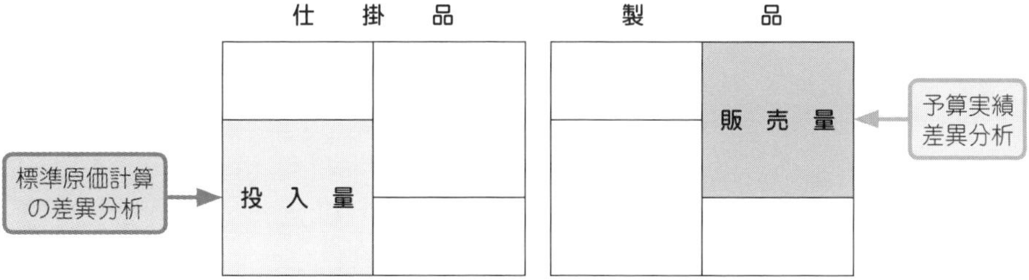

(2) 収益（利益）項目の差異分析

収益（利益）項目の差異分析は実績収益（利益）から予算収益（利益）をマイナスして、有利差異をプラスの値、不利差異をマイナスの値として示しています。

さらに、詳細な分析ができる項目については、これを価格面の差異と数量面の差異に分析します。その分析図は次のようになります。

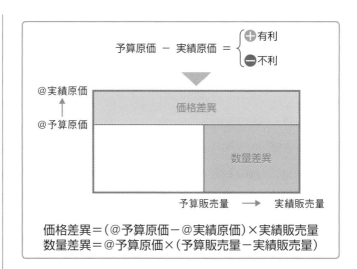

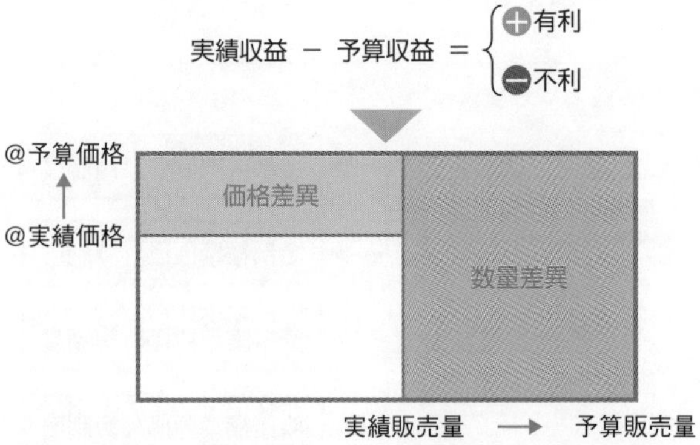

価格差異＝(@実績価格－@予算価格)×実績販売量
数量差異＝@予算価格×(実績販売量－予算販売量)

注意　原価の差異分析と収益の差異分析

有利差異をプラスの値、不利差異をマイナスの値として示すためには、**原価の差異分析と収益（利益）の差異分析では、差し引く順番が逆**になります。

したがって、収益の差異分析のための差異分析図では、縦、横ともに**実績値を内側、予算値を外側**に配置するとともに、価格差異と数量差異を区分する線も**縦に区切る**ことになります。

予算実績差異分析の分類

予算実績差異分析には**全部原価計算にもとづく分析**と**直接原価計算にもとづく分析**があります。また、予算損益計算書と比較する実績損益計算書をいかなる原価計算で作成しているかによって次のような組み合わせがあります。

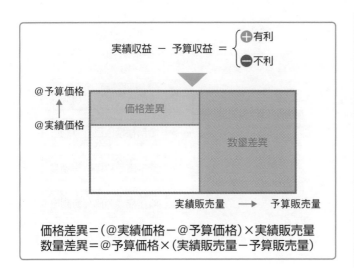

標準原価計算制度を採用して実績損益計算書を作成している場合には、標準原価差異の計算と表示（テキストⅡで学習した内容です）に注意が必要となります。くわしくはCASE 23で学習します。

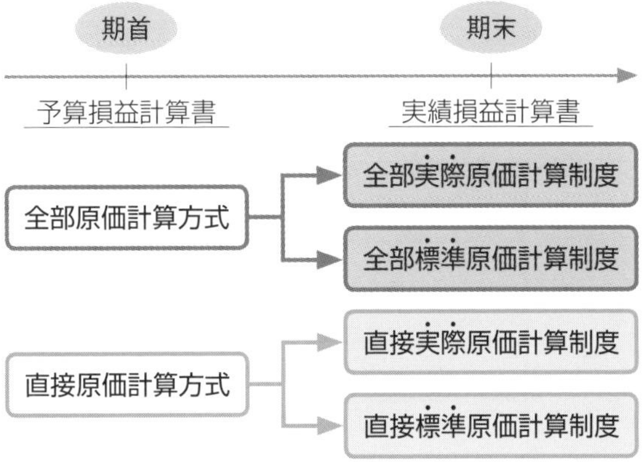

なお、試験上の重要性から本テキストでは直接原価計算方式についてみていきます。

直接原価計算による差異分析

試験上、総額分析か純額分析かは答案用紙の形式から判断します。

予算実績差異分析の計算手法は、予算営業利益と実績営業利益の差異をいかなる視点から分析するかにより、⑴**総額分析**（**項目別分析**）と、⑵**純額分析**（**要因別分析**）に区別することができます。

直接原価計算にもとづく差異分析では、予算と実績（または前年度と当年度）の営業利益を比較し、まずは営業利益差異を**貢献利益差異**と**固定費差異**とに分析します。

それに続いて行う分析のうち、貢献利益差異の分析は、総額分析と純額分析によって以下のように異なります。

⑴　総額分析（項目別分析）による場合

総額分析による場合には、貢献利益を計算するための損益項目（売上高・変動売上原価・変動販売費）それぞれについて、売上高差異・変動売上原価差異・変動販売費差異に分析し、それぞれの差異項目についてさらに詳細な分析を行っていきます。

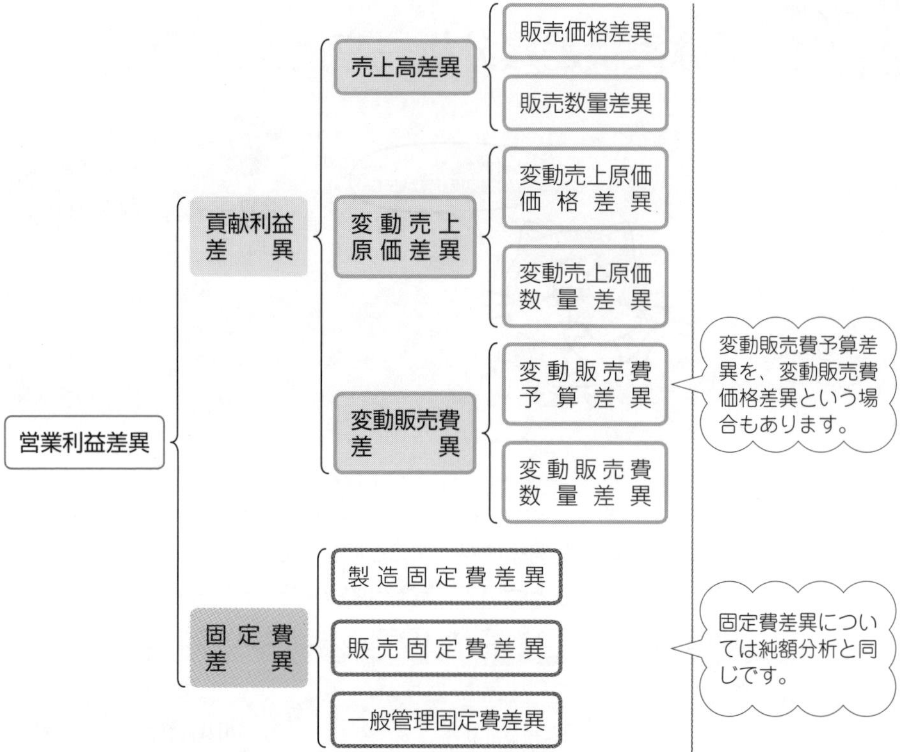

⑵　純額分析（要因別分析）による場合

純額分析による場合には、損益項目ごとの差異を区別せず、直接、貢献利益差異について詳細な分析を行っていきます。

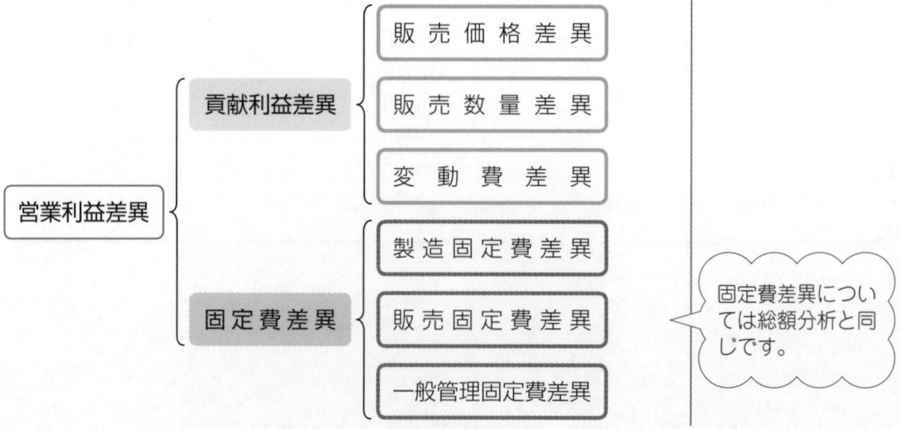

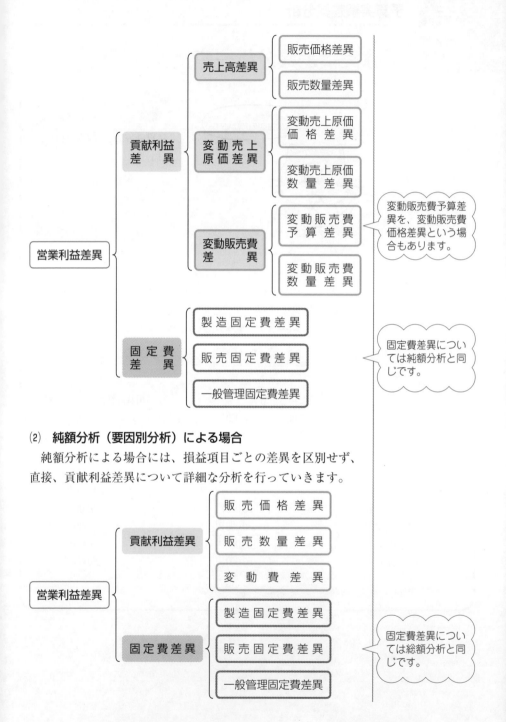

CASE 22

予算実績差異分析

予算実績差異分析〜直接実際原価計算

まずは直接実際原価計算にもとづく予算実績差異分析についてみていきましょう。

例 製品Aを生産・販売し、直接実際原価計算を採用している当社の当年度の予算統制関係資料は次のとおりである。

これらの資料にもとづいて、営業利益の差異分析表を⑴総額分析（項目別分析）と、⑵純額分析（要因別分析）により完成させなさい。

［資　料］

	予算損益計算書		実績損益計算書	
売上高	@500円×1,000個＝	500,000円	@480円×1,200個＝	576,000円
変動売上原価	@250円×1,000個＝	250,000円	@270円×1,200個＝	324,000円
変動販売費	@ 50円×1,000個＝	50,000円	@ 60円×1,200個＝	72,000円
貢献利益	@200円×1,000個＝	200,000円	@150円×1,200個＝	180,000円
製造固定費		100,000円		110,000円
販売固定費		20,000円		19,000円
一般管理固定費		30,000円		31,000円
固定費計		150,000円		160,000円
営業利益		50,000円		20,000円

総額分析（項目別分析）による差異分析表の作り方

Step 1 差異分析の概要

　まずは、資料にある予算損益計算書と実績損益計算書を比較して大まかに差異分析を行い、差異分析表の外枠を解答します。

　その際、収益（利益）項目については、実績収益（利益）から予算収益（利益）を差し引くことにより、プラスならば有利差異、マイナスならば不利差異として示しますが、原価項目については予算原価から実績原価を差し引くことによりプラスならば有利差異、マイナスならば不利差異として示します。

原価と収益（利益）の差異では有利と不利が逆になることに注意。

収益項目
実績－予算

費用項目
予算－実績

	予算P/L		実績P/L	差　異
売上高	500,000円	←	576,000円	[＋] 76,000円
変動売上原価	250,000円	→	324,000円	[－] 74,000円
変動販売費	50,000円	→	72,000円	[－] 22,000円
貢献利益	200,000円	←	180,000円	[－] 20,000円
製造固定費	100,000円	→	110,000円	[－] 10,000円
販売固定費	20,000円	→	19,000円	[＋] 1,000円
一般管理固定費	30,000円	→	31,000円	[－] 1,000円
固定費計	150,000円	→	160,000円	[－] 10,000円
営業利益	50,000円	←	20,000円	[－] 30,000円

差異分析表の外枠を解答します。

営業利益の差異分析表

1．予算営業利益				50,000円
2．売上高差異				
⑴ 販売価格差異……	[　]	円		
⑵ 販売数量差異……	[　]	円	[＋]	76,000円
3．変動売上原価差異				
⑴ 変動売上原価価格差異…	[　]	円		
⑵ 変動売上原価数量差異…	[　]	円	[－]	74,000円
4．変動販売費差異				
⑴ 変動販売費予算差異……	[　]	円		
⑵ 変動販売費数量差異……	[　]	円	[－]	22,000円
5．貢献利益差異			[－]	20,000円
6．固定費差異				
⑴ 製造固定費差異……	[－]	10,000円		
⑵ 販売固定費差異……	[＋]	1,000円		
⑶ 一般管理固定費差異……	[－]	1,000円	[－]	10,000円
7．実績営業利益				20,000円

Step 1

Step 2 詳細な差異分析

次に、売上高差異、変動売上原価差異、変動販売費差異については、「単価面の差異」と「販売数量面の差異」に分析し、差異分析表を完成させます。

⑴ 売上高差異の分析

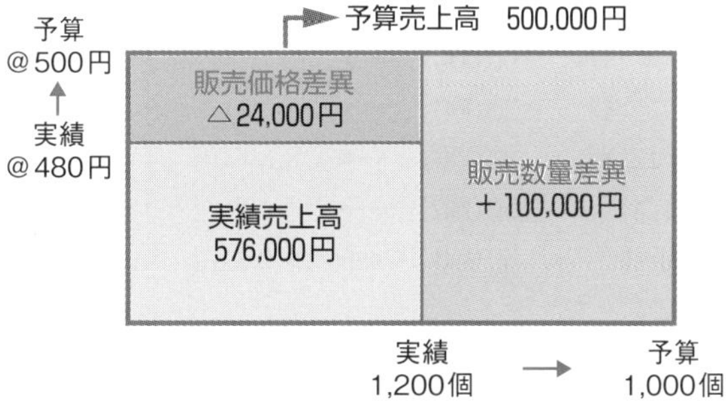

差異分析図の描き方が費用項目とは違うので注意！

・販売価格差異：(@480円－@500円)×1,200個
＝△24,000円（不利差異）

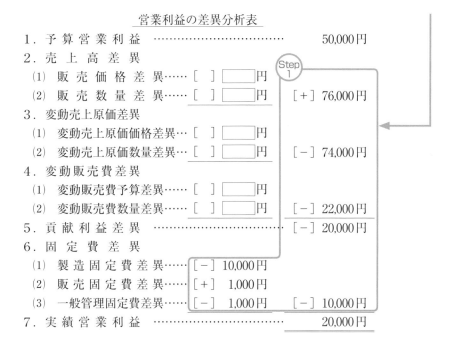

・販売数量差異：@500円×(1,200個－1,000個)
=＋100,000円（有利差異）

(2) 変動売上原価差異の分析

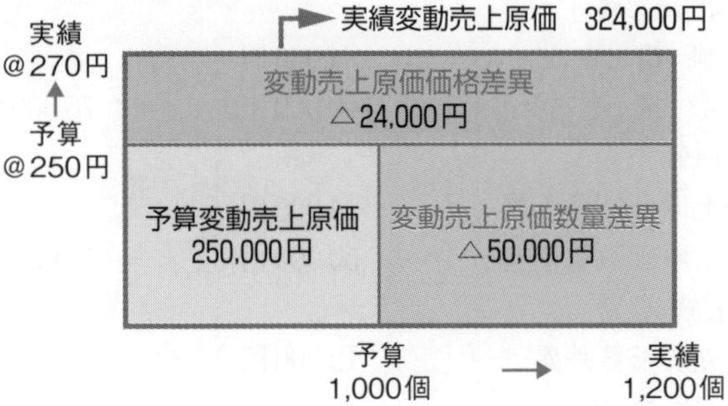

・変動売上原価価格差異：(@250円－@270円)×1,200個
=△24,000円（不利差異）

・変動売上原価数量差異：@250円×(1,000個－1,200個)
=△50,000円（不利差異）

(3) 変動販売費差異の分析

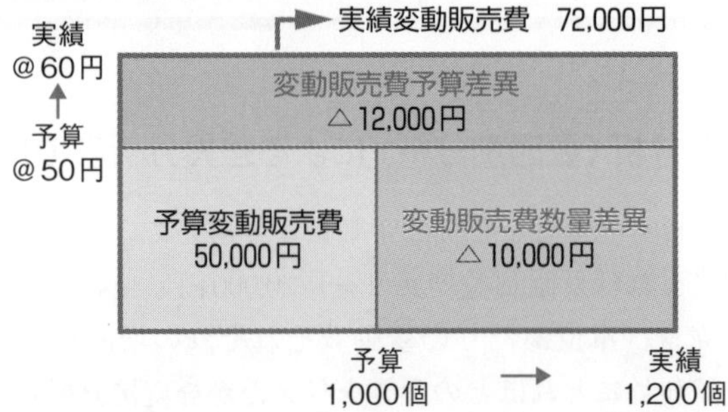

・変動販売費予算差異：(@50円－@60円)×1,200個
=△12,000円（不利差異）

・変動販売費数量差異：@50円×(1,000個－1,200個)
=△10,000円（不利差異）

CASE22の総額分析による営業利益差異分析表

営業利益差異分析表

Step 2

1. 予算営業利益		50,000円
2. 売上高差異		
(1) 販売価格差異	[－] 24,000円	
(2) 販売数量差異	[＋] 100,000円	[＋] 76,000円
3. 変動売上原価差異		
(1) 変動売上原価価格差異	[－] 24,000円	
(2) 変動売上原価数量差異	[－] 50,000円	[－] 74,000円
4. 変動販売費差異		
(1) 変動販売費予算差異	[－] 12,000円	
(2) 変動販売費数量差異	[－] 10,000円	[－] 22,000円
5. 貢献利益差異		[－] 20,000円
6. 固定費差異		
(1) 製造固定費差異	[－] 10,000円	
(2) 販売固定費差異	[＋] 1,000円	
(3) 一般管理固定費差異	[－] 1,000円	[－] 10,000円
7. 実績営業利益		20,000円

純額分析（要因別分析）による差異分析表の作り方

純額分析も総額分析と同じ手順により解いていきますが、純額分析によれば貢献利益差異（－）20,000円について、販売価格、販売量、単位あたりの変動費それぞれの増減を要因として、貢献利益にどれほどの影響を与えたかを直接分析します。

なお、販売数量差異の分析にあたっては、総額分析における売上高と変動費（変動売上原価＋変動販売費）の販売数量差異を相殺するため、単位あたり予算貢献利益@200円を用いてダイレクトに計算していくことになります。

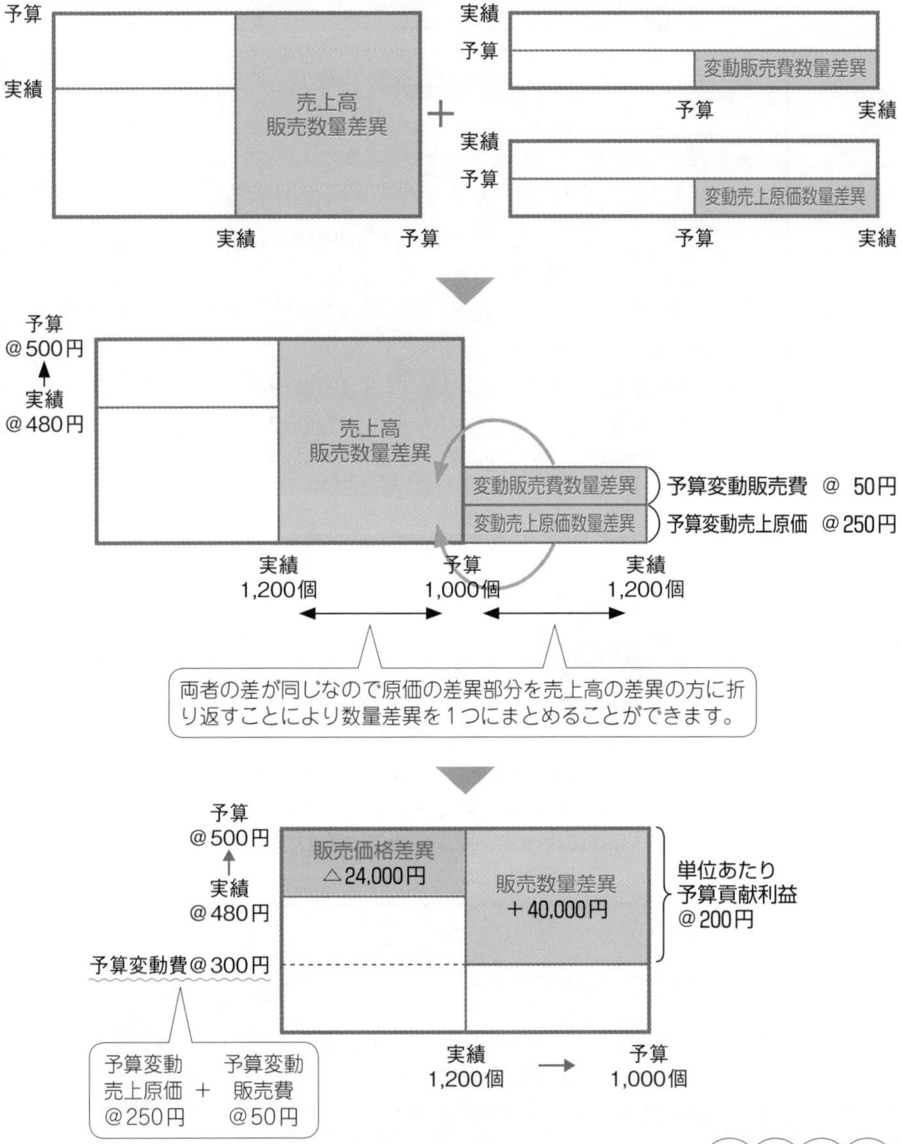

・販売価格差異：(@480円－@500円)×1,200個
　　　　　　　＝△24,000円（不利差異）

・販売数量差異：@200円×(1,200個－1,000個)
　　　　　　　＝＋40,000円（有利差異）

変動売上原価価格差異と変動販売費予算差異は総額分析と同じになります。

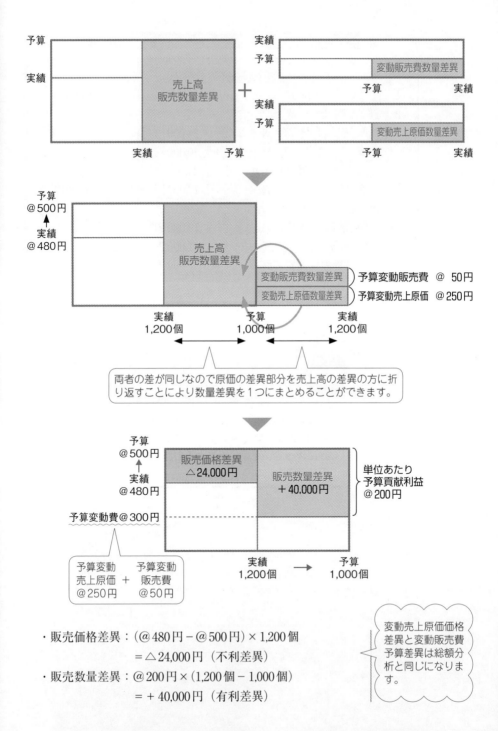

CASE22の純額分析による営業利益差異分析表

営業利益差異分析表

	Step 2	Step 1
1．予算営業利益 ………………………………		50,000円
2．貢献利益差異		
(1) 販売価格差異……	[－] 24,000円	
(2) 販売数量差異……	[＋] 40,000円	
(3) 変動売上原価価格差異…	[－] 24,000円	
(4) 変動販売費予算差異……	[－] 12,000円	[－] 20,000円
3．固定費差異		
(1) 製造固定費差異……	[－] 10,000円	
(2) 販売固定費差異……	[＋] 1,000円	
(3) 一般管理固定費差異……	[－] 1,000円	[－] 10,000円
4．実績営業利益 ………………………………		20,000円

とても重要

〈1級の出題ポイント〉
総額分析と純額分析

試験では問題文に総額分析、純額分析の指示がないので、答案用紙に「数量差異」が複数あるのか、1つしかないのかによって、総額分析によるのか純額分析によるのかを判断することになります。

CASE 23 予算実績差異分析

予算実績差異分析～直接標準原価計算

次は直接標準原価計算にもとづく予算実績差異分析についてみていきましょう。

例 製品Aを生産・販売し、直接標準原価計算を採用している当社の当年度の予算統制関係の資料は次のとおりである。
これらの資料にもとづいて、営業利益の差異分析表を⑴総額分析（項目別分析）と、⑵純額分析（要因別分析）により完成させなさい。

［資　料］

1．製品Aの原価標準

直接材料費	20円/kg × 4 kg ＝	80円
直接労務費	50円/時 × 2時間 ＝	100円
変動製造間接費	35円/時 × 2時間 ＝	70円
計		250円
変動販売費		50円
合　計		300円

2．予算損益計算書および実績損益計算書

	予算損益計算書		実績損益計算書	
売上高	@500円×1,000個＝	500,000円	@480円×1,200個＝	576,000円
標準変動売上原価	@250円×1,000個＝	250,000円	@250円×1,200個＝	300,000円
標準変動販売費	@ 50円×1,000個＝	50,000円	@ 50円×1,200個＝	60,000円
標準貢献利益	@200円×1,000個＝	200,000円	@180円×1,200個＝	216,000円
標準変動費差異		―		(－) 36,000円
実際貢献利益		200,000円		180,000円
製造固定費		100,000円		110,000円

販売固定費	20,000円	19,000円
一般管理固定費	30,000円	31,000円
固定費計	150,000円	160,000円
営業利益	50,000円	20,000円

3．実績損益計算書の標準変動費差異は次の実際変動費にもとづいて計算されている。

直接材料費：実際単価@21円			
	×実際消費量5,000kg	=	105,000円
直接労務費：実際賃率@55円			
	×実際直接作業時間2,500時間	=	137,500円
変動製造間接費			81,500円
実際変動製造費用			324,000円
変動販売費：実際単価@60円			
	×実際販売量1,200個	=	72,000円
実際変動費			396,000円
標準変動費：変動製造原価@250円			
	×実際生産量1,200個	=	300,000円
変動販売費@50円			
	×実際販売量1,200個	=	60,000円
標準変動費差異			(－) 36,000円

(注) 当期において生産量と販売量は一致しており、期首・期末仕掛品はなかった。当期の標準変動費差異は標準貢献利益から控除する。

総額分析（項目別分析）による差異分析表の作り方

Step 1 差異分析の概要

直接標準原価計算であっても、基本的な手順はCASE22と同様であり、まずは、資料にある予算損益計算書と実績損益計算書を比較して、大まかな差異分析を行い、差異分析表の外枠を解答します。

	予算P/L		実績P/L	差　　異
売　　上　　高	500,000円	←	576,000円	[＋] 76,000円
標準変動売上原価	250,000円	→	300,000円	[－] 50,000円
標準変動販売費	50,000円	→	60,000円	[－] 10,000円
標準貢献利益	200,000円	←	216,000円	[＋] 16,000円
標準変動費差異	——		(－) 36,000円	[－] 36,000円
実際貢献利益	200,000円	←	180,000円	[－] 20,000円
製造固定費	100,000円	→	110,000円	[－] 10,000円
販売固定費	20,000円	→	19,000円	[＋] 1,000円
一般管理固定費	30,000円	→	31,000円	[－] 1,000円
固定費計	150,000円	→	160,000円	[－] 10,000円
営業利益	50,000円	←	20,000円	[－] 30,000円

差異分析表の外枠を解答します。

営業利益差異分析表

1. 予算営業利益		50,000円
2. 売上高差異		
(1) 販売価格差異	[　] 　円	
(2) 販売数量差異	[　] 　円	[＋] 76,000円
3. 変動売上原価数量差異		[－] 50,000円
4. 変動販売費数量差異		[－] 10,000円
5. 標準貢献利益差異		[＋] 16,000円
6. 標準変動費差異		
(1) 材料価格差異	[　] 　円	
(2) 材料数量差異	[　] 　円	
(3) 労働賃率差異	[　] 　円	
(4) 労働時間差異	[　] 　円	
(5) 変動製造間接費予算差異	[　] 　円	
(6) 変動製造間接費能率差異	[　] 　円	
(7) 変動販売費予算差異	[　] 　円	[－] 36,000円
7. 固定費差異		
(1) 製造固定費差異	[－] 10,000円	
(2) 販売固定費差異	[＋] 1,000円	
(3) 一般管理固定費差異	[－] 1,000円	[－] 10,000円
8. 実績営業利益		20,000円

Step 1

Step 2 詳細な差異分析

次に、売上高差異、標準変動売上原価差異、標準変動販売費差異、標準変動費差異について「単価面の差異」と「数量面の差異」に分析し、差異分析表を完成させます。

(1) 売上高差異の分析

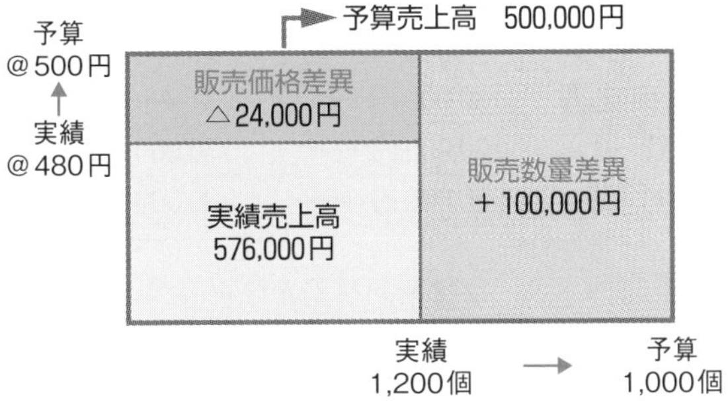

・販売価格差異：(@480円－@500円)×1,200個
　　　　　　＝△24,000円（不利差異）

・販売数量差異：@500円×(1,200個－1,000個)
　　　　　　＝＋100,000円（有利差異）

(2) 標準変動売上原価差異

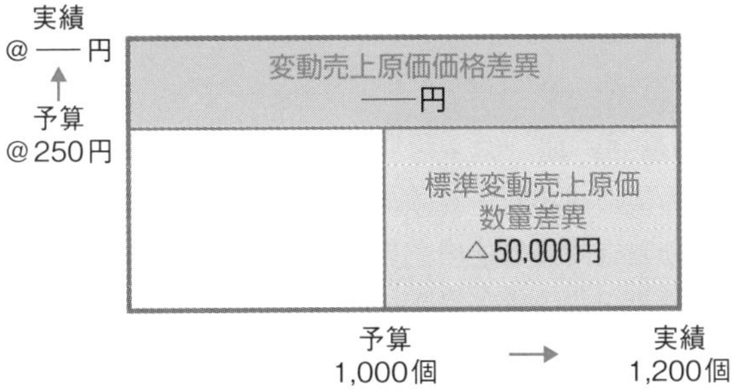

・標準変動売上原価数量差異：@250円×(1,000個－1,200個)
　　　　　　＝△50,000円（不利差異）

直接標準原価計算を採用しているため、変動売上原価価格差異と変動販売費予算差異はここでは把握されず、(4)の標準変動費差異として把握されます。

⑶　標準変動販売費差異

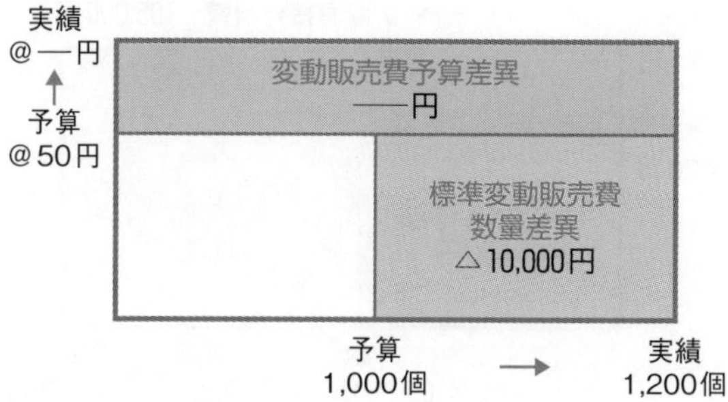

直接標準原価計算を採用しているため、変動売上原価価格差異と変動販売費予算差異はここでは把握されず、⑷の標準変動費差異として把握されます。

・標準変動販売費数量差異：@ 50 円 ×（1,000 個 − 1,200 個）
　＝△ 10,000 円（不利差異）

⑷　標準変動費差異

標準変動費差異は実績損益計算書を作成する際、変動売上原価および変動販売費を標準原価により計算したために生じたものです。したがって、変動製造原価差異については当期の実際販売量ではなく、実際投入量にもとづいて計算され、変動販売費予算差異については実際販売量（1,200 個）にもとづいて計算されます。

実際投入量は仕掛品の在庫がないため生産量と同じ 1,200 個になります。

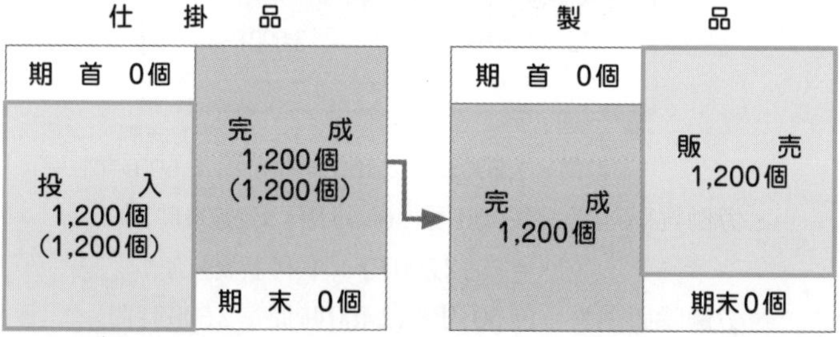

変動製造原価差異は仕掛品勘定に当期実際に投入される標準と実際の原価を差異分析します。（テキストⅡの標準原価計算の差異分析と同じ）

変動販売費予算差異は製品勘定の当期実際販売分の標準と実際の原価を差異分析します。

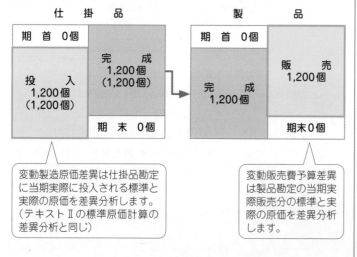

① 直接材料費差異

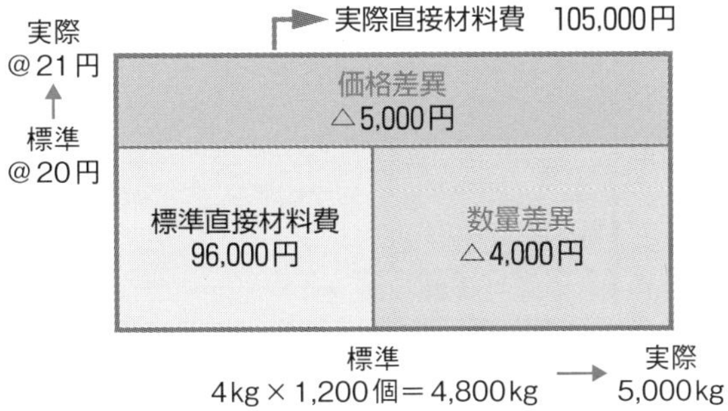

・材料価格差異：(@20円－@21円)×5,000kg

＝△5,000円（不利差異）

・材料数量差異：@20円×(4,800kg－5,000kg)

＝△4,000円（不利差異）

② 直接労務費差異

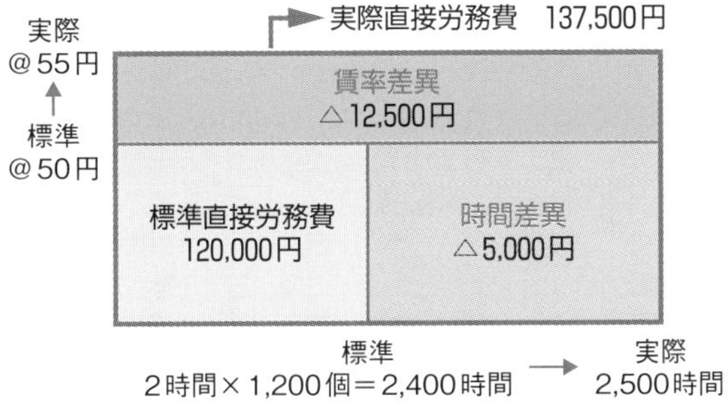

・労働賃率差異：(@50円－@55円)×2,500時間

＝△12,500円（不利差異）

・労働時間差異：@50円×(2,400時間－2,500時間)

＝△5,000円（不利差異）

③　変動製造間接費差異

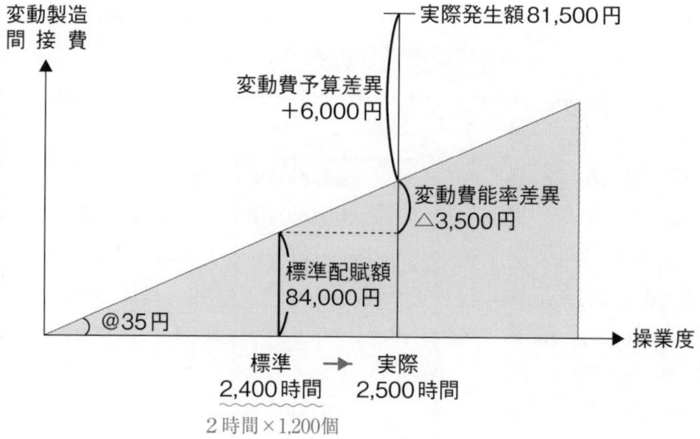

・変動製造間接費予算差異：

@35円×2,500時間−81,500円＝＋6,000円（有利差異）

・変動製造間接費能率差異：

@35円×(2,400時間−2,500時間)＝△3,500円（不利差異）

④　変動販売費予算差異

・変動販売費予算差異：(@50円−@60円)×1,200個（当期販売量）

＝△12,000円（不利差異）

CASE23の総額分析による営業利益差異分析表

営業利益差異分析表

Step 2

1. 予算営業利益		50,000円
2. 売上高差異		
(1) 販売価格差異	[−] 24,000円	
(2) 販売数量差異	[+] 100,000円	[+] 76,000円
3. 変動売上原価数量差異		[−] 50,000円
4. 変動販売費数量差異		[−] 10,000円
5. 標準貢献利益差異		[+] 16,000円
6. 標準変動費差異		
(1) 材料価格差異	[−] 5,000円	
(2) 材料数量差異	[−] 4,000円	
(3) 労働賃率差異	[−] 12,500円	
(4) 労働時間差異	[−] 5,000円	
(5) 変動製造間接費予算差異	[+] 6,000円	
(6) 変動製造間接費能率差異	[−] 3,500円	
(7) 変動販売費予算差異	[−] 12,000円	[−] 36,000円
7. 固定費差異		
(1) 製造固定費差異	[−] 10,000円	
(2) 販売固定費差異	[+] 1,000円	
(3) 一般管理固定費差異	[−] 1,000円	[−] 10,000円
8. 実績営業利益		20,000円

純額分析（要因別分析）による差異分析表の作り方

純額分析もCASE22と同様に作成します。その際、純額分析では、販売数量差異の分析にあたり、総額分析における売上高と変動費（標準変動売上原価および標準変動販売費）に関する販売数量差異が相殺され、単位あたりの予算貢献利益額で計算されることになります。

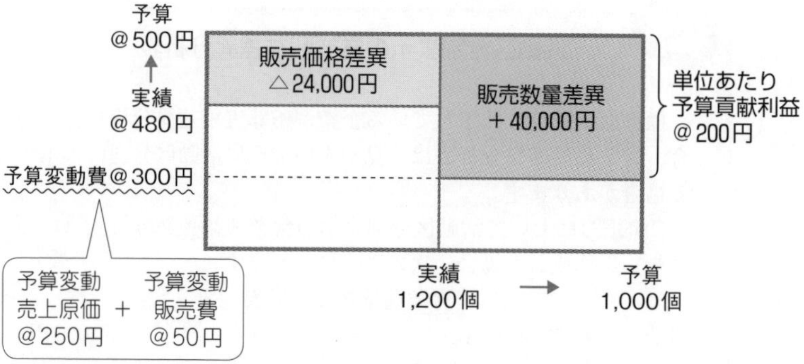

・販売価格差異：(@480円－@500円)×1,200個
　　　　　　　　＝△24,000円（不利差異）
・販売数量差異：@200円×(1,200個－1,000個)
　　　　　　　　＝＋40,000円（有利差異）

CASE23の純額分析による営業利益差異分析表

営業利益差異分析表

1．予算営業利益		50,000円
2．標準貢献利益差異		
(1) 販売価格差異	[－] 24,000円	
(2) 販売数量差異	[＋] 40,000円	[＋] 16,000円
3．標準変動費差異		
(1) 材料価格差異	[－] 5,000円	
(2) 材料数量差異	[－] 4,000円	
(3) 労働賃率差異	[－] 12,500円	
(4) 労働時間差異	[－] 5,000円	
(5) 変動製造間接費予算差異	[＋] 6,000円	
(6) 変動製造間接費能率差異	[－] 3,500円	
(7) 変動販売費予算差異	[－] 12,000円	[－] 36,000円
4．固定費差異		
(1) 製造固定費差異	[－] 10,000円	
(2) 販売固定費差異	[＋] 1,000円	
(3) 一般管理固定費差異	[－] 1,000円	[－] 10,000円
5．実績営業利益		20,000円

Step 1　Step 2

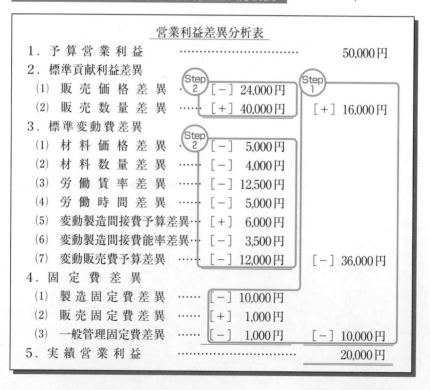

参考

活動区分別表示の営業利益差異分析表

標準原価計算を採用している企業が予算実績差異分析を行う場合、営業利益差異分析表は、見やすいように活動区分別に表示する場合があります。

CASE23において活動区分別表示の営業利益差異分析表（総額分析）を作成した場合、次のようになります。

営業利益差異分析表

1．予算営業利益 ……………………				50,000円
2．販売活動差異				
(1) 販売価格差異…	[－]	24,000円		
(2) 販売数量差異…	[＋]	100,000円		
売上高差異…	[＋]	76,000円		
(3) 変動売上原価数量差異…	[－]	50,000円		
(4) 変動販売費数量差異…	[－]	10,000円		
(5) 変動販売費予算差異…	[－]	12,000円		
(6) 販売固定費差異…	[＋]	1,000円	[＋]	5,000円
3．製造活動差異				
(1) 材料価格差異…	[－]	5,000円		
(2) 材料数量差異…	[－]	4,000円		
(3) 労働賃率差異…	[－]	12,500円		
(4) 労働時間差異…	[－]	5,000円		
(5) 変動製造間接費予算差異…	[＋]	6,000円		
(6) 変動製造間接費能率差異…	[－]	3,500円		
(7) 製造固定費差異…	[－]	10,000円	[－]	34,000円
4．一般管理活動差異 ……………………			[－]	1,000円
5．実績営業利益 ……………………				20,000円

CASE 24 セグメント別の予算実績差異分析

製品品種別のマーケット・シェア分析

うちの熊の置物の売れ行きはどうかな？
木彫り置物
木彫り熊
木彫り鷹

ゴエモン㈱では木彫りの熊の置物、写真立て、うさぎのぬいぐるみを生産販売していますが、会計年度末になると競合他社の販売状況が気になります。
そこで木彫りの熊の置物について販売状況をくわしく分析してみることにしました。

例 当社の製品Aに関する最近2年間の財務データは次のとおりである。
これらの資料にもとづき、20×0年度と20×1年度の製品貢献利益を計算するとともに、これらが増減した原因を分析し、製品貢献利益差異分析表を完成させなさい。なお、有利な差異は＋、不利な差異は－の記号を［　　］内に付けること。

［資　料］

	20×0年	20×1年
平均販売単価	@50円	@40円
年間販売量	4,000個	5,500個
売上高	200,000円	220,000円
市場占拠率	50%	55%
変動費		
変動売上原価	100,000円	110,000円
	(@25円)	(@20円)
変動販売費	40,000円	27,500円
	(@10円)	(@5円)
個別固定費		
製造固定費	30,000円	40,000円
販売固定費	10,000円	15,000円

セグメント別の予算実績差異分析

CASE23までは、単一製品品種を前提とした全社的な分析でしたが、複数品種の製品を販売している場合には、全社的な分析だけでなく、その製品品種別にも分析が行われます。

複数の品種の製品がある場合の予算実績差異分析では、特に、**販売数量差異の詳細な分析**が重要であり、予算・実績の販売量をいかなる視点でとらえるかにより次の２種類の分析に分けられます。

CASE24では特定製品のマーケット・シェア分析について学習します。

そのひとつは、対外的視点から「特定製品（または当社の製品群）の属する市場」に目を向け、市場における当社の製品(群）のシェアが動くことにより生じる**市場占拠率差異**と、市場規模が動くことにより生じる**市場総需要量差異**に、販売数量差異を分析します。これを**マーケット・シェア分析**といいます(図の分析Ａと分析Ｂ)。

くわしくはCASE25で学習します。

もうひとつは、対内的な視点から「当社内の総販売量」に目を向け、製品別の販売割合が動くことで生じる**セールス・ミックス差異**と、当社の総販売量が動くことで生じる**総販売数量差異**に、販売数量差異を分析します。これを**セールス・ミックス分析**といいます（図の分析Ｃ)。

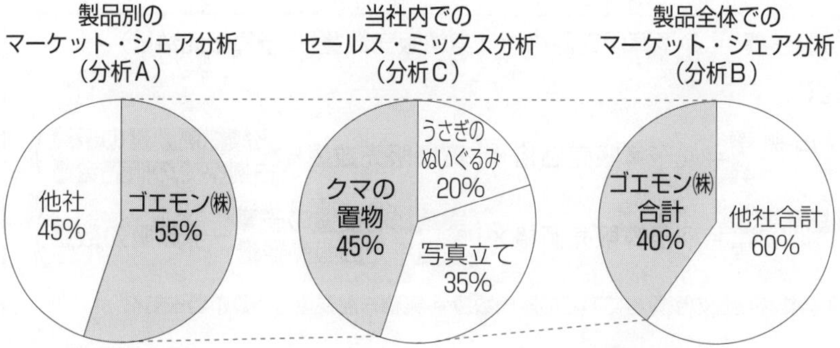

なお、製品品種別のマーケット・シェア分析では製品貢献利益（セグメント・マージン）を用いて予算実績差異分析が行われます。

製品品種別のマーケット・シェア分析

製品品種別の**マーケット・シェア分析**とは当社のある製品について、当社の市場占拠率（シェア率）および市場全体の総需要が増減することによる販売量の増減が利益に与える影響を分析するものであり、この分析によって製品品種別の販売数量差異は次のように詳細に分析されます。

販売数量差異 ＝ @予算販売価格 ×（実績販売数量 － 予算販売数量）

〈内　訳〉

市場占拠率差異＝@予算販売価格×（実績販売数量－実績総需要量の予算占拠率での販売数量）

市場総需要量差異＝@予算販売価格×（実績総需要量の予算占拠率での販売数量－予算販売数量）

（注）実績総需要量の予算占拠率での販売数量＝ 実績総需要量×予算市場占拠率

〈差異分析図〉

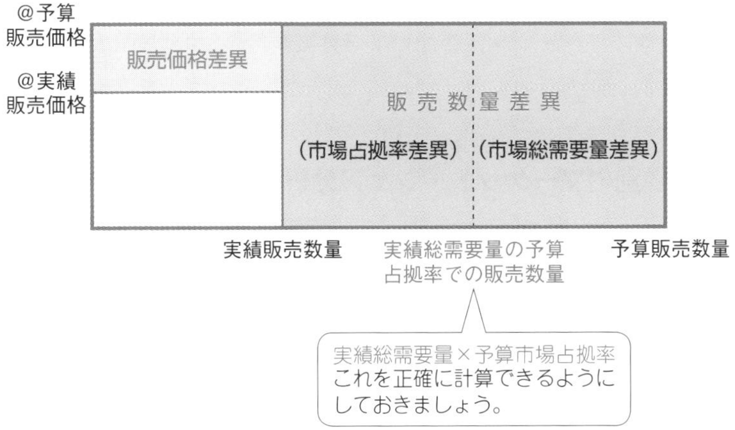

それでは、具体的にCASE24の製品Aのマーケット・シェア分析を行ってみましょう。

CASE24の製品Aのマーケット・シェア分析

Step 1 差異分析の概要

まずは、20×0年の損益計算書を予算損益計算書とみたて、20×1年の損益計算書を実績損益計算書とみたて、CASE22、23と同じように大まかな差異分析を行います。

	20×0年（予算）		20×1年（実績）	差　異
Ⅰ．売　上　高	200,000円	←	220,000円	［＋］20,000円
Ⅱ．変　動　費				
変動売上原価	100,000円	→	110,000円	［－］10,000円
変動販売費	40,000円	→	27,500円	［＋］12,500円
貢献利益	60,000円	←	82,500円	［＋］22,500円
Ⅲ．個別固定費				
製造固定費	30,000円	→	40,000円	［－］10,000円
販売固定費	10,000円	→	15,000円	［－］　5,000円
製品貢献利益	20,000円	←	27,500円	［＋］　7,500円

資料からうつします。

差異分析表の外枠を解答します。

製品貢献利益差異分析表

Step 1

1．20×0年度製品貢献利益			20,000円
2．製品販売価格差異	［　］　　　円		
3．市場総需要量差異	［　］　　　円		
4．市場占拠率差異	［　］　　　円		
5．製品販売数量差異（3＋4）	［　］　　　円		
6．売上高差異（2＋5）			［＋］20,000円
7．変動売上原価価格差異	［　］　　　円		
8．変動売上原価数量差異	［　］　　　円		
9．変動売上原価差異（7＋8）			［－］10,000円
10．変動販売費予算差異	［　］　　　円		
11．変動販売費数量差異	［　］　　　円		
12．変動販売費差異（10＋11）			［＋］12,500円
13．貢献利益差異（6＋9＋12）			［＋］22,500円
14．個別製造固定費差異	［－］10,000円		
15．個別販売固定費差異	［－］　5,000円		
16．個別固定費差異（14＋15）			［－］15,000円
17．差異合計（13＋16）			［＋］　7,500円
18．20×1年度製品貢献利益			27,500円

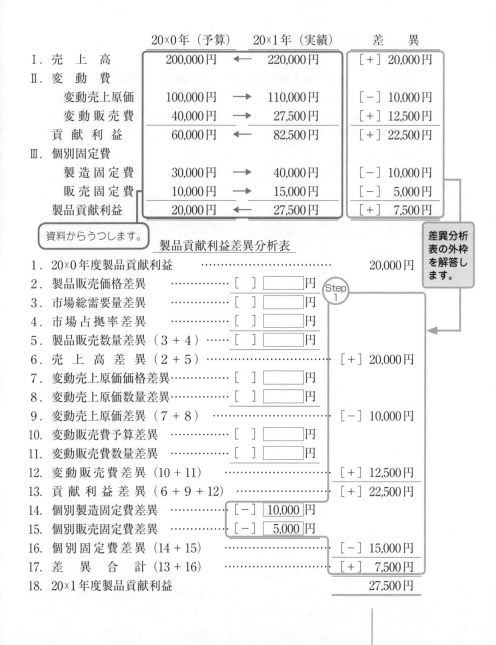

Step 2 詳細な差異分析

次に、売上高差異、変動売上原価差異、変動販売費については「単価面の差異」と「販売数量面の差異」に分析し、製品販売数量差異についてはさらに「市場総需要量差異」と「市場占拠率差異」に分析します。

(1) 売上高差異の分析

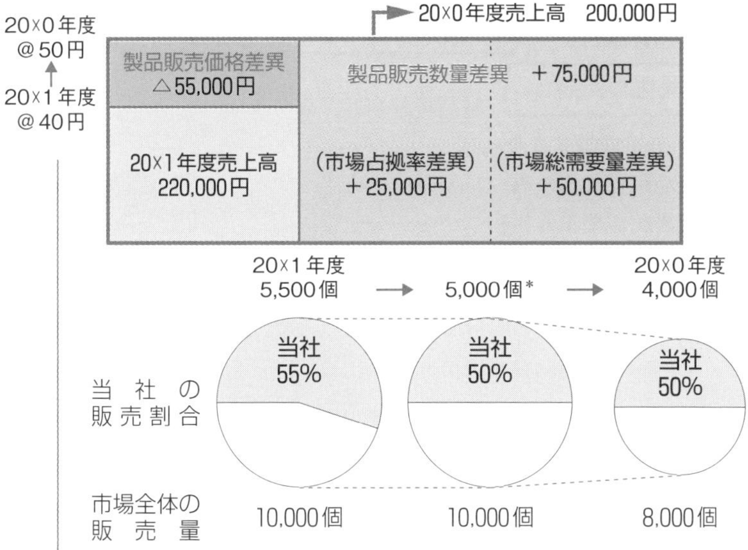

＊　20×1年度（実績）総需要量の20×0年度（予算）占拠率での販売数量：
5,500個÷55%×50%＝5,000個

製品販売価格差異：

（@40円－@50円）×5,500個＝△55,000円（不利差異）

製品販売数量差異：

市場総需要量差異：

@50円×（5,000個－4,000個）＝＋50,000円（有利差異）

市場占拠率差異：

@50円×（5,500個－5,000個）＝＋25,000円（有利差異）

＋75,000円（有利差異）

売上高差異　＋20,000円（有利差異）

以上より、ゴエモン㈱では今期営業マンが頑張って営業活動をしてくれたため、20×0年度の市場占拠率（市場シェア率）50%が20×1年度には55%にのびたので、25,000円の有利な差異が発生しました。

また、木彫りの置物市場では20×0年度8,000個販売していたところ、20×1年度は木彫りの置物市場が好調で、年間10,000個販売されたことにより、50,000円の有利な市場総需要量差異が発生したことが分析できます。

(2) 変動売上原価差異

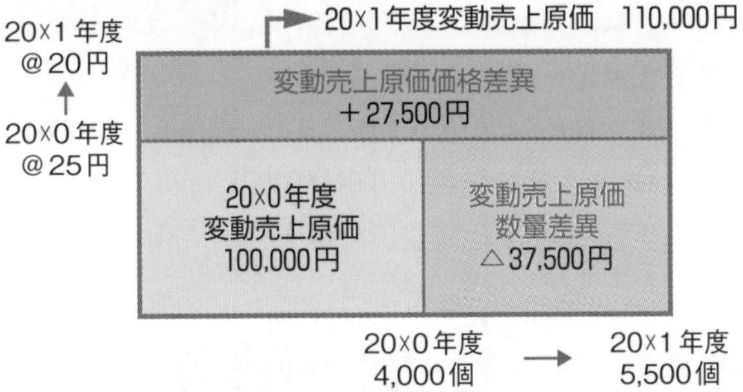

変動売上原価価格差異：

(@25円－@20円)×5,500個＝＋27,500円（有利差異）

変動売上原価数量差異：

@25円×(4,000個－5,500個)＝△37,500円（不利差異）

変動売上原価差異：　△10,000円（不利差異）

(3) 変動販売費差異

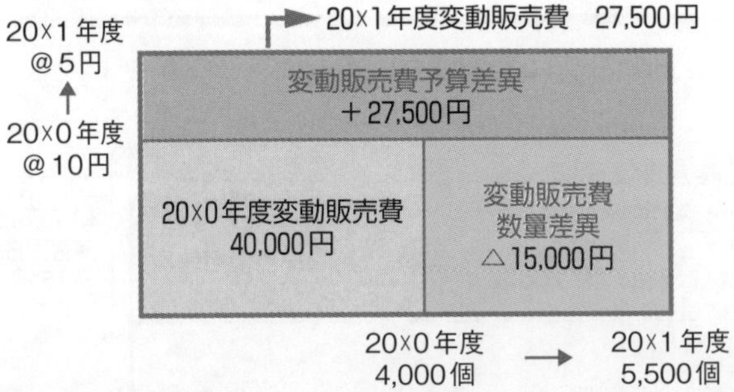

変動販売費予算差異：

(@10円－@5円)×5,500個　＝＋27,500円（有利差異）

変動販売費数量差異：

@10円×(4,000個－5,500個)＝△15,000円（不利差異）

変動販売費差異：　＋12,500円（有利差異）

CASE24の製品貢献利益差異分析表

製品貢献利益差異分析表

1．20×0年度製品貢献利益		20,000円
2．製品販売価格差異 (Step 2)	[－] 55,000円	
3．市場総需要量差異	[＋] 50,000円	
4．市場占拠率差異	[＋] 25,000円	
5．製品販売数量差異（3＋4）	[＋] 75,000円	
6．売上高差異（2＋5）		[＋] 20,000円
7．変動売上原価価格差異	[＋] 27,500円	
8．変動売上原価数量差異	[－] 37,500円	
9．変動売上原価差異（7＋8）		[－] 10,000円
10．変動販売費予算差異	[＋] 27,500円	
11．変動販売費数量差異	[－] 15,000円	
12．変動販売費差異（10＋11）		[＋] 12,500円
13．貢献利益差異（6＋9＋12）		[＋] 22,500円
14．個別製造固定費差異	[－] 10,000円	
15．個別販売固定費差異	[－] 5,000円	
16．個別固定費差異（14＋15）		[－] 15,000円
17．差異合計（13＋16）		[＋] 7,500円
18．20×1年度製品貢献利益		27,500円

また、純額分析による場合は次のようになります。

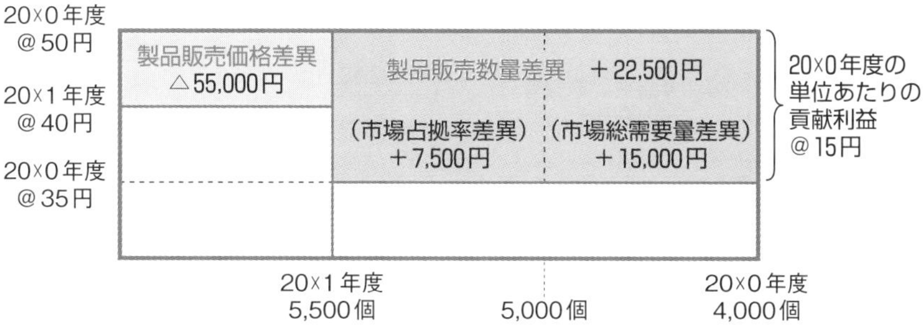

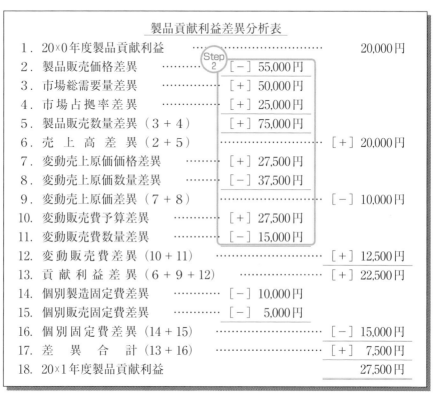

製品販売価格差異：

(@40円－@50円)×5,500個＝ △55,000円（不利差異）

製品販売数量差異：

@15円×(5,500個－4,000個)＝ ＋22,500円（有利差異）

変動売上原価価格差異：

(@25円－@20円)×5,500個＝ ＋27,500円（有利差異）

変動販売費予算差異：

(@10円－@5円)×5,500個＝ ＋27,500円（有利差異）

貢献利益差異 ＋22,500円（有利差異）

〈製品販売数量差異の内訳〉

市場占拠率差異：

@15円×(5,000個－5,000個)＝ ＋7,500円（有利差異）

市場総需要量差異：

@15円×(5,000個－4,000個)＝ ＋15,000円（有利差異）

合　計 ＋22,500円（有利差異）

（純額分析による）製品貢献利益差異分析表

1．20×0年度製品貢献利益			20,000円
2．製品販売価格差異	［－］55,000円		
3．市場占拠率差異	［＋］7,500円		
4．市場総需要量差異	［＋］15,000円		
5．製品販売数量差異（3＋4）	［＋］22,500円	総額分析の5＋8＋11	
6．変動売上原価価格差異	［＋］27,500円		
7．変動販売費予算差異	［＋］27,500円		
8．貢献利益差異（2＋5＋6＋7）			［＋］22,500円
9．個別製造固定費差異	［－］10,000円		
10．個別販売固定費差異	［－］5,000円		
11．個別固定費差異（9＋10）			［－］15,000円
12．差異合計（8＋11）			［＋］7,500円
13．20×1年度製品貢献利益			27,500円

問題編
問題16

CASE 25 セグメント別の予算実績差異分析

同種製品のセールス・ミックス分析

ゴエモン㈱ではLサイズ、Mサイズの2つの大きさの木彫りのクマの置物を生産・販売しています。予算の段階での販売割合はLサイズとMサイズが40%と60%の割合でしたが、これが変化すると売上高ひいては営業利益に影響を及ぼします。そこで、LサイズとMサイズの販売割合についてくわしく分析することにしました。

例 当社は製品Aを製造・販売しており、製品Aには、LサイズとMサイズとがある。

下記に示す両製品品種の20×2年度の予算と実績に関するデータにもとづいて、各問に答えなさい。

［資　料］

1．20×2年度の予算

種別	販売単価（円）	販売数量（個）	セールス・ミックス（%）	売　　上（円）
L	60	4,500	40	270,000
M	40	6,750	60	270,000
	合計	11,250	100	540,000

なお、業界全体に占める当社の計画市場占拠率は総販売数量で計算して25%である。

2．20×2年度の実績

種別	販売単価（円）	販売数量（個）	セールス・ミックス（%）	売　上（円）
L	55	5,000	50	275,000
M	35	5,000	50	175,000
	合計	10,000	100	450,000

当社の実際市場占拠率は20%であった。

［問1］20×2年度の売上高について製品別売上高の予算実績総差異を販売価格差異と販売数量差異に分析し、さらに販売数量差異をセールス・ミックス差異と総販売数量差異に分析しなさい。

［問2］［問1］で計算した総販売数量差異をさらに市場占拠率差異と市場総需要量差異に分析しなさい。なお、これらの両差異は製品別ではなく全社合計で計算すること。

同種製品のセールス・ミックス分析

CASE24では複数品種の製品を販売している場合の製品品種別の予算実績差異分析を学習しましたが、CASE25では、同種製品で、大きさ、品位などが異なる場合の販売数量差異の分析について学習します。

同じ種類でサイズの違う製品間でのセールス・ミックス（販売の組み合わせ）が変化したことによる販売量の増減が、利益に対して与える影響を分析することが重要であり、この分析を**セールス・ミックス分析**といいます。

この分析においては、販売数量差異が次のように詳細に分析されます。

Lサイズが多く売れるとMサイズの売れ行きは鈍り、逆にLサイズが売れなくなるとMサイズの方が多く売れるというようなことがあります。

販売数量差異 ＝ @予算販売価格 ×（実績販売数量 － 予算販売数量）

〈内　訳〉

セールス・ミックス差異 ＝ @予算販売価格 ×（実績販売数量 － 実績総販売数量の予算セールス・ミックスでの販売数量）

総販売数量差異 ＝ @予算販売価格 ×（実績総販売数量の予算セールス・ミックスでの販売数量 － 予算販売数量）

（注）実績総販売数量の予算セールス・ミックスでの販売数量＝ 実績総販売数量×予算セールス・ミックス

〈差異分析図〉

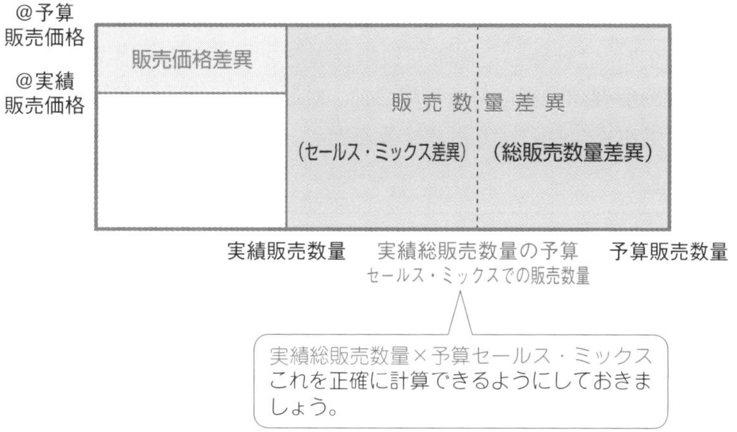

また、販売する複数製品が同一の販売市場に属する場合、対外的なマーケットシェア分析は、各製品の販売量の増減が、相互に影響を与えるため、全製品の合計で行っていきます。

したがって、このような場合、同種製品全体の**加重平均販売価格**を用いて、全製品の総販売数量にもとづき、市場占拠率差異と市場総需要量差異の分析を行います。

CASE24で学習した分析ですね。

それではCASE25について具体的に分析していきましょう。

CASE25［問1］の売上高差異の差異分析

〈製品A　Lサイズ〉

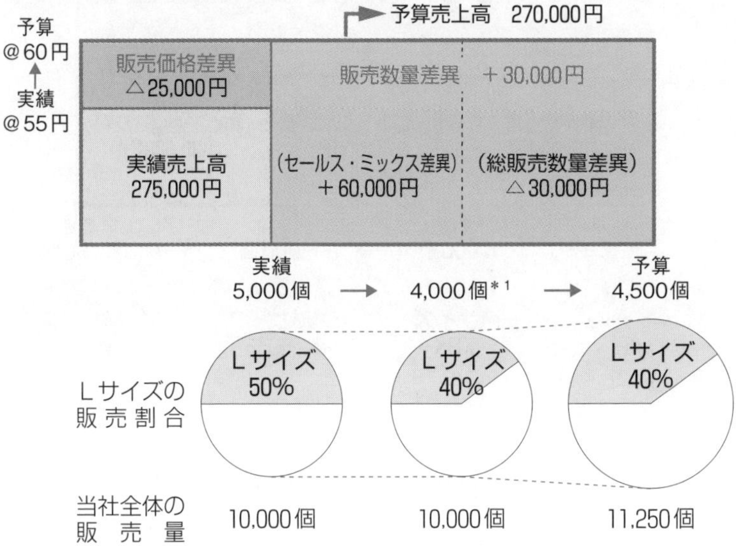

＊1　実績総販売量の予算セールス・ミックスでの販売数量：
5,000個÷50%×40%＝4,000個

・販売価格差異：（@55円－@60円）×5,000個
＝△25,000円（不利差異）

・販売数量差異：@60円×（5,000個－4,500個）
＝＋30,000円（有利差異）

〈販売数量差異の内訳〉

セールス・ミックス差異：

@60円×（5,000個－4,000個）＝＋60,000円（有利差異）

総販売数量差異：

@60円×（4,000個－4,500個）＝△30,000円（不利差異）

合　計　　＋30,000円（有利差異）

〈製品A　Mサイズ〉

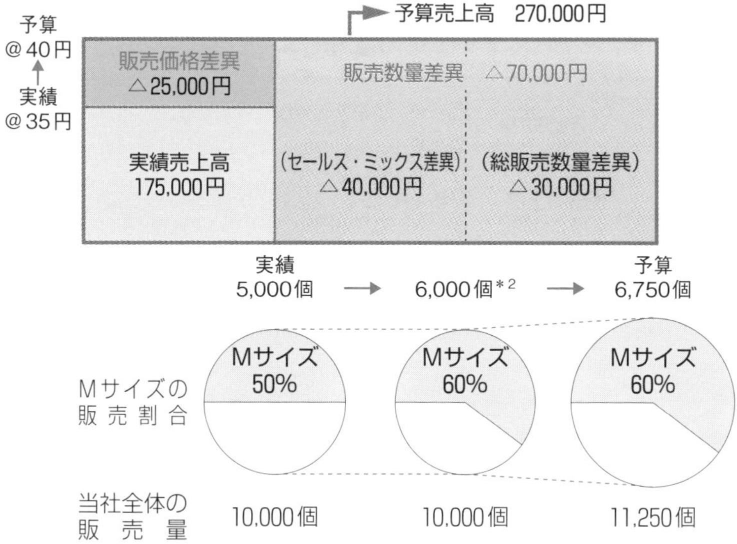

＊2　実績総販売量の予算セールス・ミックスでの販売数量：
5,000個÷50%×60%＝6,000個

・販売価格差異：(@35円－@40円)×5,000個
＝△25,000円（不利差異）

・販売数量差異：@40円×(5,000個－6,750個)
＝△70,000円（不利差異）

〈販売数量差異の内訳〉

セールス・ミックス差異：
@40円×(5,000個－6,000個)＝△40,000円（不利差異）

総販売数量差異：
@40円×(6,000個－6,750個)＝△30,000円（不利差異）

合　　計　△70,000円（不利差異）

注意　資料には売上高の資料しかないので製品1個あたりの貢献利益率が計算できません。したがって総額分析で分析することになります。

予算の段階では、ＬサイズとＭサイズは40%と60%の販売割合を予測していたところ、実際はＬサイズがよく売れたので50%ずつの販売割合となりました。

したがって、Ｌサイズのセールス・ミックス差異は60,000円の有利差異が発生し、Ｍサイズのセールス・ミックス差異は40,000円の不利差異が発生しました。

また、木彫りのクマの置物はＬサイズ・Ｍサイズ合わせて11,250個の販売を予測していたところ、実際はＬサイズ・Ｍサイズ合わせて10,000個しか販売できなかったので、ともに総販売数量差異は不利差異が発生しました。

CASE25［問2］の総販売数量差異の分析

・予算加重平均販売単価：540,000円÷11,250個＝@48円

予算総売上高　予算総販売数量

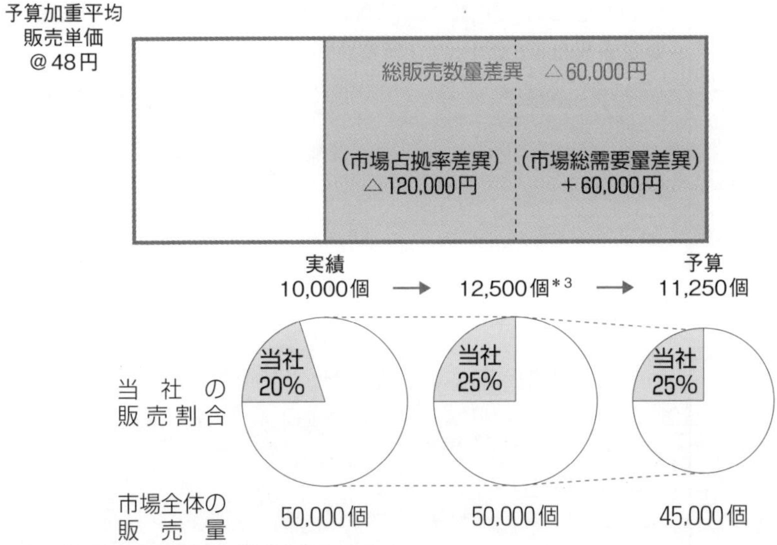

＊3　実績総需要量の予算占拠率での販売数量：
10,000個÷20%×25%＝12,500個

総販売数量差異：

市場占拠率差異：

@48円×（10,000個－12,500個）＝△120,000円（不利差異）

市場総需要量差異：

@48円×（12,500個－11,250個）＝＋　60,000円（有利差異）

△　60,000円（不利差異）

［問1］で計算したLサイズとMサイズの総販売数量差異の合計60,000円の不利差異を、CASE24で学習したように競合他社の関係でマーケット・シェア分析を行うと、予算の段階では25％と予測した市場占拠率が実際には20％におちこんでいるため、市場占拠率差異は120,000円の不利差異が発生しています。

また、木彫りの置物市場全体で年間45,000個の販売を予測していたところ、実際には50,000個の販売だったので、市場総需要量差異は60,000円の有利差異が発生しています。

問題編

マークの意味

基本 応用 …基本的な問題

基本 応用 …応用的な問題

第1章　直接原価計算

問題 1　直接原価計算

解答…P.28　基本　応用

　単一工程によって製品Bを量産する当社の次の資料にもとづいて、下記の設問に答えなさい。

［資　料］

1．加工費は製品生産量を基準として予定配賦している。年間の正常生産量は14,400個、年間の加工費予算額は、変動費が5,760,000円、固定費が11,520,000円である。

2．原価差額はその月の売上原価に賦課している。

3．月末棚卸資産の評価は先入先出法による。

4．製品Bの販売価格は3,000円/個である。

5．生産、販売データ

月初仕掛品	300個	(0.6)	月初製品	200個
当月投入	1,050		当月完成品	1,200
合　計	1,350個		合　計	1,400個
月末仕掛品	150	(0.4)	月末製品	400
当月完成品	1,200個		当月販売	1,000個

（注1）直接材料はすべて工程の始点で投入している。

（注2）(　　) 内の数値は加工費進捗度である。

6．原価データ

	直接材料費	変動加工費配賦額	固定加工費配賦額
(1) 月初仕掛品	192,000円	?	?
(2) 月初製品	128,000円	?	?

(3) 直接材料購入高……………………………680,000円

(4) 直接材料月初有高…………………………142,000円

(5) 直接材料月末有高…………………………192,000円

(6) 加工費実際発生額

　変動加工費………………………………468,000円

　固定加工費………………………………956,000円

(7) 販売費及び一般管理費

　変動販売費………………………………200円/個

　固定販売費及び一般管理費…………504,000円

問1　全部原価計算方式による損益計算書を作成しなさい。

問2　直接原価計算方式による損益計算書を作成するとともに、固定費調整（ころがし計算法）により全部原価計算の営業利益を示しなさい。

問題 2　直接原価計算

解答…P.32　基本　応用

当社は製品Ｘを製造・販売し、累加法による実際工程別総合原価計算を採用している。製品Ｘは第１工程と第２工程を経て完成する。第１工程では、工程始点で原料Ａを、工程を通じて平均的に原料Ｂを投入して加工する。第２工程では、第１工程完成品を加工するが、工程終点で材料Ｃを投入する。

当社の下記の資料にもとづいて、全部原価計算による損益計算書と直接原価計算による損益計算書を完成しなさい。また、直接原価計算による営業利益に固定費調整を行って、全部原価計算の営業利益に修正しなさい。ただし、原料費の計算は、原料Ａには平均法、他の原料には先入先出法を用いて行うこと。各工程の完成品と月末仕掛品への原価配分および製品の庫出単価の計算には先入先出法を用いること。

製造活動から生じた原価差異は、当月の売上原価に賦課すること。減損費は適切な方法で良品に負担させること。なお、加工費は変動加工費と固定加工費とに分け、工程別に変動予算が設定されている。製品Ｘの生産量を基準にして予定配賦すること。

［資　料］

１．製品Ｘの販売実績データ

月初在庫量	1,500個
当月販売量	5,400個
月末在庫量	2,100個

（注１）製品Ｘの販売単価は8,000円である。
（注２）月初製品の単位原価は4,460円（変動費2,780円　固定費1,680円）である。

２．各工程の生産実績データ

	第１工程		第２工程	
月初仕掛品	900個	(2/3)	1,200個	(1/2)
当月投入	7,500		6,000	
合計	8,400個		7,200個	
月末仕掛品	2,400	(1/2)	900	(1/3)
正常減損	0		300	
完成品	6,000個		6,000個	

（注１）(　　) 内の数値は、仕掛品の加工費進捗度を示す。
（注２）減損は第２工程の終点で発生する。

3．月初仕掛品の原価データ

(1) 第1工程月初仕掛品原価

原材料費　原料A　619,200円　原料B　628,800円

変動加工費　288,000円　固定加工費　576,000円

(2) 第2工程月初仕掛品原価

変動加工費　216,000円　固定加工費　432,000円

前工程費　3,811,200円（変動費2,659,200円　固定費1,152,000円）

4．原材料の購入、消費実績データ

	原料A	原料B	材料C
月初在庫量	1,200kg　@920円	750kg @2,744円	150ケース @496円
当月購入量	4,800kg @1,020円	2,850kg @2,600円	750ケース @528円
当月消費量	5,400kg	2,700kg	600ケース

（注）製品Xは10個ごとに箱詰めをしており、材料Cはその包装箱である。材料Cは工程終点で減損が発生した後で投入される。

5．加工費の年間予算データ

(1) 第1工程	予定生産量	75,600個
	変動加工費予算	36,288,000円
	固定加工費予算	72,576,000円
(2) 第2工程	予定生産量	75,600個
	変動加工費予算	27,216,000円
	固定加工費予算	54,432,000円

6．加工費の当月実績データ

(1) 第1工程	変動加工費	3,240,000円
	固定加工費	6,408,000円
(2) 第2工程	変動加工費	2,280,000円
	固定加工費	4,608,000円

7．販売費及び一般管理費の当月実績データ

(1) 変動販売費	2,592,000円
(2) 固定販売費	3,024,000円
(3) 一般管理費（すべて固定費）	5,575,200円

問題 3　直接標準原価計算

解答…P.42　基本　応用

製品Cを製造、販売する当社の下記資料にもとづき、直接標準原価計算方式の損益計算書を作成し、さらに固定費調整を行って全部標準原価計算方式の営業利益に修正しなさい。

［資　料］

1．製品C 1個あたりの標準全部製造原価

直接材料費	80円/kg×4kg/個＝	320円
直接労務費	120円/時×4時/個＝	480
製造間接費		
変動費	100円/時×4時/個＝	400
固定費	150円/時×4時/個＝	600
合　計		1,800円

2．当月の生産、販売データ

月初仕掛品	350個	(0.4)	月初製品	270個
当月投入	1,250		当月完成	1,380
合　計	1,600個		合　計	1,650
月末仕掛品	220	(0.5)	月末製品	450
当月完成	1,380個		当月販売	1,200個

（注）直接材料（変動費）は工程の始点で投入される。上記（　　）内は加工費の進捗度を示す。

3．その他のデータ

(1) 製品1個あたりの販売価格は3,000円である。

(2) 製品1個あたりの標準変動販売費は100円である。

(3) 製造間接費の月間予算データ（公式法変動予算）

基準操業度　6,000直接作業時間

変動製造間接費予算　600,000円

固定製造間接費予算　900,000円

(4) 当月における製造原価の実際発生額

直接材料費　83円/kg×5,140kg＝426,620円

直接労務費　115円/時×5,500時＝632,500円

製造間接費　変動費　570,000円　　固定費　880,000円

(5) 当月における販売費及び一般管理費の実際発生額

変動費　122,400円　　固定費　116,480円

(6) 標準変動費差異は少額であり全額当月の期間損益に計上すること。

第２章　CVP分析

問題 4　原価の固変分解

解答…P.47 基本 応用

当社の正常操業圏は、月間正常機械稼働時間（5,000時間）を基準操業度（100％）とすると、その60％から120％である。そこで次に示す過去６カ月分の実際原価データにもとづき、高低点法によって原価分解を行い、来月（７月）の製造原価と販売費・一般管理費の発生額をそれぞれ予測しなさい。なお、７月の予想機械稼働時間は5,400時間である。

［資　料］

月	機械稼働時間（時）	製造原価（円）	販売費・一般管理費（円）
1	3,340	7,716,320	981,280
2	3,020	7,079,600	903,600
3	2,770	6,766,200	835,900
4	4,640	10,306,600	1,214,700
5	4,920	10,861,680	1,245,200
6	5,040	11,079,200	1,267,200

問題 5　原価の固変分解

解答…P.49 基本 応用

当社の直接作業時間（X）と補助材料費（Y）の実績記録は下記のとおりであり、これらはすべて正常なデータである。補助材料費の原価線は$Y = aX + b$で表されるものとして、下記のデータにもとづき最小自乗法によってa（変動費率）とb（固定費）を求めなさい。

［資　料］

月	直接作業時間（X）	補助材料費（Y）
1	600時間	52,500円
2	400	52,500
3	800	82,500
4	200	22,500
合計	2,000時間	210,000円

問題 6　CVP分析

解答…P.50 基本 応用

次の資料をもとにして、下記の各問に答えなさい。

［資　料］

販　売　数　量	6,000個
単位あたり販売価格	10,000円
単位あたり変動費	6,500円
固　　定　　費	9,240,000円

問１　損益分岐点における売上高および販売数量を求めなさい。

問２　安全余裕率を求めなさい。

問３　営業利益を2,800,000円を上げるのに必要な売上高および販売数量を求めなさい。

問４　売上高営業利益率20％を上げるのに必要な売上高および販売数量を求めなさい。

問題 7　CVP分析

解答…p.53　基本　応用

当社では現在、来年度の利益計画のため、次の予算原案を考慮中である。この資料にもとづいて各問に答えなさい。

［資　料］

1．製品1個あたりの販売価格および変動製造・販売費

販売価格	10,000円
変動費	
原料費	1,500円
変動加工費	1,000円
変動販売費	500円
貢献利益	7,000円

2．年間固定費予算

固定加工費……………………………3,630,000円
固定販売費……………………………6,540,000円
一般管理費（すべて固定費）………5,230,000円

3．年間計画生産量と販売量は等しく、期首・期末仕掛品はないものとする。

問1　上記の条件にもとづいて①当社の年間の損益分岐点の販売量を求めなさい。さらに、②当社の年間計画販売量が4,000個であるとして、その場合の安全余裕率を計算しなさい。

問2　年間の目標営業利益が7,700,000円であるとして、この場合の年間目標売上高を求めなさい。

問3　上述の問2における年間目標営業利益が7,700,000円であるという条件のみ除外し、さらに次の条件を追加する。

(1)　来年度予想使用総資本は45,000,000円であり、年間目標使用総資本経常利益率（税引後経常利益÷年間予想使用総資本×100）は15%である。ただし、法人税等の税率は40%とする。

(2)　年間営業外収益の見積額は160,000円、年間営業外費用の見積額は110,000円である。これらは年間固定費の修正項目として処理する。

そこで以上の条件にもとづき、この目標を達成する①税引前の年間目標経常利益額および②年間目標販売量を求めなさい。

問4　上述の問3において、来年度の予想使用総資本が45,000,000円ではなく「売上高の20%＋24,400,000円」であるとする。

他の条件は変更しないものとして、年間目標使用総資本経常利益率15%（税引後経常利益÷年間予想使用総資本×100）を達成する年間目標販売量を求めなさい。

問題 8　CVP分析

解答…P.57　基本　応用

当社は製品A、製品B、および製品Cの3種類の生産、販売を行っている。そこで以下の資料にもとづいて、下記の各問に答えなさい。

［資　料］

	製品A	製品B	製品C
販売単価	3,000円/個	2,000円/個	1,600円/個
変動製造原価	1,440円/個	970円/個	800円/個
変動販売費	360円/個	330円/個	320円/個
固定製造原価	2,520,000円	2,160,000円	1,764,000円
固定販売費	991,800円	595,000円	396,800円
一般管理費（すべて固定費）		4,800,000円	

（注）一般管理費は各製品に共通的に発生する。

問1　製品A、製品Bおよび製品Cの販売量割合を5：3：2で一定とした場合、(1)各製品の損益分岐点販売量を求めなさい。また(2)目標営業利益4,530,000円を達成するために必要な各製品の販売量を求めなさい。

問2　製品A、製品Bおよび製品Cの売上高割合を5：3：2で一定とした場合、各製品の損益分岐点売上高を求めなさい。

第３章　最適セールス・ミックスの決定

問題 9　最適セールス・ミックスの決定　解答…P.59　基本　応用

製品Ａおよび製品Ｂを量産する当社では、直接標準原価計算を採用しており、来期の予算案を検討中である。

［資　料］

１．製品１個あたりの販売価格、変動費および固定費

	製品Ａ	製品Ｂ
１個あたりの販売価格	1,600円	1,200円
１個あたりの変動費	1,360円	840円

両製品に共通に発生する年間固定費は、115,200円である。

２．両製品とも機械加工部と組立部を経て完成する。両製品の部門別標準作業時間は次のとおりである。

	機械加工部	組立部
製品Ａ１個あたりの標準作業時間	２時間	３時間
製品Ｂ１個あたりの標準作業時間	４時間	３時間

３．製品Ａに対する需要限度は800個、製品Ｂに対する需要限度は300個であって、それを超えて生産、販売することはできない。

問１　製品Ａおよび製品Ｂは３：２の割合で販売するものとして、上記条件にもとづき製品Ａ、Ｂ両製品の年間損益分岐点販売量を求めなさい。

問２　問１において、３：２の割合で販売する条件は削除し、それ以外の条件は有効であるとして、来期の年間機械加工時間に関する最大生産能力が1,800時間であった場合、製品Ａおよび製品Ｂを年間何個ずつ生産、販売すれば最大の営業利益が得られるか、すなわち年間の最適セールス・ミックスを求めなさい。

問３　問２において、来期の年間組立時間に関する最大生産能力が2,100時間であることが判明した。この条件を追加した場合、製品Ａおよび製品Ｂを年間何個ずつ生産、販売すれば、最大の営業利益が得られるであろうか。また、そのときの年間営業利益額も求めなさい。

問題 10　最適セールス・ミックスの決定　解答…P.63　基本 応用

製品ＡとＢを量産する当社では、直接標準原価計算を採用している。

(1)　両製品とも、材料を機械加工部で加工し、次いで組立部で組み立てて完成する。これらの製造部門における各製品１個あたりの標準作業時間と月間の生産能力は次のとおりである。

	機械加工部	組立部
製品Ａ１個あたりの標準作業時間	４時間	1.2時間
製品Ｂ１個あたりの標準作業時間	２時間	１時間
月間生産能力	16,000時間	6,000時間

(2)　当社の市場占拠率の関係から、製品Ａに対する需要限度は6,000個、製品Ｂに対する需要限度は4,500個であり、これを超えて生産、販売することはできない。

(3)　両製品に関する財務データは次のとおりである。

	製品Ａ	製品Ｂ
販売単価	750円	500円
単位あたり標準変動費	450円	300円

なお、両製品の月間共通固定費予算は850,000円である。

問１　製品Ａおよび製品Ｂを月間何個ずつ生産、販売すれば最大の営業利益が得られるか、すなわち月間の最適セールス・ミックスを求めなさい。

問２　最適セールス・ミックスのときの月間営業利益を求めなさい。

問３　製品Ａについては、将来さらに競争が激化し、値下げをする可能性が予想される。そこで、他の条件に変化はないものとして製品１個あたりの貢献利益が、いくらより少なくなれば問１で求めた最適セールス・ミックスが変化するであろうか。

第4章　予算編成

問題 11　予算編成

解答…P.67 基本 応用

製品Aを量産する当社は全部標準原価計算を採用しており、現在、来期の（×2年度）の予算を編成中である。そこで、下記の資料にもとづき来期×2年度の予定損益計算書および予定貸借対照表を作成しなさい。

［資　料］

1．製品原価標準

原　料　費	10円/kg × 50kg =	500円/個
加　工　費		
変動加工費	300円/時×1時　=	300
固定加工費	100円/時×1時　=	100
合　計		900円/個

なお、年間の予算操業度は300,000機械稼働時間である。

2．×1年度期末貸借対照表（単位：万円）

流動資産		流動負債	
現金	3,000	買掛金	1,280
売掛金	3,100	未払法人税等	1,000
製品	360	流動負債合計	2,280
原料	500	固定負債	
その他	2,640	社債	6,000
流動資産合計	9,600	負債合計	8,280
固定資産		純資産	
土地	8,000	資本金	8,000
建物・設備	9,000	利益準備金	2,000
減価償却累計額	(1,600)	任意積立金	3,720
固定資産合計	15,400	繰越利益剰余金	3,000
		純資産合計	16,720
資産合計	25,000	負債・純資産合計	25,000

3．×1年度の繰越利益剰余金は配当金を支払った後400万円を任意積立金とする。

4．×2年度予算データ

(1) 年間計画生産・販売量

期首製品在庫量	4,000個
年間製品計画生産量	300,000
合　　計	304,000個
期末製品所要在庫量	4,000
年間製品計画販売量	300,000個

（注1）製品販売単価は1,120円/個（すべて掛売り）
（注2）仕掛品の在庫は無視する。

(2) 原料購買予算

期首原料在庫量	500,000kg
年間原料計画購入量	?
合　　計	?　kg
期末原料所要在庫量	500,000
年間原料計画消費量	?　kg

（注）仕入単価は10円/kg（すべて掛買い）

(3) 加工費予算（公式法変動予算）

変動費　　300円/機械稼働時間
固定費　　3,000万円

なお、固定費のうち160万円は減価償却費であって、それ以外の固定費および変動費はすべて現金支出原価である。

(4) 販売費・一般管理費予算（公式法変動予算）

変動販売費　　40円/個
固定販売費・一般管理費　　3,600万円

なお、固定販売費・一般管理費のうち20万円は減価償却費であって、それ以外の固定費および変動費はすべて現金支出原価である。

(5) 予想現金収支（単位：万円）

	四半期				
	1	2	3	4	合計
売掛金回収	7,840	7,990	6,930	6,340	29,100
支払					
原料費	2,490	2,760	2,456	2,754	10,460
労務費	2,524	2,870	2,464	2,270	10,128
その他の経費	1,486	1,850	1,680	1,476	6,492
法人税	1,000				1,000
社債利息		240		240	480
機械購入				1,900	1,900
配当金	2,000				2,000
合計	9,500	7,720	6,600	8,640	32,460

各四半期末に保有すべき最低現金残高は2,000万円である。四半期末の現金残高が2,000万円に満たないと予想される場合は、あらかじめ四半期の期首に最低必要額を銀行から年利４％で1,000万円の倍数額で借り入れておく。その後、各四半期の期末資金に余裕があると予想される場合には、借りた元金はできるだけ早く、1,000万円の倍数額で各四半期末に返済する。なお、その場合の利息は、返済する元金分の利息だけを元金とともに支払う。ただし、借入期間が１年間を超える場合は、借り換えなければならない。

(6) 法人税等の税率は40％とする。

問題 12　予算編成

解答…P.71　基本　応用

製品Bを製造・販売する当社は、直接原価計算制度を採用している。下記の条件にもとづき、当社の×1年度第4四半期中の1月・2月の予算を編成し、直接原価計算制度の月次予定損益計算書および予定貸借対照表を作成しなさい。

［資　料］

1．製品原価標準

原料費	125円/kg × 6kg =	750円/個
変動加工費	375円/時 × 0.6時 =	225円/個
変動製造原価合計		975円/個

2．貸借対照表　×1年12月31日（単位：円）

流動資産		流動負債	
現金	6,000,000	買掛金	26,304,000
売掛金	63,936,000	借入金	0
製品	13,104,000	流動負債合計	26,304,000
原料	9,984,000	固定負債	0
流動資産合計	93,024,000	純資産	
固定資産		資本金	192,000,000
土地	86,976,000	資本剰余金	48,000,000
建物・設備	120,000,000	利益剰余金	33,696,000
固定資産合計	206,976,000	純資産合計	273,696,000
資産合計	300,000,000	負債・純資産合計	300,000,000

（注）製品は変動製造原価で計上されている。また、建物・設備は減価償却累計額差引後の数値である。

3．×1年度の予算データ

(1)　製品Bの予算販売単価は1,110円である。

(2)　売上高予算

12月（実績）	@1,110円 × 72,000個 =	79,920,000円
1月	@1,110円 × 67,200個 =	74,592,000円
2月	@1,110円 × 64,000個 =	71,040,000円
3月	@1,110円 × 72,000個 =	79,920,000円
4月	@1,110円 × 59,200個 =	65,712,000円

⑶　売上高の現金売りと掛売りの割合

月間売上高の20％は現金売りで月末に回収、残り80％は掛売りで、翌月末に現金で回収する。

⑷　各月末製品所要在庫量は、翌月製品計画販売量の20％である。

⑸　各月末原料所要在庫量は、翌月原料計画消費量の20％である。

⑹　月間原料購入額の50％は購入月末に現金で支払い、残り50％は買掛金とし、翌月末に現金で支払う。

⑺　固定加工費の月次予算は5,400,000円で、そのうち1,200,000円は減価償却費であり、残りは現金支出費用である。変動販売費は製品１個あたり12円であって、固定販売費及び一般管理費の月次予算は1,296,000円であるが、そのうち240,000円は減価償却費で、残りは現金支出費用である。

⑻　予想現金支出

原料購入代金の支払いおよび資金借入による利子支払を除き、予想される現金支出額は次のとおりである（単位：円）。

	１月	２月
材料費	8,760,000	8,400,000
労務費	10,176,000	10,176,000
経費	2,102,400	2,208,000
機械購入	12,960,000	——
合計	33,998,400	20,784,000

（注）上記機械は１月１日に購入し、その代金は１月末に支払う予定である。この機械の減価償却費は、⑺の1,200,000円の中に含まれている。

⑼　各月末に保有すべき最低の現金残高は6,000,000円。

⑽　資金調達と返済

現金が不足する月においては、月末に年利12％でその不足額を借り入れる。現金が必要額を超過する月においては、月末にその超過額を借入金の返済に充てる。

支払利息は計算を簡略化するため日割りではなく月々１カ月分の利子を現金で支払うこととする。すなわち、月末にその前月の借入金未返済額に月利１％を乗じた額を現金で支払う。

第５章　事業部の業績測定

問題 13　セグメント別損益計算　解答…P.78　基本 応用

当社のＡ事業部では、製品Ａを製造・販売している。そこで以下の資料にもとづいて事業部予算損益計算書を作成しなさい。

［資　料］当期の予算案

１．製品Ａの単位あたり予算販売価格と標準製造原価

予算販売価格	………………………………	14,000円
標準製造原価		
直接材料費	300円/kg　×４kg　＝	1,200円
直接労務費	400円/時間×10時間＝	4,000円
製造間接費	480円/時間×10時間＝	4,800円
合　　計		10,000円

（注）製造間接費は公式法変動予算によっており、基準操業度は50,000時間である。

２．製品Ａの固定製造間接費予算額は15,000,000円であり、このうち80％がＡ事業部長にとって管理可能である。

３．Ａ事業部に直接跡づけられる販売費及び一般管理費予算額は13,000,000円で、単位あたりの予算変動販売費は1,000円、固定販売費及び一般管理費のうち70％がＡ事業部長にとって管理可能である。また本社費が各事業部の活動状況に関係なく、一定額だけ配賦される。

４．製品Ａの予定生産量および予定販売量は等しく5,000個であり全部原価計算方式によって作成された損益計算書における営業利益は3,000,000円である。

MEMO

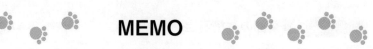

問題 14 事業部の業績測定

解答…P.80 基本 応用

当社では事業部制を採用し、そのC事業部においては製品Cの生産・販売を行っている。次のC事業部の資料にもとづいて以下の各問に答えなさい。

［資　料］C事業部における次年度予算データ

1．C事業部の次年度の予算損益計算書（全部原価計算方式）

売　上　高	4,000,000円
売 上 原 価	2,900,000
売上総利益	1,100,000円
販　管　費	1,200,000
営 業 損 失	100,000円

2．売上原価のうち、固定製造原価は900,000円である。固定製造原価はすべてC事業部に直接跡づけることができ、そのうち70%はC事業部長にとって管理可能である。

3．次年度における製品Cの生産量と販売量は等しく100,000個であり、製品Cの販売には1個あたり4円の変動販売費を必要とする。

4．固定販売費及び一般管理費のうち、C事業部に直接跡づけられる金額は300,000円であり、そのうち80%はC事業部長にとって管理可能である。また、上記損益計算書の販売費及び一般管理費には共通固定費の配賦額？円が含まれている。共通固定費は各事業部の活動とは無関係に一定額発生し、人員数により、各事業部に配賦されている。したがって、その配賦額はC事業部長にとって管理不能なものである。

5．C事業部に対する投下資本は5,000,000円であり、そのうち80%はC事業部長にとって管理可能な投資額である。また資本コスト率は7%とする。

問1　C事業部長およびC事業部自体の業績測定にとって適切と考えられる損益計算書を作成しなさい。

問2　C事業部長の業績測定のための投下資本利益率と残余利益を求めなさい。

問3　C事業部自体の業績測定のための投下資本利益率と残余利益を求めなさい。

問4　C事業部では次年度において、次の新規投資案を採用するかどうかを検討している。この新規投資案に必要な投資額および年間見積利益はすべてC事業部長にとって管理可能であるものとする。

投　資　額	600,000円
年間見積利益	75,000円

そこで、C事業部長の業績測定が⑴投下資本利益率⑵残余利益で行われる場合

において、C事業部長がこの新規投資案を採用するかどうかをそれぞれ答えなさい。また(3)全社的観点から考えた場合、この新規投資案を採用すべきかどうかもあわせて答えなさい。

問題 15　CVP分析と業績測定指標

解答…P.83　基本　応用

　当社のＤ事業部では、製品Ｄを主力製品として製造、販売している。Ｄ事業部の事業部長は、現在、次年度の利益計画を策定中であり、次の３つの代替案を検討中である。

代替案１…製品Ｄを現行販売価格と同じ300千円で販売する。販売数量は2,500台とする。

代替案２…製品Ｄの販売価格を300千円のまま据え置き、固定販売費を14,000千円追加し、3,000台を販売する。

代替案３…製品Ｄの販売価格を380千円に引き上げる。この場合、販売数量の大幅な減少が見込まれるが、単位あたりの直接材料費を8,000円、単位あたりの直接労務費を12,000円増加させるとともに、固定製造間接費を7,600千円、固定販売費を12,400千円追加することにより2,250台を販売する。

［資　料］

１．本年度実績予想データ（単位：千円）

売　上　高	@300千円×2,500台		750,000
変動売上原価			
直接材料費	@70千円　×2,500台＝	175,000	
直接労務費	@60千円　×2,500台＝	150,000	
変動製造間接費		125,000	450,000
変動製造マージン			300,000
変動販売費			50,000
貢献利益			250,000
固　定　費			
製　　造		132,400	
販　売　費		63,600	196,000
営業利益			54,000
法　人　税			21,600
税引後営業利益			32,400

２．資本の調達源泉別の資本コストは次のとおりである。

資本源泉	構成割合	源泉別資本コスト率
他人資本	75%	８%（税引前支払利子率）
自己資本	25%	12%

３．投下資本は「売上高の20%＋600,000千円」、法人税率は40%とする。

問1　当社の税引後加重平均資本コスト率は何％か。

問2　各代替案につき(1)売上高(2)税引後営業利益(3)損益分岐点販売台数(4)安全余裕率を計算しなさい。また(5)各投資案の投下資本利益率を求めなさい。計算過程で端数が生じる場合、売上高と税引後営業利益については、千円未満、安全余裕率（パーセント）は小数点第2位を四捨五入しなさい。販売台数の端数は、小数点第1位を切り上げなさい。投下資本利益率（パーセント）の計算では税引後営業利益を用いることとし、端数が生じる場合は、小数点第2位を四捨五入しなさい(以下の設問も同様である)。

問3　問1で計算した資本コスト率を目標投下資本利益率として、その投下資本利益率（税引後）で得るために、必要な販売台数を計算しなさい。

問4　問1で計算した資本コスト率を用いて、各代替案の税引後残余利益を計算しなさい。残余利益がマイナスの場合は、金額の前に△を付すこと。

第6章　予算実績差異分析

問題16　予算実績差異分析

解答…P.89　基本　応用

当社の甲事業部は、製品αと製品βを製造販売しているが、責任を明確にするため、各製品に責任ある経営管理者を割り当て、それぞれ利益センターとして管理している。原価計算制度は直接標準原価計算制度が採用されている。

20×1年における甲事業部の予算および実績は以下のとおりであった。

①　予算損益計算書および実際損益計算書（単位：千円）

	予算損益計算書	実際損益計算書
売上高	1,800,000	?
標準変動費		
製造原価	1,204,000	?
販売費	56,000	?
計	1,260,000	?
標準貢献利益	540,000	?
標準変動費差異	――	20,000
実際貢献利益	540,000	?
固定費		
製造原価	301,500	292,100
販売費・一般管理費	112,500	?
計	414,000	?
営業利益	126,000	61,000

②　売上高および製品単位あたり変動費に関するデータ

	予算（製品α）	予算（製品β）	実績（製品α）	実績（製品β）
販売単価	36,000円	18,000円	35,000円	18,000円
生産・販売数量	30,000個	40,000個	33,000個	35,000個
市場占拠率	15%	25%	22%	20%
直接材料費	9,000円/個	4,000円/個	?	?
直接労務費	9,600円/個	3,000円/個	?	?
変動製造間接費	9,000円/個	2,400円/個	?	?
変動販売費	1,200円/個	500円/個	1,300円/個	500円/個

③　予算固定製造原価のうち、252,000,000円は個別固定費（製品αが108,000,000円、製品βが144,000,000円）残りは共通固定費である。個別固定費のうち20%が自由裁量固定費である。個別固定費の残り80%と共通固定費は、すべて拘束固定費である。

④　予算固定販売費・一般管理費はすべて共通費である。そのうち40%が自由裁量固定費、60%が拘束固定費である。

⑤　各製品の原価標準

	製品α	製品β
直接材料費	900円×10単位＝9,000円	500円×　8単位＝4,000円
直接労務費	3,200円×　3時間＝9,600円	2,500円×1.2時間＝3,000円
変動製造間接費	3,000円×　3時間＝9,000円	2,000円×1.2時間＝2,400円

⑥　製品別実際変動製造原価：（　　）内は実際数量

	製品α	製品β
直接材料費	310,500,000円（342,000単位）	155,250,000円（287,500単位）
直接労務費	297,375,000円（ 97,500時間）	108,635,000円（ 43,250時間）
変動製造間接費	297,375,000円（ 97,500時間）	87,365,000円（ 43,250時間）

問１　解答用紙の製品別予算損益計算書を作成しなさい。

問２　実際損益計算書の各金額を計算しなさい。

問３　差異分析表(A)、(B)および(C)を作成しなさい。なお、各差異分析表の（　　）内には、不利差異であれば「U」、有利差異であれば「F」と記入しなさい。差異が０の場合には「—」と記入すればよい。

問４　次の文章の（　　）内に入る最も適切な語句を下記の語群から選択し、その記号を解答用紙の解答欄に記入しなさい。

甲事業部の販売員には製品αと製品βの両方を販売する機会が与えられ、受注金額にもとづいて販売手数料が支払われているが、そのため販売員は（　①　）の販売に力を注ぐインセンティブが生じている可能性がある。なぜなら（　①　）のほうが（　②　）が（　③　）からである。そうであるとすると、（　①　）のほうが（　④　）が（　⑤　）から、他の事情はすべて等しいとして、企業全体の収益性に対して（　⑥　）の効果が働いている。

（語群）　a）製造原価、b）販売費・一般管理費、c）変動費、d）固定費、
e）販売単価、f）単位あたり貢献利益、g）管理可能性、h）高い、
i）低い、j）製品α、k）製品β、l）プラス、m）マイナス

問題編

解答・解説

解答 1

問1

損益計算書　　(単位：円)

Ⅰ　売上高		(3,000,000)
Ⅱ　売上原価		
1．月初製品棚卸高	(368,000)	
2．当月製品製造原価	(2,172,000)	
合計	(2,540,000)	
3．月末製品棚卸高	(724,000)	
差引	(1,816,000)	
4．原価差額	(128,000)	(1,944,000)
売上総利益		(1,056,000)
Ⅲ　販売費及び一般管理費		(704,000)
営業利益		(352,000)

問2

損益計算書　　(単位：円)

Ⅰ　売上高		(3,000,000)
Ⅱ　変動売上原価		
1．月初製品棚卸高	(208,000)	
2．当月製品製造原価	(1,212,000)	
合計	(1,420,000)	
3．月末製品棚卸高	(404,000)	
差引	(1,016,000)	
4．原価差額	(36,000)	(1,052,000)
変動製造マージン		(1,948,000)
Ⅲ　変動販売費		(200,000)
貢献利益		(1,748,000)
Ⅳ　固定費		
1．加工費	(956,000)	
2．販売費・一般管理費	(504,000)	(1,460,000)
直接原価計算の営業利益		(288,000)
固定費調整額		
+）加算項目		
月末製品に含まれる固定加工費	(320,000)	
月末仕掛品に含まれる固定加工費	(48,000)	(368,000)
−）減算項目		
月初製品に含まれる固定加工費	(160,000)	
月初仕掛品に含まれる固定加工費	(144,000)	(304,000)
全部原価計算の営業利益		(352,000)

解説

本問は、全部原価計算方式と直接原価計算方式の損益計算書の作成と固定費調整（加工費を予定配賦している場合）を確認する問題です。

問1

1．直接材料費の計算

仕掛品－直接材料費　(Fifo)

月初 300個 192,000円	完成品 1,200個 732,000円
投入 1,050個 630,000円	月末 150個 90,000円

製　　品　(Fifo)

月初 200個 128,000円	販売 1,000個 616,000円
完成品 1,200個 732,000円	月末 400個 244,000円

・月末仕掛品：$\frac{630,000\text{円}^{*}}{1,050\text{個}} \times 150\text{個} = 90,000\text{円}$

＊　直接材料費当月消費額：142,000円＋680,000円－192,000円＝630,000円

・完　成　品：192,000円＋630,000円－90,000円＝732,000円

・月 末 製 品：$\frac{732,000\text{円}}{1,200\text{個}} \times 400\text{個} = 244,000\text{円}$

・売 上 原 価：128,000円＋732,000円－244,000円＝616,000円

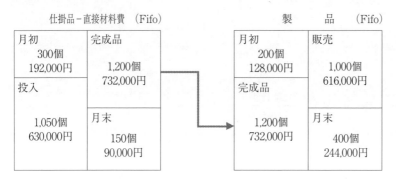

2．変動加工費の計算

仕掛品－変動加工費　（Fifo）

月初 （180個） （72,000円）	完成品 （1,200個） （480,000円）
投入 （1,080個） （432,000円）	月末 （60個） （24,000円）

製　　品　（Fifo）

月初 200個 80,000円	販売 1,000個 400,000円
完成品 1,200個 480,000円	月末 400個 160,000円

・変動加工費予定配賦率：$\frac{5{,}760{,}000\text{円}}{14{,}400\text{個}} = 400\text{円}/\text{個}$

当期首に予定配賦率400円/個を設定しているので、当月の原価はすべて、予定配賦率400円/個に数量（または完成品換算量）を掛けて計算します。

3．固定加工費の計算

仕掛品－固定加工費　（Fifo）

月初 （180個） （144,000円）	完成品 （1,200個） （960,000円）
投入 （1,080個） （864,000円）	月末 （60個） （48,000円）

製　　品　（Fifo）

月初 200個 160,000円	販売 1,000個 800,000円
完成品 1,200個 960,000円	月末 400個 320,000円

・固定加工費予定配賦率：$\frac{11{,}520{,}000\text{円}}{14{,}400\text{個}} = 800\text{円}/\text{個}$

当期首に予定配賦率800円/個を設定しているので、当月の原価はすべて、予定配賦率800円/個に数量（または完成品換算量）を掛けて計算します。

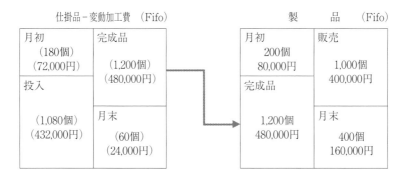

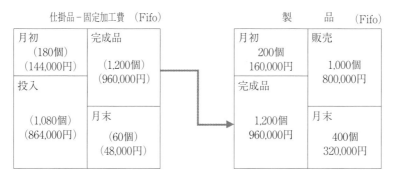

4．まとめ

売上高：3,000円/個×1,000個：3,000,000円

売上原価：

月初製品棚卸高；128,000円＋80,000円＋160,000円＝368,000円

当月製品製造原価；732,000円＋480,000円＋960,000円＝2,172,000円

月末製品棚卸高；244,000円＋160,000円＋320,000円＝724,000円

原　価　差　額；(400円/個＋800円/個)×1,080個－(468,000円＋956,000円)＝△128,000円(借方)

予定配賦額　実際発生額

販売費及び一般管理費：200円/個×1,000個＋504,000円＝704,000円

問2

売上高：3,000円/個×1,000個＝3,000,000円

変動売上原価：

月初製品棚卸高；128,000円＋80,000円＝208,000円

当月製品製造原価；732,000円＋480,000円＝1,212,000円

月末製品棚卸高；244,000円＋160,000円＝404,000円

原　価　差　額；400円/個×1,080個－468,000円＝△36,000円（借方）

予定配賦額　実際発生額

変動販売費：200円/個×1,000個＝200,000円

固定費：実際発生額を全額期間原価として計上します。

加工費	956,000円
販売費・一般管理費	504,000円

固定費調整額

＋加算）	月末製品に含まれる固定加工費	320,000
	月末仕掛品に含まれる固定加工費	48,000
	合　計	368,000
－減算）	月初製品に含まれる固定加工費	160,000
	月初仕掛品に含まれる固定加工費	144,000
	合　計	304,000

解答 2

損益計算書（全部原価計算）　　（単位：円）

売上高		（43,200,000）
売上原価		
月初製品棚卸高	（6,690,000）	
当月製品製造原価	（27,410,400）	
合計	（34,100,400）	
月末製品棚卸高	（9,593,640）	
差引	（24,506,760）	
原価差異		
第1工程		
予算差異	（432,000）	
操業度差異	（△288,000）	
小計	（144,000）	
第2工程		
予算差異	（192,000）	
操業度差異	（216,000）	
小計	（408,000）	
差異合計	（552,000）	（25,058,760）
売上総利益		（18,141,240）
販売費及び一般管理費		（11,191,200）
営業利益		（6,950,040）

損益計算書（直接原価計算）　　（単位：円）

売　　上　　高		（ 43,200,000）
変動売上原価		
月初製品棚卸高	（ 4,170,000）	
当月製品製造原価	（ 16,826,400）	
合　　計	（ 20,996,400）	
月末製品棚卸高	（ 5,889,240）	
差　　引	（ 15,107,160）	
変動製造原価差異		
第　1　工　程	（ 72,000）	
第　2　工　程	（ 120,000）	
差異合計	（ 192,000）	（ 15,299,160）
変動製造マージン		（ 27,900,840）
変動販売費		（ 2,592,000）
貢　献　利　益		（ 25,308,840）
固　　定　　費		
第1工程加工費	（ 6,408,000）	
第2工程加工費	（ 4,608,000）	
販　　売　　費	（ 3,024,000）	
一般管理費	（ 5,575,200）	（ 19,615,200）
営　業　利　益		（ 5,693,640）

固定費調整　　（単位：円）

直接原価計算の営業利益		（ 5,693,640）
加算項目		
月末仕掛品固定費		
第　1　工　程	（ 1,152,000）	
第　2　工　程	（ 1,080,000）	
月末製品固定費	（ 3,704,400）	（ 5,936,400）
控除項目		
月初仕掛品固定費		
第　1　工　程	（ 576,000）	
第　2　工　程	（ 1,584,000）	
月初製品固定費	（ 2,520,000）	（ 4,680,000）
全部原価計算の営業利益		（ 6,950,040）

解説

本問は、工程別の直接原価計算と全部原価計算の計算方法、および損益計算書のフォームを確認し、固定費調整を行うことによって両者の利益が一致する仕組みを確認する問題です。

1．各原材料の当月消費額の計算

⑴　原料A（平均法）

原　料　A

月初 1,200kg @920円	当月消費 5,400kg
当月購入 4,800kg @1,020円	月末 600kg

(@920円×1,200kg＋@1,020円×4,800kg)
÷(1,200kg＋4,800kg)×5,400kg
＝5,400,000円

⑵　原料B（先入先出法）

原　料　B

月初 750kg @2,744円	当月消費 2,700kg
当月購入 2,850kg @2,600円	月末 900kg

@2,744円×750kg＋@2,600円×1,950kg
＝7,128,000円

⑶　材料C（先入先出法）

材　料　C

月初 150ケース @496円	当月消費 600ケース
当月購入 750ケース @528 円	月末 300ケース

@496円×150ケース＋@528円×450ケース
＝312,000円

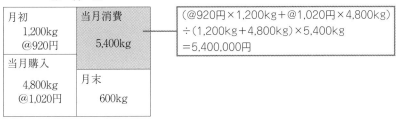

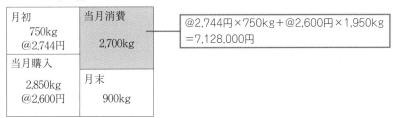

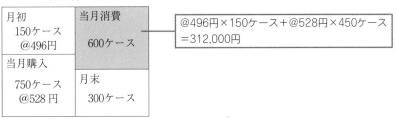

2．各工程の加工費予定配賦率

第１工程：変動費率；36,288,000円÷75,600個＝@480円

固定費率；72,576,000円÷75,600個＝@960円

第２工程：変動費率；27,216,000円÷75,600個＝@360円

固定費率；54,432,000円÷75,600個＝@720円

3．当期製品製造原価の計算

(1) 第１工程（先入先出法）

① 原料A

仕掛品－原料A

月初 900個 619,200円	当月完成 6,000個
当月投入 7,500個 5,400,000円	月末 2,400個

当月完成品：
619,200円＋5,400,000円－1,728,000円
＝4,291,200円

月末仕掛品：
$\frac{5{,}400{,}000円}{7{,}500個}$×2,400個＝1,728,000円

② 原料B

仕掛品－原料B

月初 600個 628,800円	当月完成 6,000個
当月投入 6,600個 7,128,000円	月末 1,200個

当月完成品：
628,800円＋7,128,000円－1,296,000円
＝6,460,800円

月末仕掛品：
$\frac{7{,}128{,}000円}{6{,}600個}$×1,200個＝1,296,000円

③ 変動加工費

仕掛品－変動加工費

月初 (600個) (288,000円)	当月完成 (6,000個)
当月投入 (6,600個) (3,168,000円)*	月末 (1,200個)

当月完成品：
288,000円＋3,168,000円－576,000円
＝2,880,000円

月末仕掛品：
$\frac{3{,}168{,}000円}{6{,}600個}$×1,200個＝576,000円

＊ 変動加工費予定配賦額：@480円×6,600個＝3,168,000円

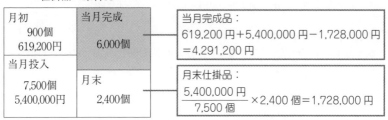

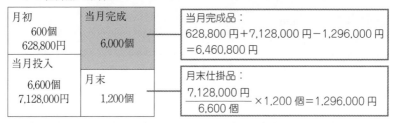

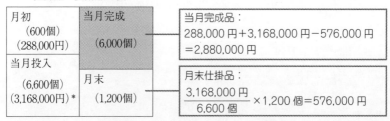

④　固定加工費

仕掛品－固定加工費

月初 （600個） （576,000円）	当月完成 （6,000個）
当月投入 （6,600個） （6,336,000円）*	月末 （1,200個）

当月完成品：
576,000円＋6,336,000円－1,152,000円
＝5,760,000円

月末仕掛品：
$\frac{6,336,000円}{6,600個}$×1,200個＝1,152,000円

＊　固定加工費予定配賦額：@960円×6,600個＝6,336,000円

(2)　第2工程（先入先出法）
正常減損は工程終点で発生することから、正常減損費は完成品のみに負担させます。

①　前工程費（変動費）

仕掛品－前工程費（変）

月初 1,200個 2,659,200円	当月完成 6,000個
当月投入 6,000個 13,632,000円*	減損 300個
	月末 900個

当月完成品：
2,659,200円＋13,632,000円－2,044,800円
＝14,246,400円

月末仕掛品：
$\frac{13,632,000円}{6,000個}$×900個＝2,044,800円

＊　第1工程完成品変動製造原価：4,291,200円＋6,460,800円＋2,880,000円＝13,632,000円

②　材料C
当月完成品：312,000円〈終点投入のため全額完成品が負担〉

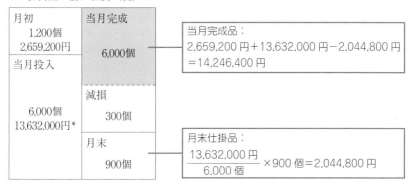

③　変動加工費

仕掛品－変動加工費

月初 （600個） （216,000円）	当月完成 （6,000個）
当月投入 （6,000個） （2,160,000円）＊	減損 （300個）
	月末 （300個）

当月完成品：
216,000円＋2,160,000円－108,000円
＝2,268,000円

月末仕掛品：
$\frac{2{,}160{,}000\text{円}}{6{,}000\text{個}} \times 300\text{個} = 108{,}000\text{円}$

＊　変動加工費予定配賦額：@360円×6,000個＝2,160,000円

④　前工程費（固定費）

仕掛品－前工程費（固）

月初 1,200個 1,152,000円	当月完成 6,000個
当月投入 6,000個 5,760,000円	減損 300個
	月末 900個

当月完成品：
1,152,000円＋5,760,000円－864,000円
＝6,048,000円

月末仕掛品：
$\frac{5{,}760{,}000\text{円}}{6{,}000\text{個}} \times 900\text{個} = 864{,}000\text{円}$

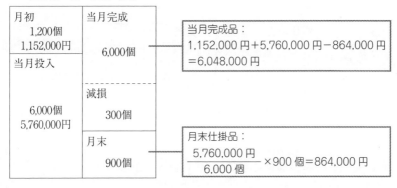

⑤　固定加工費

仕掛品－固定加工費

月初 （600個） （432,000円）	当月完成 （6,000個）
当月投入 （6,000個） （4,320,000円）*	減損 （300個）
	月末 （300個）

当月完成品：
432,000円＋4,320,000円－216,000円
＝4,536,000円

月末仕掛品：
$\dfrac{4{,}320{,}000\text{円}}{6{,}000\text{個}}$ ×300個＝216,000円

＊　固定加工費予定配賦額：@720円×6,000個＝4,320,000円

4．売上原価の計算（先入先出法）

⑴　変動費

製品－変動費

月初 1,500個 4,170,000円*1	当月販売 5,400個
当月完成 6,000個 16,826,400円*2	月末 2,100個

売上原価：
4,170,000円＋16,826,400円－5,889,240円
＝15,107,160円

月末製品：
$\dfrac{16{,}826{,}400\text{円}}{6{,}000\text{個}}$ ×2,100個＝5,889,240円

＊1　@2,780円×1,500個＝4,170,000円

＊2　第２工程完成品変動製造原価：14,246,400円＋312,000円＋2,268,000円
＝16,826,400円

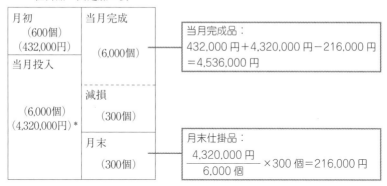

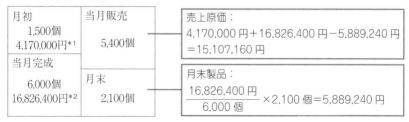

(2) 固定費

製品－固定費

月初 1,500個 2,520,000円*1	当月販売 5,400個
当月完成 6,000個 10,584,000円*2	月末 2,100個

売上原価：
2,520,000 円＋10,584,000 円－3,704,400 円
＝9,399,600 円

月末製品：
$\frac{10{,}584{,}000\text{円}}{6{,}000\text{個}}\times 2{,}100\text{個} = 3{,}704{,}400\text{円}$

＊1　@1,680円×1,500個＝2,520,000円
＊2　第２工程完成品固定製造原価：6,048,000円＋4,536,000円＝10,584,000円

5．原価差異の計算

(1) 第１工程

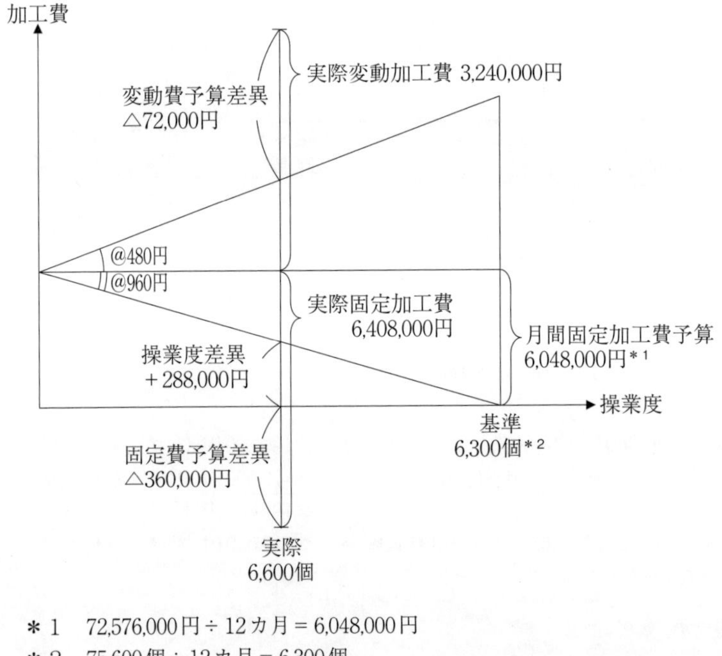

＊1　72,576,000円÷12カ月＝6,048,000円
＊2　75,600個÷12カ月＝6,300個

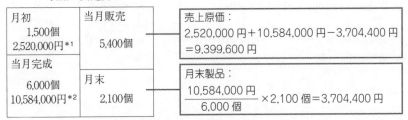

予 算 差 異：

変 動 費；@480円×6,600個－3,240,000円 ＝　△ 72,000円（借方・不利差異）

固 定 費；6,048,000円－6,408,000円 ＝　△360,000円（借方・不利差異）

合　計　△432,000円（借方・不利差異）

操業度差異：@960円×（6,600個－6,300個）＝　＋288,000円（貸方・有利差異）

(2) 第2工程

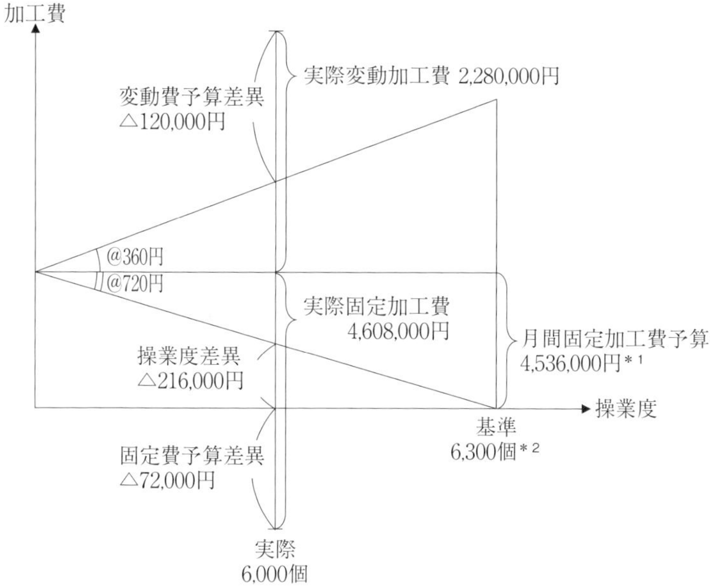

＊1　54,432,000円÷12カ月＝4,536,000円

＊2　75,600個÷12カ月＝6,300個

予 算 差 異：

変 動 費；@360円×6,000個－2,280,000円＝　△120,000円（借方・不利差異）

固 定 費；4,536,000円－4,608,000円 ＝　△ 72,000円（借方・不利差異）

合　計　△192,000円

操業度差異：@720円×（6,000個－6,300個）＝　△216,000円（借方・不利差異）

6．全部原価計算による損益計算書

売上高：@8,000円×5,400個＝43,200,000円

売上原価：

月初製品棚卸高；@4,460円×1,500個 ＝ 6,690,000円

当月製品製造原価；16,826,400円＋10,584,000円＝27,410,400円　解説4．参照

月末製品棚卸高；5,889,240円＋3,704,400円 ＝ 9,593,640円

原価差異：

第1工程予算差異；△72,000円＋△360,000円＝△432,000円

第1工程操業度差異；＋288,000円

第2工程予算差異；△120,000円＋△72,000円＝△192,000円

第2工程操業度差異；△216,000円

解説5．参照

販売費及び一般管理費：2,592,000円＋3,024,000円＋5,575,200円＝11,191,200円

7．直接原価計算による損益計算書

売上高：@8,000円×5,400個＝43,200,000円

変動売上原価：

月初製品棚卸高； 4,170,000円

当期製品製造原価；16,826,400円　解説4．(1)参照

月末製品棚卸高； 5,889,240円

第1工程変動原価差異；△ 72,000円〈変動費予算差異〉

第2工程変動原価差異；△120,000円〈変動費予算差異〉

固定費：

第1工程加工費；6,408,000円〈実際発生額〉

第2工程加工費；4,608,000円〈実際発生額〉

8．固定費調整

〈加算項目〉

月末仕掛品固定費：

第1工程；1,152,000円（解説3．(1)④参照）

第2工程；864,000円＋216,000円＝1,080,000円（解説3．(2)④⑤参照）

月末製品固定費：3,704,400円（解説4．(2)参照）

〈控除項目〉

月初仕掛品固定費：

第1工程；576,000円

第2工程；1,152,000円＋432,000円＝1,584,000円

月初製品固定費：2,520,000円（解説4．(2)参照）

解答 3

損益計算書 （単位：円）

Ⅰ 売上高				（3,600,000）
Ⅱ 標準変動売上原価				（1,440,000）
標準変動製造マージン				（2,160,000）
Ⅲ **標準変動販売費**				（120,000）
標準貢献利益				（2,040,000）
Ⅳ 標準変動費差異				
1．価格差異	[－]	（15,420）		
2．数量差異	[－]	（11,200）		
3．賃率差異	[＋]	（27,500）		
4．時間差異	[－]	（12,000）		
5．予算差異	[－]	（20,000）		
6．能率差異	[－]	（10,000）		
7．変動販売費予算差異	[－]	（2,400）	[－]	（43,520）
実際貢献利益				（1,996,480）
Ⅴ 固定費				
1．固定製造間接費		（880,000）		
2．固定販売費及び一般管理費		（116,480）		（996,480）
直接原価計算方式の営業利益				（1,000,000）
固定費調整額			[＋]	（90,000）
全部原価計算方式の営業利益				（1,090,000）

（注）上記の□内には適切な名称を、（　）内には金額（単位：円）を、[　]内には＋または－の符号を記入しなさい。

解説

本問は、直接標準原価計算の場合の損益計算書の作成と固定費調整を確認する問題です。

1．原価標準の整理

直接標準原価計算では変動費（変動製造原価、変動販売費）を標準原価によって計算します。

(1) 製品C 1個あたりの標準変動製造原価

直接材料費	80円/kg × 4 kg/個 ＝	320円
直接労務費	120円/時 × 4 時/個 ＝	480
変動製造間接費	100円/時 × 4 時/個 ＝	400
合計		1,200円

(2) 製品C 1個あたりの標準変動販売費　100円

2．生産・販売データの整理

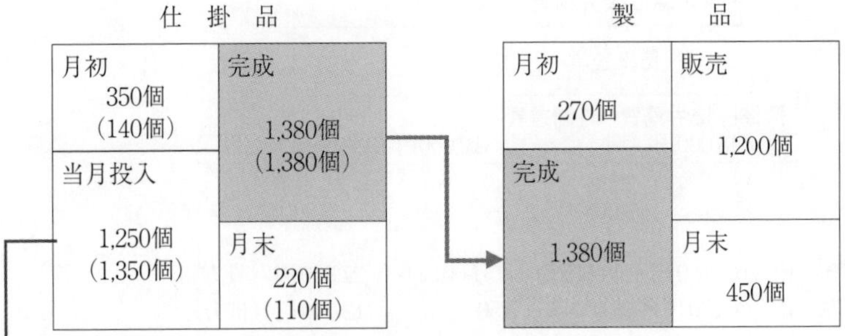

（注）（　　）内は加工費の完成品換算量を示す。

当期標準消費量の計算
直接材料消費量：1,250 個 × 4 kg/ 個＝5,000kg
直接作業時間：1,350 個 × 4 時 / 個＝5,400 時

3．損益計算書の作成（直接標準原価計算方式）

(1)　売上高：@3,000円×1,200個＝3,600,000円

(2)　標準変動売上原価

直接標準原価計算では、標準変動製造原価の1,200円/個で計算します。

標準変動売上原価：@1,200円×1,200個＝1,440,000円

(3)　標準変動販売費：@100円×1,200個＝120,000円

(4)　標準変動費差異

直接標準原価計算では、変動製造原価（直接材料費、直接労務費、変動製造間接費）と変動販売費の原価差異が把握されます。なお、当月の差異は少額であり期間損益に計上するため、損益計算書では標準貢献利益に加減算します。

①　直接材料費

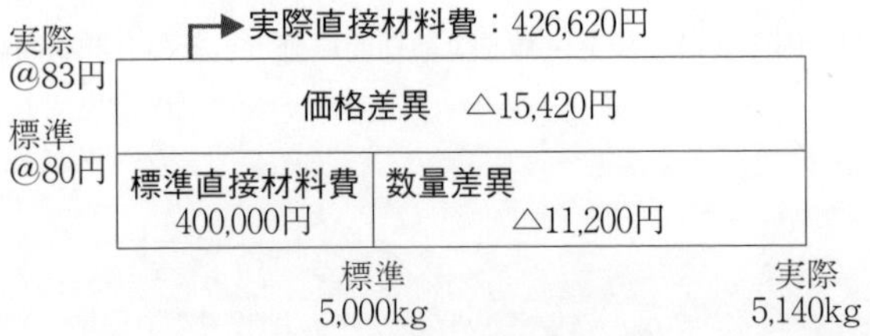

・価格差異：(@80円－@83円)×5,140kg＝△15,420円（借方）

・数量差異：@80円×(5,000kg－5,140kg)＝△11,200円（借方）

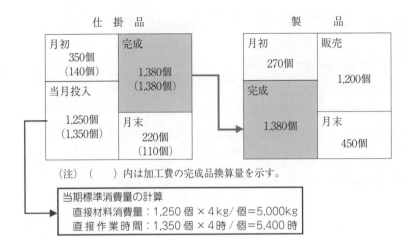

② 直接労務費

・賃率差異：(@120円－@115円)×5,500時＝＋27,500円（貸方）
・時間差異：@120円×(5,400時－5,500時）＝△12,000円（借方）

③ 変動製造間接費

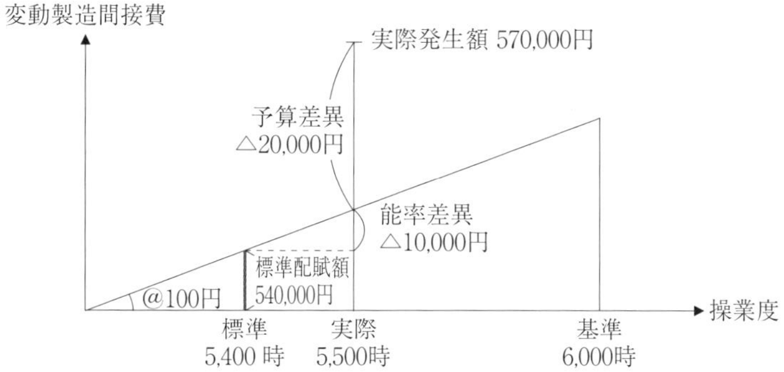

・予算差異：@100円×5,500時－570,000円＝△20,000円（借方）
・能率差異：@100円×(5,400時－5,500時)＝△10,000円（借方）

④ 変動販売費予算差異：@100円×1,200個－122,400円＝△2,400円（借方）
実際販売量

(5) 固定費
直接標準原価計算では、固定費は実際発生額を全額期間原価（＝その会計期間の費用）として計上します。

4．固定費調整

直接標準原価計算における固定費調整は次のように行うことができます。

$$\text{固定費調整} = \frac{\text{製品1個あたりの}}{\text{標準固定製造原価}} \times \left(\frac{\text{月末製品・仕掛品の}}{\text{完成品換算量}} - \frac{\text{月初製品・仕掛品の}}{\text{完成品換算量}} \right)$$

$$\text{固定費調整額：@600円} \times \{\underbrace{(450\text{個} + 110\text{個})}_{\text{月末}} - \underbrace{(270\text{個} + 140\text{個})}_{\text{月初}}\} = (+)90{,}000\text{円}$$

参考までに全部標準原価計算の損益計算書を示しておくと次のようになります。

損　益　計　算　書　　　　　（単位：円）

Ⅰ 売　上　高				3,600,000	
Ⅱ 標準売上原価				2,160,000	…@1,800円×1,200個
標準売上総利益				1,440,000	
Ⅲ 標準原価差異					
1．価 格 差 異	[−]	15,420			
2．数 量 差 異	[−]	11,200			
3．賃 率 差 異	[+]	27,500			
4．時 間 差 異	[−]	12,000			
5．予 算 差 異	[ ]	0			
6．能 率 差 異	[−]	25,000			
7．操業度差異	[−]	75,000	[−]	111,120	
実際売上総利益				1,328,880	
Ⅳ 販売費及び一般管理費				238,880	…実際発生額
全部原価計算方式の営業利益				1,090,000	

製造間接費の差異分析

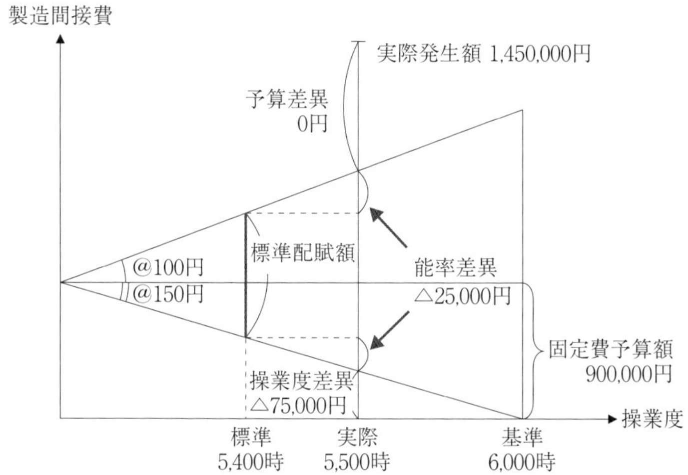

（注）製造間接費の能率差異は変動費と固定費の両方から算出しています。

解答 4

7月の予想製造原価　11,792,000 円

7月の予想販売費・一般管理費　1,332,000 円

解説

本問は、高低点法による原価の固変分解の計算を確認する問題です。

1．データの整理

正常操業圏は、60%（3,000時間）から120%（6,000時間）であるため、3月（2,770時間）のデータは除外して計算します。

2．製造原価の固変分解

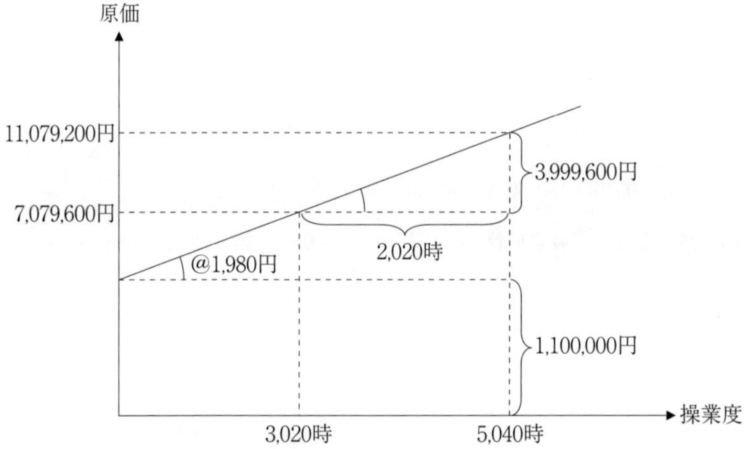

・変動費率：$\dfrac{11{,}079{,}200\text{円} - 7{,}079{,}600\text{円}}{5{,}040\text{時} - 3{,}020\text{時}} = 1{,}980\text{円}/\text{時}$

・固 定 費：7,079,600円 − 1,980円/時 × 3,020時 = 1,100,000円

　　　　　または

　　　　　11,079,200円 − 1,980円/時 × 5,040時 = 1,100,000円

∴7月の予想製造原価：1,980円/時 × 5,400時 + 1,100,000円 = 11,792,000円

3．販売費・一般管理費

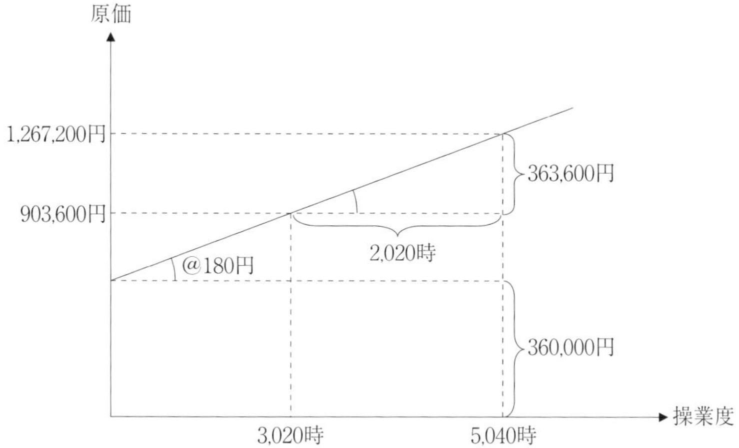

・変動費率：$\dfrac{1{,}267{,}200\text{円} - 903{,}600\text{円}}{5{,}040\text{時} - 3{,}020\text{時}} = 180\text{円}/\text{時}$

・固 定 費：903,600円 − 180円/時 × 3,020時 = 360,000円

または

1,267,200円 − 180円/時 × 5,040時 = 360,000円

∴ 7月の予想販売費・一般管理費：180円/時 × 5,400時 + 360,000円 = 1,332,000円

解答 5

a 90 円/時
b 7,500 円

解説

本問は、最小自乗法による原価の固変分解の計算を確認する問題です。

1．最小自乗法の正規の方程式

X = 直接作業時間、Y = 補助材料費、a = 変動費率、b = 固定費、n = データ数として、連立方程式をたてます。

$$\begin{cases} \Sigma Y = a\Sigma X + n \cdot b & \Leftarrow Y = aX + b \text{ に } \Sigma \text{ をつけた式} \\ \Sigma XY = a\Sigma X^2 + b\Sigma X & \Leftarrow Y = aX + b \text{ に両辺 } X \text{ を掛けた } XY = aX^2 + bX \text{ に } \Sigma \text{ をつけた式} \end{cases}$$

2．計算のための表

n = 4 個

月	X	Y	X・Y	X^2
1	600	52,500	31,500,000	360,000
2	400	52,500	21,000,000	160,000
3	800	82,500	66,000,000	640,000
4	200	22,500	4,500,000	40,000
合計	2,000	210,000	123,000,000	1,200,000
	⇧ ΣX	⇧ ΣY	⇧ $\Sigma X \cdot Y$	⇧ ΣX^2

3．連立方程式

$$\begin{cases} 210{,}000 = 2{,}000a + 4b & \cdots ① \\ 123{,}000{,}000 = 1{,}200{,}000a + 2{,}000b & \cdots ② \end{cases}$$

①の式を変形して両辺を4で割ります。

$210{,}000 - 2{,}000a = 4b$

$52{,}500 - 500a = b \cdots ①'$

①′式を②式に代入してaを解きます。

$123{,}000{,}000 = 1{,}200{,}000a + 2{,}000 \times (52{,}500 - 500a)$

$123{,}000{,}000 = 1{,}200{,}000a + 105{,}000{,}000 - 1{,}000{,}000a$

$18{,}000{,}000 = 200{,}000a$

$\therefore a = 90$（円/時）

$a = 90$ を①′式に代入してbを解きます。

$52{,}500 - 500 \times 90 = b$

$\therefore b = 7{,}500$（円）

解答 6

問1

売　上　高 26,400,000 円　　販売数量 2,640 個

問2

安全余裕率 56 %

問3

売　上　高 34,400,000 円　　販売数量 3,440 個

問4

売　上　高 61,600,000 円　　販売数量 6,160 個

解説

本問は、CVP分析の基本的な処理を確認する問題です。

問1

売上高をS円、または販売量をX個として示した当社の営業利益を0円とおくことで計算します。

	売上高をS円		販売量をX個
売　上　高	S		10,000 X
変　動　費	0.65 S		6,500 X
貢献利益	0.35 S		3,500 X
固　定　費	9,240,000		9,240,000
営業利益	0.35 S − 9,240,000	← これが0円 →	3,500 X − 9,240,000

0.35 S − 9,240,000 = 0
0.35 S = 9,240,000
∴ S = 26,400,000（円）
↓ ÷@10,000円
2,640個

3,500 X − 9,240,000 = 0
3,500 X = 9,240,000
∴ X = 2,640（個）
↓ ×@10,000円
26,400,000円

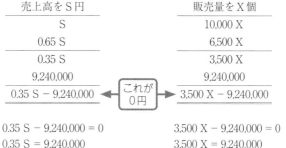

問2

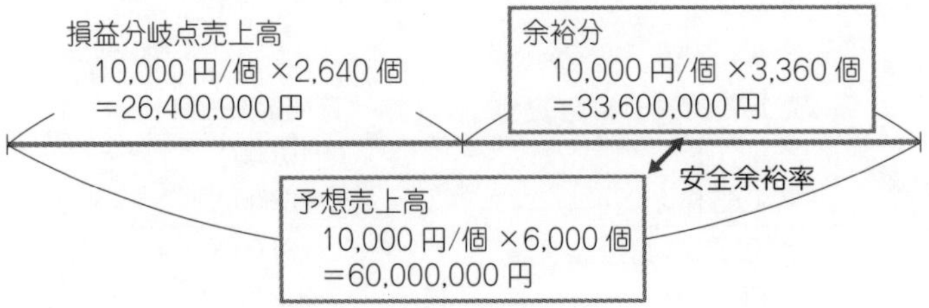

・安全余裕率：$\dfrac{33,600,000円}{60,000,000円} \times 100 = 56\%$

問3

売上高をS円、または販売量をX個として示した当社の営業利益2,800,000円とおくことで計算します。

	売上高をS円		販売量をX個
売　　上　　高	S		10,000 X
変　　動　　費	0.65 S		6,500 X
貢　献　利　益	0.35 S		3,500 X
固　　定　　費	9,240,000		9,240,000
営　業　利　益	0.35 S − 9,240,000	◀ これが 2,800,000円 ▶	3,500 X − 9,240,000

0.35 S − 9,240,000 = 2,800,000	3,500 X − 9,240,000 = 2,800,000
0.35 S = 12,040,000	3,500 X = 12,040,000
∴ S = 34,400,000（円）	∴ X = 3,440（個）
↓ ÷@10,000円	↓ ×@10,000円
3,440個	34,400,000円

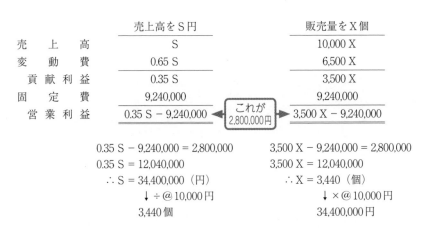

問４

売上高をＳ円、または販売量をＸ個として示した当社の営業利益を売上高の20％とおくことで計算します。

	売上高をＳ円		販売量をＸ個
売上高	S		10,000 X
変動費	0.65 S		6,500 X
貢献利益	0.35 S		3,500 X
固定費	9,240,000		9,240,000
営業利益	0.35 S − 9,240,000	◀ これが 売上高の20% ▶	3,500 X − 9,240,000

$0.35\,S - 9{,}240{,}000 = 0.2\,S$

$0.15\,S = 9{,}240{,}000$

$\therefore S = 61{,}600{,}000$（円）

↓ ÷@10,000円

6,160個

$3{,}500\,X - 9{,}240{,}000 = 10{,}000\,X \times 0.2$

$1{,}500\,X = 9{,}240{,}000$

$\therefore X = 6{,}160$（個）

↓ ×@10,000円

61,600,000円

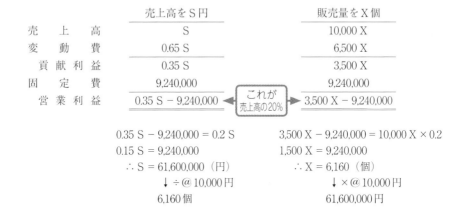

解答 7

問1　①　年間の損益分岐点の販売量　**2,200** 個
　　　②　安全余裕率　**45** %

問2　年間目標営業利益額7,700,000円を達成する年間目標売上高　**33,000,000** 円

問3　①　税引前の年間目標経常利益額　**11,250,000** 円
　　　②　年間目標使用総資本経常利益率15%を達成する年間目標販売量　**3,800** 個

問4　年間目標使用総資本経常利益率15%を達成する年間目標販売量　**3,300** 個

解説

本問は、CVP分析における営業外損益の取扱いを確認する問題です。

問1

① **年間の損益分岐点の販売量**

損益分岐点の販売量は、営業利益がゼロとなる販売量を計算することになるので、売上高をS円、または販売量をX個として示した当社のCVPの関係における営業利益を0円とおくことで計算することができます。

	売上高をS円		販売量をX個
売上高	S		10,000 X
変動費	0.3 S		3,000 X
貢献利益	0.7 S		7,000 X
固定費	15,400,000		15,400,000
営業利益	0.7 S − 15,400,000	←これが0円→	7,000 X − 15,400,000

$0.7\,S - 15{,}400{,}000 = 0$
$0.7\,S = 15{,}400{,}000$
$\therefore S = 22{,}000{,}000$（円）
↓ ÷@10,000円
2,200個

$7{,}000\,X - 15{,}400{,}000 = 0$
$7{,}000\,X = 15{,}400{,}000$
$\therefore X = 2{,}200$（個）

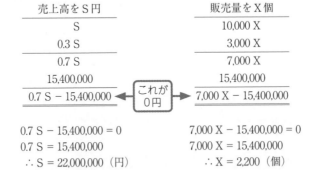

② 安全余裕率

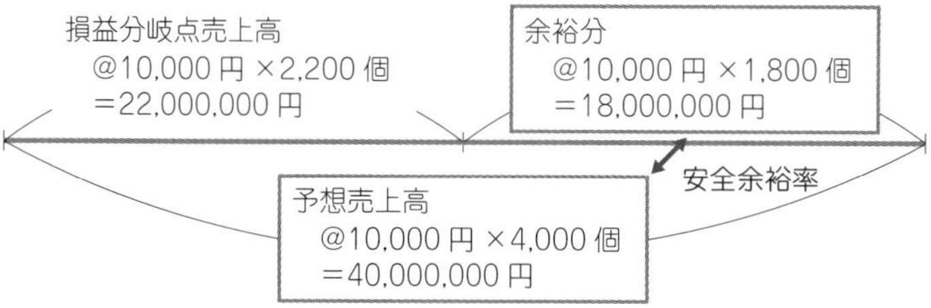

・安全余裕率：$\frac{18,000,000円}{40,000,000円} \times 100 = 45\%$

問2

目標営業利益7,700,000円を達成するための売上高は、売上高をＳ円、または販売量をＸ個として示した当社のCVPの関係における営業利益を7,700,000円とおくことで計算することができます。

	売上高をＳ円	販売量をＸ個
売　上　高	S	10,000 X
変　動　費	0.3 S	3,000 X
貢献利益	0.7 S	7,000 X
固　定　費	15,400,000	15,400,000
営業利益	0.7 S − 15,400,000	7,000 X − 15,400,000

これが7,700,000円

$0.7S - 15,400,000 = 7,700,000$
$0.7S = 23,100,000$
$\therefore S = 33,000,000$（円）

$7,000X - 15,400,000 = 7,700,000$
$7,000X = 23,100,000$
$\therefore X = 3,300$（個）
↓×@10,000円
33,000,000円

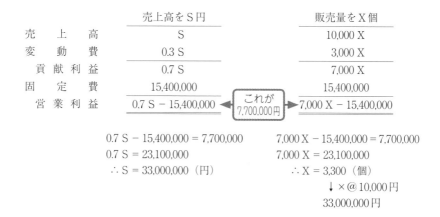

問3

① **税引前の年間目標経常利益額**

税引後の年間目標経常利益額：45,000,000円 × 15% ＝6,750,000円

（45,000,000円：予想使用総資本　15%：年間目標使用総資本経常利益率）

税引前の年間目標経常利益額：6,750,000円÷(1 − 0.4)＝11,250,000円

② **年間目標使用総資本経常利益率15%を達成する年間目標販売量**

目標使用総資本経常利益率15%を達成するための販売量は、売上高をS円または販売量をX個として示した当社のCVPの関係における税引前経常利益額を11,250,000円（①で求めた金額）とおくことで計算することができます。

	売上高をS円		販売量をX個
売上高	S		10,000 X
変動費	0.3 S		3,000 X
貢献利益	0.7 S		7,000 X
固定費	15,400,000		15,400,000
営業利益	0.7 S − 15,400,000		7,000 X − 15,400,000
営業外収益	160,000		160,000
営業外費用	110,000		110,000
経常利益	0.7 S − 15,350,000	◀ これが 11,250,000円 ▶	7,000 X − 15,350,000

0.7 S − 15,350,000 ＝ 11,250,000
0.7 S ＝ 26,600,000
∴ S ＝ 38,000,000（円）
↓ ÷@10,000円
3,800個

7,000 X − 15,350,000 ＝ 11,250,000
7,000 X ＝ 26,600,000
∴ X ＝ 3,800（個）

問4

目標使用総資本経常利益率15%を達成するための販売量は**問3**で示した当社のCVPの関係における税引経常利益額を変動的資本と固定的資本を考慮した税引前経常利益額と結びつけて計算します。

① **税引前経常利益額**

売上高をS円とした場合
(0.2 S ＋ 24,400,000) × 15% ÷ (1 − 0.4)
＝ 0.05 S ＋ 6,100,000

販売量をX個とした場合
(0.2 × 10,000 X ＋ 24,400,000) × 15% ÷ (1 − 0.4)
＝ 500 X ＋ 6,100,000

② 目標使用総資本経常利益率15％を達成するための販売量

	売上高をS円	販売量をX個
売上高	S	10,000 X
変動費	0.3 S	3,000 X
貢献利益	0.7 S	7,000 X
固定費	15,400,000	15,400,000
営業利益	0.7 S － 15,400,000	7,000 X － 15,400,000
営業外収益	160,000	160,000
営業外費用	110,000	110,000
経常利益	0.7 S － 15,350,000	7,000 X － 15,350,000
	0.05 S ＋ 6,100,000	500X ＋ 6,100,000

0.7 S －15,350,000＝0.05 S ＋6,100,000
0.65 S ＝ 21,450,000
∴ S ＝ 33,000,000（円）
↓ ÷＠10,000円
3,300個

7,000 X －15,350,000＝500 X ＋6,100,000
6,500 X ＝ 21,450,000
∴ X ＝ 3,300（個）

解答 8

問1

(1)	製品A	7,300	個
	製品B	4,380	個
	製品C	2,920	個
(2)	製品A	9,800	個
	製品B	5,880	個
	製品C	3,920	個

問2

製品A	18,120,000	円
製品B	10,872,000	円
製品C	7,248,000	円

解説

本問は、多品種製品のCVP分析の計算を確認する問題です。
各製品の貢献利益、貢献利益率および固定費合計は次のとおりです。

	製品A	製品B	製品C
販売単価	3,000円/個	2,000円/個	1,600円/個
変動費	1,800円/個	1,300円/個	1,120円/個
貢献利益	1,200円/個	700円/個	480円/個
(貢献利益率)	(40%)	(35%)	(30%)
固定費合計		13,227,600円	

問1

製品A、製品Bおよび製品Cの販売量を5：3：2の割合となるように販売しますので、製品A5個と製品B3個と製品C2個を1セットとして計算を行います。

1個あたりの貢献利益は、製品Aが1,200円、製品Bが700円、製品Cが480円ですので、1セットの販売から得られる貢献利益は、1,200円×5個+700円×3個+480円×2個=9,060円となります。

また、セット販売量をXセットとおいて、当社のCVPの関係を示すと次のようになります。

	製品A	製品B	製品C	全体
売上高	3,000×5X	2,000×3X	1,600×2X	24,200X
変動費	1,800×5X	1,300×3X	1,120×2X	15,140X
貢献利益	1,200×5X	700×3X	480×2X	9,060X
固定費				13,227,600
営業利益				9,060X－13,227,600

(1) 販売分岐点販売量の計算

営業利益9,060X－13,227,600をゼロとおいて計算します。

$$9{,}060X - 13{,}227{,}600 = 0$$
$$9{,}060X = 13{,}227{,}600$$
$$\therefore X = 1{,}460 \text{（セット）}$$

製品A　1,460セット×5個/セット=7,300個
製品B　1,460セット×3個/セット=4,380個
製品C　1,460セット×2個/セット=2,920個

(2) 目標利益達成販売量の計算

営業利益9,060X－13,227,600を4,530,000とおいて計算します。

$$9{,}060X - 13{,}227{,}600 = 4{,}530{,}000$$
$$9{,}060X = 17{,}757{,}600$$
$$\therefore X = 1{,}960 \text{（セット）}$$

製品A　1,960セット×5個/セット=9,800個
製品B　1,960セット×3個/セット=5,880個
製品C　1,960セット×2個/セット=3,920個

問2

製品A、製品Bおよび製品Cの売上高を５：３：２の割合になるように販売しますので、会社全体の加重平均貢献利益率は一定になるため、これを求めて計算を行います。

本問においては、各製品の貢献利益率は、製品Aが40%、製品Bが35%、製品Cが30%ですので、会社全体の加重平均貢献利益率は、40% × 50% + 35% × 30% + 30% × 20% = 36.5%となります。

また、会社全体の売上高をS円とおいて当社のCVPの関係を示すと次のようになります。

	製品A	製品B	製品C	全体
売上高	0.5 S	0.3 S	0.2 S	S
変動費	0.6 × 0.5 S	0.65 × 0.3 S	0.7 × 0.2 S	0.635 S
貢献利益	0.4 × 0.5 S	0.35 × 0.3 S	0.3 × 0.2 S	0.365 S
固定費				13,227,600
営業利益				0.365 S − 13,227,600

営業利益0.365 S − 13,227,600をゼロとおいて損益分岐点売上高を計算します。

$$0.365\,S - 13{,}227{,}600 = 0$$
$$0.365\,S = 13{,}227{,}600$$
$$\therefore S = 36{,}240{,}000\text{（円）}$$

製品A　36,240,000円 × 0.5 = 18,120,000円
製品B　36,240,000円 × 0.3 = 10,872,000円
製品C　36,240,000円 × 0.2 = 7,248,000円

解答 9

問1　損益分岐点の販売量

製品A　240 個
製品B　160 個

問2　最適セールス・ミックス

製品A　800 個
製品B　50 個

問3　最適セールス・ミックスとそのときの営業利益額

製品A　500 個
製品B　200 個
営業利益　76,800 円

解説

本問は、多品種製品のCVP分析と最適セールス・ミックスの決定を確認する問題です。

問１　各製品の販売量の割合が一定の場合のCVP分析

製品Ａと製品Ｂの販売量は３：２の割合で販売しますので製品Ａ３個と製品Ｂ２個を１セットとして計算を行います。

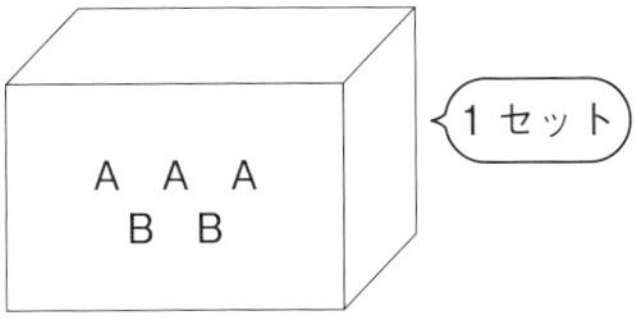

１個あたりの貢献利益は、製品Ａが240円、製品Ｂが360円ですので、１セットの販売から得られる貢献利益は、240円×３個＋360円×２個＝1,440円となります。

また、セット販売量をＸセットとおいて当社のCVP関係を示すと次のようになります（単位：円)。

	製品Ａ	製品Ｂ	全体
売　上　高	1,600×３Ｘ	1,200×２Ｘ	7,200Ｘ
変　動　費	1,360×３Ｘ	840×２Ｘ	5,760Ｘ
貢 献 利 益	240×３Ｘ	360×２Ｘ	1,440Ｘ
固　定　費			115,200
営 業 利 益			1,440Ｘ－115,200

したがって、損益分岐点のセット販売量は、以下のようになります。

$$1{,}440X - 115{,}200 = 0$$
$$1{,}440X = 115{,}200$$
$$X = 80\ （セット）$$

製品Ａ　80セット×３個＝240個
製品Ｂ　80セット×２個＝160個

問２　各製品に共通する制約条件が１つである場合の最適セールス・ミックスの決定

製品の生産・販売上、各製品に共通する制約条件がある場合には、共通する制約条件単位あたりの貢献利益額が大きい製品を優先して生産・販売します。

	製品A		製品B	
１個あたりの貢献利益	240円/個		360円/個	
機械加工時間１時間あたりの貢献利益額	@120円 (240円÷２時間)	＞	@90円 (360円÷４時間)	⇒製品Aを優先すべき

したがって、希少資源となる機械加工部の生産能力1,800時間をフルに利用して営業利益（貢献利益）を最大にするには、機械加工時間１時間あたりの貢献利益額が大きい製品Aを優先して需要限度の800個まで生産・販売し、次いで残りの機械加工時間200時間（＝1,800時間－800個×２時間）で製品Bを50個（＝200時間÷４時間）生産・販売すればよいことがわかります。

したがって、最適セールス・ミックスは次の組み合わせとなります。

製品A：800個
製品B：　50個

問３　各製品に共通する制約条件が２つ以上ある場合の最適セールス・ミックスの決定

製品の生産・販売上、各製品に共通する制約条件がある場合には、共通する制約条件単位あたりの貢献利益額が大きい製品を優先して生産・販売することになります。そのため、制約条件が複数ある場合にも、いったん各制約条件における単位あたり貢献利益額を計算し、比較します。

１．制約条件単位あたりの貢献利益額の比較

	製品A		製品B	
１個あたりの貢献利益	240円/個		360円/個	
機械加工時間１時間あたりの貢献利益額	@120円 (240円÷２時間)	＞	@90円 (360円÷４時間)	⇒製品Aを優先すべき
組立時間１時間あたりの貢献利益額	@80円 (240円÷３時間)	＜	@120円 (360円÷３時間)	⇒製品Bを優先すべき

制約条件によって、優先すべき製品が異なるため線型計画法（リニアー・プログラミング）によって最適な生産・販売量の組み合わせを決定します。

2．問題の定式化

(1) 目的関数

製品ＡをＡ個、製品ＢをＢ個生産・販売するとして、目的関数をＺとすれば以下のようになります。

MaxZ = Max（240 A + 360 B）

(2) 制約条件

2 A + 4 B ≦ 1,800 …①（機械加工時間の制約）

3 A + 3 B ≦ 2,100 …②（組立時間の制約）

A ≦ 800 ……………③（製品Ａの需要量の制約）

B ≦ 300 ……………④（製品Ｂの需要量の制約）

(3) 非負条件

A、B ≧ 0

3．グラフによる解法

(1) 可能領域の図示

上記制約条件のすべてを満足する解を「可能解」といい、可能解の集合を「可能領域」といいます。この可能領域の中で、目的関数を最大化する製品Ａと製品Ｂの販売量の組み合わせが最適セールス・ミックスとなります。

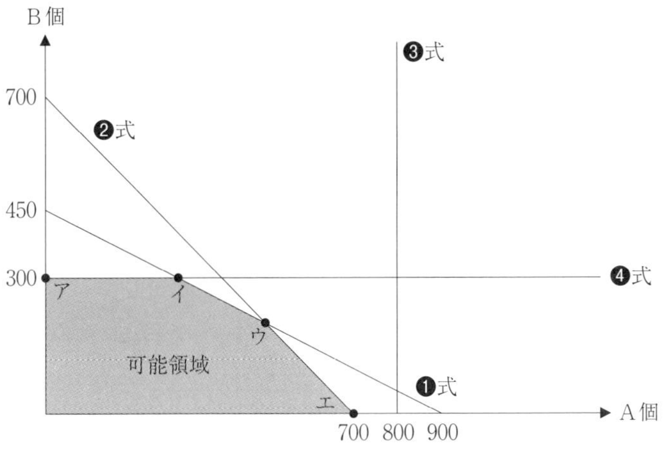

(2) 端点の座標

	製品Ａ	製品Ｂ
ア点（縦軸と❹式の交点）⇒	（ 0個,	300個）
イ点（❶式と❹式の交点）⇒	（300個,	300個）
ウ点（❶式と❷式の交点）⇒	（500個,	200個）
エ点（❷式と横軸の交点）⇒	（700個,	0個）

(3) 最適セールス・ミックスの決定

目的関数に端点の座標を代入する。

ア点：@240円× 0個＋@360円×300個＝108,000円

イ点：@240円×300個＋@360円×300個＝180,000円

ウ点：@240円×500個＋@360円×200個＝192,000円…最大

エ点：@240円×700個＋@360円× 0個＝168,000円

したがって最適セールス・ミックスは次の組み合わせとなります。

製品A：500個
製品B：200個

またそのときの営業利益は次のようになります。

192,000円〈貢献利益〉－115,200円〈固定費〉＝76,800円

解答 10

問1

製 品 A 2,500 個
製 品 B 3,000 個

問2

営業利益 500,000 円

問3

製品A１個あたりの貢献利益が 240 円より少なくなれば、最適セールス・ミックスは変化する。

解説

本問は、共通する制約条件が２つ以上の場合の最適セールス・ミックスの決定問題です。

問１

１．制約条件単位あたりの貢献利益額の比較

	製品Ａ	製品Ｂ
売上高	@750円	@500円
変動費	@450	@300
貢献利益	@300円	@200円

	製品Ａ		製品Ｂ	
機械加工時間１時間あたりの貢献利益額	@75円 (300円÷４時間)	<	@100円 (200円÷２時間)	⇒製品Ｂを優先すべき
組立時間１時間あたりの貢献利益額	@250円 (300円÷1.2時間)	>	@200円 (200円÷１時間)	⇒製品Ａを優先すべき

制約条件によって優先すべき製品が異なるため線型計画法（リニアー・プログラミング）によって最適な生産・販売量の組み合わせを決定します。

２．問題の定式化

(1) 目的関数

製品ＡをＡ個、製品ＢをＢ個生産販売するとして、目的関数をＺとすれば以下のようになります。

MaxZ = Max（300Ａ＋200Ｂ）

(2) 制約条件

4Ａ＋2Ｂ≦16,000　①（機械加工時間の制約）

1.2Ａ＋Ｂ≦6,000 …②（組立時間の制約）

Ａ≦6,000 …………③（製品Ａの需要量の制約）

Ｂ≦4,500 …………④（製品Ｂの需要量の制約）

(3) 非負条件

Ａ、Ｂ≧０

3．グラフによる解法

(1) 可能領域の図示

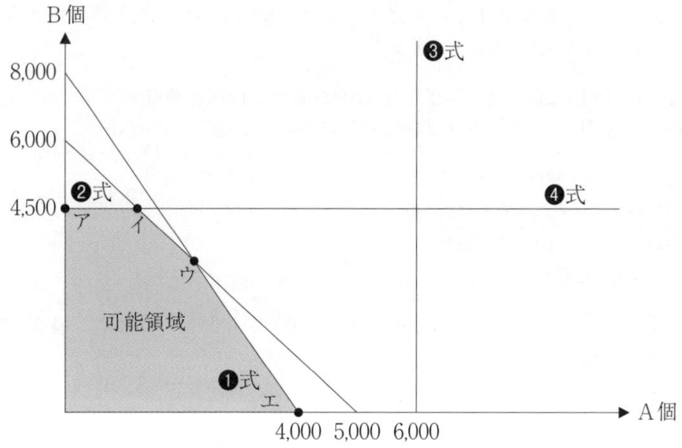

(2) 端点の座標

	製品A	製品B
ア点（縦軸と❹式の交点）⇒	（0個，	4,500個）
イ点（❷式と❹式の交点）⇒	（1,250個，	4,500個）
ウ点（❶式と❷式の交点）⇒	（2,500個，	3,000個）
エ点（❶式と横軸の交点）⇒	（4,000個，	0個）

(3) 最適セールス・ミックスの決定

ア点：@300円× 0個＋@200円×4,500個＝ 900,000円

イ点：@300円×1,250個＋@200円×4,500個＝1,275,000円

ウ点：@300円×2,500個＋@200円×3,000個＝1,350,000円…最大

エ点：@300円×4,000個＋@200円× 0個＝1,200,000円

したがって最適セールス・ミックスは次の組み合わせとなります。

製品A：2,500個
製品B：3,000個

問2

営業利益＝1,350,000円〈貢献利益〉－850,000円〈固定費〉＝500,000円

問3

製品Ａの値下げを行い、製品Ｂよりも収益性が悪くなると、最大貢献利益を獲得する端点の位置はより製品Ｂの販売量の多い点に変化することになります。したがって最適セールス・ミックスはウ点からイ点に変化するはずです。そこで変化後の製品Ａ１個あたりの貢献利益をＸとおくと次のような関係が導き出せます。

ウ点の貢献利益：@Ｘ円×2,500個＋@200円×3,000個＝2,500Ｘ＋600,000
イ点の貢献利益：@Ｘ円×1,250個＋@200円×4,500個＝1,250Ｘ＋900,000

ウ点の貢献利益よりもイ点の貢献利益のほうが大きくなるＸを求めます。

2,500Ｘ＋600,000（ウ点の貢献利益）　＜　1,250Ｘ＋900,000（イ点の貢献利益）

∴Ｘ＜240円

したがって、製品Ａの１個あたりの貢献利益が240円よりも少なくなれば、最適セールス・ミックスはイ点へ変化します。

解答 11

1.

×2年度予定損益計算書　(単位：万円)

売上高	(33,600)
売上原価	(27,000)
売上総利益	(6,600)
販売費・一般管理費	(4,800)
営業利益	(1,800)
支払利息	(550)
経常利益	(1,250)
法人税等	(500)
当期純利益	(750)

2.

×2年度予定貸借対照表　(単位：万円)

流動資産		流動負債	
現金	(2,600)	買掛金	(5,820)
売掛金	(7,600)	短期借入金	(3,000)
製品	(360)	未払法人税等	(500)
原料	(500)	未払費用	(30)
その他	(2,640)	流動負債合計	(9,350)
流動資産合計	(13,700)	固定負債	
固定資産		社債	(6,000)
土地	(8,000)	負債合計	(15,350)
建物・設備	(10,900)	純資産	
減価償却累計額	(△ 1,780)	資本金	(8,000)
固定資産合計	(17,120)	利益準備金	(2,000)
		任意積立金	(4,120)
		繰越利益剰余金	(1,350)
		純資産合計	(15,470)
資産合計	(30,820)	負債・純資産合計	(30,820)

(注) 上記の財務諸表の□内に勘定科目名を、(　) 内には金額を記入して予定財務諸表を完成させなさい。

解説

1．予定損益計算書の作成

売 上 高：@1,120円×300,000個＝33,600万円

売上原価：@900円×300,000個＝27,000万円

販売費・一般管理費：@40円×300,000個＋3,600万円＝4,800万円

支払利息：480万円〈社債利息〉＋70万円〈借入金利息〉*＝550万円

＊ 借入金利息：

支払利息；1,000万円×4％＝	40万円
未払利息；3,000万円×4％×1/4＝	30万円
計	70万円

法人税等：1,250万円×40％＝500万円

2．予定貸借対照表の作成

(1) 製品・原料

原 料

期首 500,000kg	消費 15,000,000kg*
購入 15,000,000kg	期末 500,000kg

仕 掛 品

期首 0個	完成 300,000個
投入 300,000個	期末 0個

製 品

期首 4,000個	販売 300,000個
完成 300,000個	期末 4,000個

＊ 原料消費量：300,000個×50kg/個＝15,000,000kg

製品：@900円×4,000個＝360万円

原料：@10円×500,000kg＝500万円

(2) 売掛金

売 掛 金

期首 3,100万円	回収 ❷ 29,100万円
増加 ❶ 33,600万円	期末 ❸ 7,600万円

❶増加：@1,120円×300,000個〈販売量〉＝33,600万円

❷回収：29,100万円

〈売掛金の回収／第1四半期から第4四半期の合計〉

❸期末：貸借差引

⑶　買掛金

買　掛　金

支払　❷ 10,460万円	期首 1,280万円
期末　❸ 5,820万円	増加　❶ 15,000万円

❶増加：@10円×15,000,000kg〈購入量〉＝15,000万円
❷回収：10,460万円
〈原料の支払／第１四半期から第４四半期の合計〉
❸期末：貸借差引

⑷　現金
〈第１四半期〉

期首 3,000万円	支出合計 9,500万円
収入 （売掛金回収） 7,840万円	仮残高 1,340万円
借入金 1,000万円	

最低保有残高2,000万円に満たないため1,000万円を借り入れておきます。

∴期末残高：1,340万円＋1,000万円＝2,340万円

〈第２四半期〉

期首 2,340万円	支出合計 7,720万円
収入 （売掛金回収） 7,990万円	期末 2,610万円

残高不足もないが返済する余裕もありません。

〈第３四半期〉

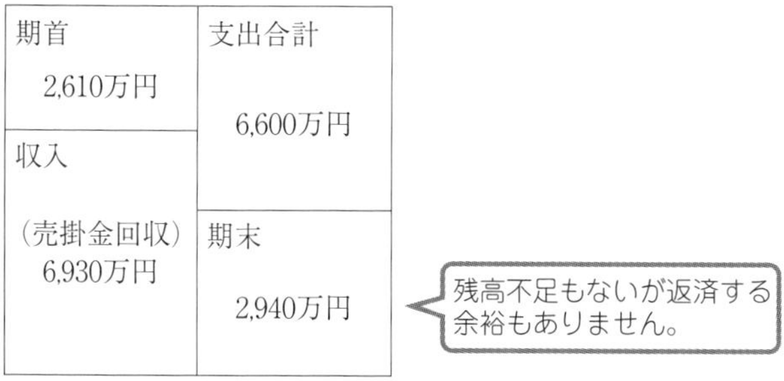

〈第４四半期〉

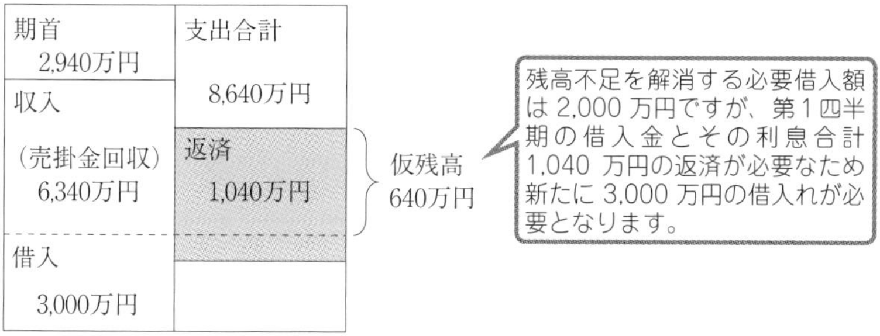

∴期末残高：640万円－1,040万円＋3,000万円＝2,600万円

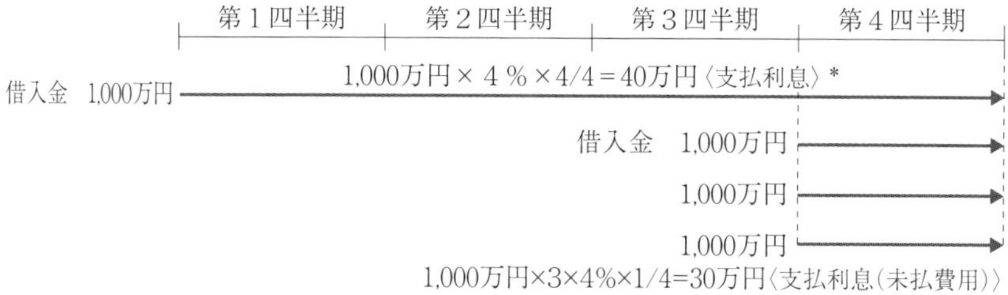

＊ 支払利息：1,000万円×４％×４期／４期＝40万円

なお、借入れは第１四半期期首に行い、返済は第４四半期末であるため、借入期間は４期分となります。

⑸ 短期借入金：3,000万円
⑹ 未払費用：3,000万円×４％×1/4＝30万円
⑺ 建物・設備：9,000万円＋1,900万円〈機械購入〉＝10,900万円
⑻ 減価償却累計額：1,600万円＋160万円＋20万円＝1,780万円
⑼ 未払法人税等：1,250万円〈経常利益〉×40％＝500万円
⑽ 任意積立金：3,720万円〈×1年度末残高〉＋400万円＝4,120万円
⑾ 繰越利益剰余金：3,000万円－2,400万円〈配当と処分〉＋750万円〈当期純利益〉＝1,350万円

その他の科目は増減がないため、×1年度期末残高がそのまま記入されます。

解答 12

(注) 下記の財務諸表における（　　）内に計算した数値を記入し、予定損益計算書と予定貸借対照表を完成させなさい。

1．×1年度予定損益計算書（単位：円）

	1月	2月
売上高	(74,592,000)	(71,040,000)
変動売上原価	(65,520,000)	(62,400,000)
変動製造マージン	(9,072,000)	(8,640,000)
変動販売費	(806,400)	(768,000)
貢献利益	(8,265,600)	(7,872,000)
固定費		
加工費	(5,400,000)	(5,400,000)
販売・一般管理費	(1,296,000)	(1,296,000)
固定費計	(6,696,000)	(6,696,000)
営業利益	(1,569,600)	(1,176,000)
支払利息	(0)	(63,360)
経常利益	(1,569,600)	(1,112,640)

2．×1年度予定貸借対照表（単位：円）

	1月末	2月末
流動資産		
現金	(6,000,000)	(6,000,000)
売掛金	(59,673,600)	(56,832,000)
製品	(12,480,000)	(14,040,000)
原料	(9,840,000)	(10,416,000)
流動資産計	(87,993,600)	(87,288,000)
固定資産		
土地	(86,976,000)	(86,976,000)
建物・設備	(131,520,000)	(130,080,000)
固定資産計	(218,496,000)	(217,056,000)
資産合計	(306,489,600)	(304,344,000)

流動負債		
買掛金	(24,888,000)	(24,888,000)
借入金	(6,336,000)	(3,077,760)
流動負債計	(31,224,000)	(27,965,760)
固定負債	(0)	(0)
純資産		
資本金	(192,000,000)	(192,000,000)
資本剰余金	(48,000,000)	(48,000,000)
利益剰余金	(35,265,600)	(36,378,240)
純資産計	(275,265,600)	(276,378,240)
負債・純資産合計	(306,489,600)	(304,344,000)

解説

本問は、企業予算の編成（予定損益計算書・予定貸借対照表の作成）を確認する問題です。

1．予定損益計算書の作成

1月の販売量67,200個と2月の販売量64,000個にもとづいて損益計算書を作成します。

	1月	2月
(1) 売上高	@1,110円×67,200個＝74,592,000円	@1,110円×64,000個＝71,040,000円
(2) 変動売上原価	@975円×67,200個＝65,520,000円	@975円×64,000個＝62,400,000円
(3) 変動販売費	@12円×67,200個＝806,400円	@12円×64,000個＝768,000円
(4) 固定費		
(i) 加工費	5,400,000円	5,400,000円
(ii) 販売・一般管理費	1,296,000円	1,296,000円
(5) 支払利息	――円	6,336,000円×1％＝63,360円 借入金2．(6)より

2．予定貸借対照表の作成

(1)　製品（@975円）

1月

月初 13,440個	当月販売 67,200個
当月完成 ∴66,560個	月末 12,800個

月初残高：13,104,000円〈12月末B/S〉÷@975円
　　　　　=13,440個
月末残高：64,000個〈2月計画販売量〉×0.2=12,800個
　　　　　@975円×12,800個=12,480,000円
当月完成：貸借差引

2月

月初 12,800個	当月販売 64,000個
当月完成 ∴65,600個	月末 14,400個

月初残高：12,800個〈1月末残高〉
月末残高：72,000個〈3月計画販売量〉×0.2=14,400個
　　　　　@975円×14,400個=14,040,000円
当月完成：貸借差引

3月

月初 14,400個	当月販売 72,000個
当月完成 ∴69,440個	月末 11,840個

月初残高：14,400個〈2月末残高〉
月末残高：59,200個〈4月計画販売量〉×0.2=11,840個
当月完成：貸借差引

(2)　原料（@125円）

1月

月初 79,872kg	当月消費 399,360kg
当月購入 ∴398,208kg	月末 78,720kg

月初残高：9,984,000円〈12月末B/S〉÷@125円
=79,872kg
当月消費：66,560個〈1月完成品量〉×6kg=399,360kg
月末残高：65,600個〈2月完成品量〉×6kg×0.2
=78,720kg
@125円×78,720kg=9,840,000円
当月購入：貸借差引

2月

月初 78,720kg	当月消費 393,600kg
当月購入 ∴398,208kg	月末 83,328kg

月初残高：78,720kg〈1月末残高〉
当月消費：65,600個〈2月完成品量〉×6kg=393,600kg
月末残高：69,440個〈3月完成品量〉×6kg×0.2
=83,328kg
@125円×83,328kg=10,416,000円
当月購入：貸借差額

(3) 買掛金

1月

当月減少 26,304,000円	月初 26,304,000円
月末 ∴24,888,000円	当月増加 24,888,000円

月初残高：26,304,000円〈12月末 B/Sより〉
当月増加：@125円×398,208kg×0.5=24,888,000円
当月減少：月初残高を返済
月末残高：24,888,000円〈当月増加〉

2月

当月減少 24,888,000円	月初 24,888,000円
月末 ∴24,888,000円	当月増加 24,888,000円

月初残高：24,888,000円〈1月末残高〉
当月増加：@125円×398,208kg×0.5=24,888,000円
当月減少：月初残高を返済
月末残高：24,888,000円〈当月増加〉

(4) 売掛金

1月

月初 63,936,000円	当月減少 63,936,000円
当月増加 59,673,600円	月末 ∴59,673,600円

月初残高：63,936,000円〈12月末 B/Sより〉
当月増加：@1,110円×67,200個×0.8=59,673,600円
当月減少：月初残高を回収
月末残高：59,673,600円〈当月増加〉

2月

月初 59,673,600円	当月減少 59,673,600円
当月増加 56,832,000円	月末 ∴56,832,000円

月初残高：59,673,600円〈1月末残高〉
当月増加：@1,110円×64,000個×0.8=56,832,000円
当月減少：月初残高を回収
月末残高：56,832,000円〈当月増加〉

(5)　現金

1月

月初 6,000,000円	原料購入高 24,888,000円
現金売上高 14,918,400円	買掛金決済高 26,304,000円
売掛金回収高 63,936,000円	その他支払高 33,998,400円
借入金 ∴6,336,000円	月末残高 6,000,000円

月 初 残 高：6,000,000 円〈12 月末 B/S より〉
現金売上高：@1,110 円 ×67,200 個 ×0.2=14,918,400 円
売掛金回収高：63,936,000 円〈売掛金月初残高の回収〉
原料購入高：@125 円 ×398,208kg×0.5=24,888,000 円
買掛金決済高：26,304,000 円〈買掛金月初残高の決済〉
その他の支払：33,998,400 円〈資料 3.（8）より〉
月 末 残 高：6,000,000 円〈資料 3.（9）より〉
借　入　金：貸借差額

2月

月初 6,000,000円	原料購入高 24,888,000円
現金売上高 14,208,000円	買掛金決済高 24,888,000円
売掛金回収高 59,673,600円	その他支払高 20,784,000円
	支払利息 63,360円
	借入金返済高 ∴3,258,240円
	月末 6,000,000円

月 初 残 高：6,000,000 円〈1月末残高〉
現金売上高：@1,110 円 ×64,000 個 ×0.2=14,208,000 円
売掛金回収高：59,673,600 円〈売掛金月初残高の回収〉
原料購入高：@125 円 ×398,208kg×0.5=24,888,000 円
買掛金決済高：24,888,000 円〈買掛金月初残高の決済〉
その他支払：20,784,000 円〈資料 3.（8）より〉
月 末 残 高：6,000,000 円〈資料 3.（9）より〉
支 払 利 息：6,336,000 円 ×1%=63,360 円
借入金返済：貸借差額

⑹　借入金

1月

当月返済 0円	月初 0円
月末 ∴6,336,000円	当月借入 6,336,000円

月末残高：6,336,000円〈当月借入高〉

2月

当月返済 3,258,240円	月初 6,336,000円
月末 ∴3,077,760円	当月借入 0円

月末残高：6,336,000円−3,258,240円=3,077,760円

⑺　建物・設備

1月：120,000,000円＋12,960,000円－(1,200,000円＋240,000円)＝131,520,000円
減価償却費

2月：131,520,000円－(1,200,000円＋240,000円)＝130,080,000円
減価償却費

⑻　利益剰余金

1月：33,696,000円〈12月末利益剰余金〉＋1,569,600円〈経常利益〉＝35,265,600円
2月：35,265,600円〈1月末利益剰余金〉＋1,112,640円〈経常利益〉＝36,378,240円

解答 13

事業部別予算損益計算書　（単位：円）

Ⅰ	売　　上　　高	（ 70,000,000）
Ⅱ	変動売上原価	（ 35,000,000）
	変動製造マージン	（ 35,000,000）
Ⅲ	変動販売費	（ 5,000,000）
	貢　献　利　益	（ 30,000,000）
Ⅳ	管理可能個別固定費	（ 17,600,000）
	管理可能利益	（ 12,400,000）
Ⅴ	管理不能個別固定費	（ 5,400,000）
	事業部貢献利益	（ 7,000,000）
Ⅵ	本社費配賦額	（ 4,000,000）
	事業部営業利益	（ 3,000,000）

（注）□内には適当な語句を、（　　）内には適当な金額を記入しなさい。

解説

本問は、セグメント別の損益計算書を作成する問題です。

1．売　　上　　高：14,000円／個〈予算販売価格〉× 5,000個〈予定販売量〉＝ 70,000,000円

2．変動売上原価：7,000円／個〈標準変動製造原価〉＊1 × 5,000個〈予定販売量〉＝ 35,000,000円

＊1　1,200円／個 ＋ 4,000円／個 ＋（4,800円／個 − 15,000,000円 ÷ 50,000時間 × 10時間／個）
　　直接材料費　　直接労務費　　変動製造間接費
　　＝ 7,000円／個

3．変動販売費：1,000円／個〈予算変動販売費〉× 5,000個〈予定販売量〉＝ 5,000,000円

4．個別固定費の分類は以下のようになります。

- 固定製造間接費　15,000,000円
  - 個別費　15,000,000円
    - 管理可能　12,000,000円＊3
    - 管理不能　3,000,000円＊4
  - 共通費　0円

- 固定販売費・一般管理費　8,000,000円＊2
  - 個別費　8,000,000円
    - 管理可能　5,600,000円＊5
    - 管理不能　2,400,000円＊6
  - 共通費（本社費以外）　0円

＊2　13,000,000円－5,000,000円〈変動販売費〉＝8,000,000円
＊3　15,000,000円×80％＝12,000,000円
＊4　15,000,000円－12,000,000円＝3,000,000円
＊5　8,000,000円×70％＝5,600,000円
＊6　8,000,000円－5,600,000円＝2,400,000円

5．管理可能個別固定費：12,000,000円＊3＋5,600,000円＊5＝17,600,000円

6．管理不能個別固定費：3,000,000円＊4＋2,400,000円＊6＝5,400,000円

7．本社費配賦額の計算：全部原価計算方式の損益計算書を作成し、営業利益との差額で計算します。

全部原価計算方式の損益計算書　（単位：円）

Ⅰ	売上高	70,000,000	
Ⅱ	売上原価	50,000,000	← 10,000円/個×5,000個
	売上総利益	20,000,000	
Ⅲ	販管費		
	個別費	13,000,000	
	本社費	4,000,000	← 差額
	営業利益	3,000,000	

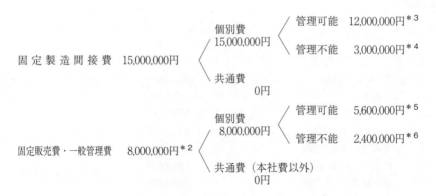

解答 14

問1

損益計算書	(単位：円)
Ⅰ 売上高	(4,000,000)
Ⅱ 変動売上原価	(2,000,000)
変動製造マージン	(2,000,000)
Ⅲ 変動販売費	(400,000)
貢献利益	(1,600,000)
Ⅳ 管理可能個別固定費	(870,000)
管理可能利益	(730,000)
Ⅴ 管理不能個別固定費	(330,000)
事業部貢献利益	(400,000)
Ⅵ 共通固定費配賦額	(500,000)
事業部営業損失	(100,000)

（注）上記の□内には適切な名称を、（　）内には金額を記入しなさい。

問2

投下資本利益率　18.25　%

残余利益　450,000　円

問3

投下資本利益率　8　%

残余利益　50,000　円

問4

(1)　C事業部長は、この投資案を採用（~~する~~・しない）。なぜなら、この投資案を採用することで投下資本利益率が（~~増加~~・減少）するからである。

(2)　C事業部長は、この投資案を採用（する・~~しない~~）。なぜなら、この投資案を採用することで残余利益が（増加・~~減少~~）するからである。

(3)　全社的な観点から考えた場合、この投資案は採用すべきで（ある・~~ない~~）。なぜなら、この投資案を採用することでC事業部の残余利益とともに全社的残余利益も（増加・~~減少~~）するからである。

（注）（　）内の不要な文字を二重線を引いて消しなさい。

解説

本問は、セグメント別損益計算書をもとに、事業部長と事業部の業績測定をし、新規投資案の採用について意思決定を行う総合問題です。

問1　事業部別損益計算書

1．売上高：全部原価計算方式と同じ4,000,000円
2．変動売上原価：2,900,000円－900,000円〈固定製造原価〉＝2,000,000円
3．変動販売費：@４円×100,000個＝400,000円
4．管理可能個別固定費：900,000円×70％＋300,000円×80％＝870,000円
5．管理不能個別固定費：900,000円×30％＋300,000円×20％＝330,000円
6．共通固定費配賦額：1,200,000円〈販管費〉－400,000円〈変動販売費〉
－300,000円〈個別固定販売費及び一般管理費〉＝500,000円

以上の変動費、固定費の分類を整理すると次のようになります。

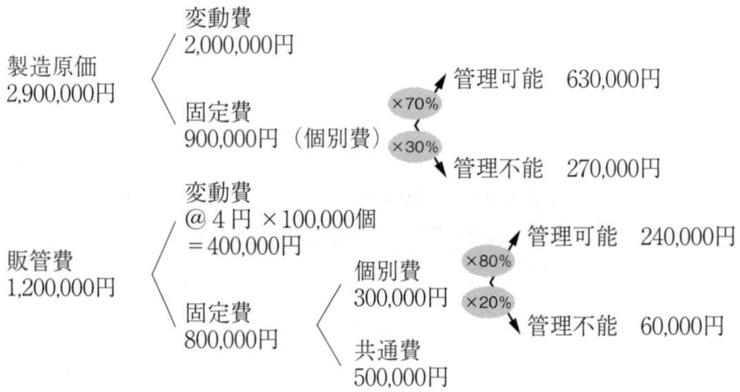

問2　Ｃ事業部長の業績測定

Ｃ事業部長の業績測定を行うにあたっては、Ｃ事業部長にとって管理可能な投資額と利益のデータを用います。したがって投下資本利益率と残余利益は、管理可能利益と管理可能投資額を用いて計算します。

$$管理可能投下資本利益率＝\frac{管理可能利益}{管理可能投資額}\times 100$$

管理可能残余利益＝管理可能利益－管理可能投資額×資本コスト率

・管理可能投下資本利益率：$\frac{730,000円}{5,000,000円\times 80\%}\times 100 = 18.25\%$

・管理可能残余利益：730,000円－5,000,000円×80％×７％＝450,000円

問３　C事業部自体の業績測定

C事業部自体の業績測定を行うにあたっては、C事業部に直接跡づけられる投資額と利益のデータを用います。そのため、事業部に直接跡づけられない共通固定費配賦額は、この計算から除かれることに注意してください。したがって投下資本利益率と残余利益は、事業部貢献利益と事業部総投資額を用いて計算します。

$$投下資本利益率＝\frac{事業部貢献利益}{事業部総投資額}\times 100$$

残余利益＝事業部貢献利益－事業部総投資額×資本コスト率

・投下資本利益率：$\frac{400{,}000円}{5{,}000{,}000円}\times 100 = 8\%$

・残余利益：400,000円－5,000,000円×７％＝50,000円

問４　新規投資案の採用について

(1)、(2)について

この投資案を採用することで、C事業部長の業績測定の指標はそれぞれ次のようになります。

・管理可能投下資本利益率＝$\frac{730{,}000円 + 75{,}000円}{5{,}000{,}000円 \times 80\% + 600{,}000円}\times 100 = 17.5\%$

・管理可能残余利益＝(730,000円＋75,000円)－(5,000,000円×80％＋600,000円)×７％
＝483,000円

その結果、新規投資案採用前に比べ、投下資本利益率は減少し（18.25％→17.5％）、残余利益は増加する（450,000円→483,000円）。C事業部長の業績測定が投下資本利益率によって行われる場合には、C事業部長はこの投資案を採用しませんが、業績測定が残余利益によって行われる場合には採用することになります。

(3)について

この投資案を採用すれば、33,000円（＝483,000円－450,000円）だけ事業部残余利益を増加させることができ、同時に全社的な残余利益も同額だけ増加することになります。

したがって、全社的観点からはこの投資案は採用すべきであるといえます。

解答 15

問1

税引後加重平均資本コスト率　6.6 %

問2

	代替案1	代替案2	代替案3
(1)	750,000千円	900,000千円	855,000千円
(2)	32,400千円	54,000千円	86,400千円
(3)	1,960 台	2,100 台	1,350 台
(4)	21.6 %	30 %	40 %
(5)	4.3 %	6.9 %	11.2 %

問3

代替案1	代替案2	代替案3
2,806 台	2,956 台	1,860 台

問4

代替案1	代替案2	代替案3
△17,100千円	2,520千円	35,514 千円

解説

本問は、CVP分析と投下資本利益率や残余利益等の業績測定指標についての理解を問う問題です。

問1　税引後加重平均資本コスト率

資本源泉	構成割合		資本コスト率		
他人資本	75%	×	8 %	× (1 − 0.4) =	3.6%
自己資本	25%	×	12%	=	3 %
			税引後加重平均資本コスト率		6.6%

問2　各種分析

1．代替案１の損益分岐点　安全余裕率等の算定

⑴　CVP関係

販売量をX台とおくと、代替案１のCVP関係を次のように示すことができます（単位：千円）。

売　上　高	300 X
変　動　費	200 X*1
貢 献 利 益	100 X
固　定　費	196,000
営 業 利 益	100 X − 196,000
法　人　税	40 X −　78,400*3
税引後営業利益	60 X − 117,600

＊1　製品単位あたり変動費：70千円／台〈直接材料費〉＋60千円／台〈直接労務費〉＋ 70千円／台〈その他の変動費*2〉 ＝200千円／台

＊2　その他の変動費：(125,000千円〈変動製造間接費〉＋50,000千円〈変動販売費〉)
÷2,500台＝70千円／台

＊3　法人税：(100X − 196,000) × 40% = 40X − 78,400

⑵　売上高

300千円／台×2,500台＝750,000千円

⑶　税引後営業利益

60千円／台×2,500台－117,600千円＝32,400千円

⑷　損益分岐点販売台数

60 X － 117,600 = 0

60 X = 117,600

∴　X = 1,960（台）

⑸　安全余裕率

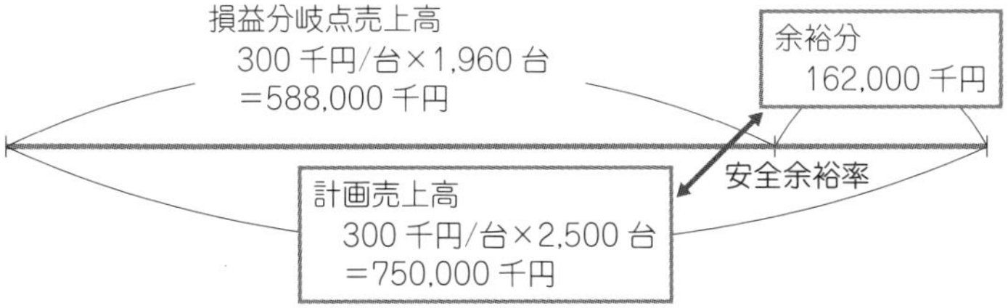

・安全余裕率：$\frac{162{,}000\text{千円}}{750{,}000\text{千円}} \times 100 = 21.6\%$

⑹　税引後投下資本利益率

税引後営業利益：32,400千円（⑶より）

投下資本：750,000千円×20%＋600,000千円＝750,000千円

$$\frac{32{,}400\text{千円〈税引後営業利益〉}}{750{,}000\text{千円〈投下資本〉}}\times 100 = 4.32\% \rightarrow 4.3\%$$

（小数点第2位を四捨五入）

2．代替案2の損益分岐点　安全余裕率等の算定

⑴　CVP関係

販売量をX台とおくと、代替案2のCVP関係を次のように示すことができます（単位：千円）。

売　上　高	300 X	
変　動　費	200 X	
貢献利益	100 X	
固　定　費	210,000	（＝196,000＋14,000）
営業利益	100 X－210,000	
法　人　税	40 X－ 84,000*	
税引後営業利益	60 X－126,000	

＊　法人税：(100 X － 210,000) ×40%＝40 X － 84,000

⑵　売上高

300千円/台×3,000台＝900,000千円

⑶　税引後営業利益

60千円/台×3,000台－126,000千円＝54,000千円

⑷　損益分岐点販売台数

$60X - 126{,}000 = 0$

$60X = 126{,}000$

$\therefore\ X = 2{,}100$（台）

⑸　安全余裕率

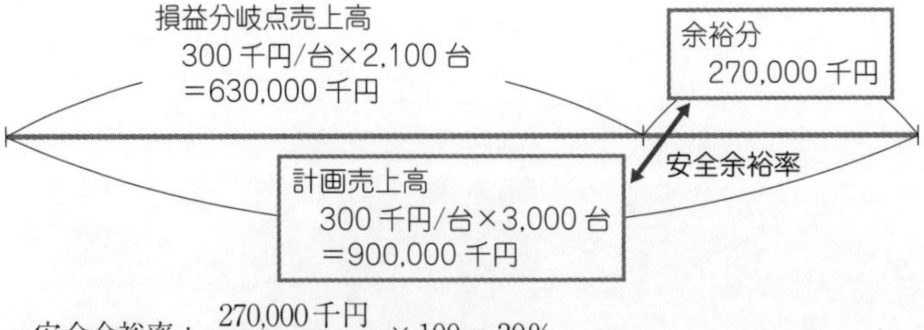

・安全余裕率：$\dfrac{270{,}000\text{千円}}{900{,}000\text{千円}}\times 100 = 30\%$

(6) 税引後投下資本利益率

税引後営業利益：54,000千円（(3)より）

投下資本：900,000千円×20%＋600,000千円＝780,000千円

$$\frac{54{,}000\text{千円〈税引後営業利益〉}}{780{,}000\text{千円〈投下資本〉}}\times 100 = 6.923\cdots \rightarrow 6.9\%$$

（小数点第２位を四捨五入）

３．代替案３の損益分岐点、安全余裕率等の算定

(1) CVP関係

販売量をX台とおくと、代替案３のCVP関係を次のように示すことができます（単位：千円）。

売上高	380X	
変動費	220X*1	
貢献利益	160X	
固定費	216,000	（＝196,000＋7,600＋12,400）
営業利益	160X－216,000	
法人税	64X－ 86,400*2	
税引後営業利益	96X－129,600	

＊1　製品単位あたり変動費：

200千円/台＋8千円/台〈直接材料費増加額〉＋12千円/台〈直接労務費増加額〉＝220千円/台

＊2　法人税：(160X－216,000)×40%＝64X－86,400

(2) 売上高

380千円/台×2,250台＝855,000千円

(3) 税引後営業利益

96千円/台×2,250台－129,600千円＝86,400千円

(4) 損益分岐点販売台数

96X－129,600＝0

96X＝129,600

∴　X＝1,350（台）

(5) 安全余裕率

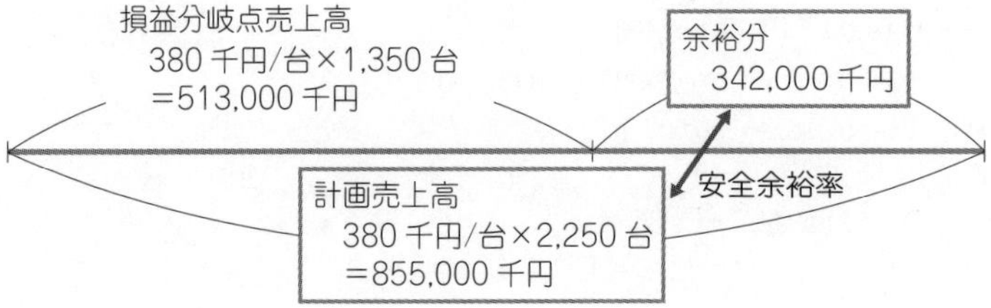

$$\text{安全余裕率：}\frac{342{,}000\text{千円}}{855{,}000\text{千円}} \times 100 = 40\%$$

(6) 税引後投下資本利益率

・税引後営業利益：86,400千円（(3)より）

・投下資本：855,000千円×20％＋600,000千円＝771,000千円

$$\frac{86{,}400\text{千円}\langle\text{税引後営業利益}\rangle}{771{,}000\text{千円}\langle\text{投下資本}\rangle} \times 100 = 11.206\cdots \rightarrow 11.2\%$$

（小数点第２位を四捨五入）

問３　目標利益率達成点の販売台数の計算

１．代替案１の目標販売台数

$$\frac{60X - 117{,}600\text{千円}\langle\text{税引後営業利益}\rangle}{300X \times 20\% + 600{,}000\text{千円}\langle\text{投下資本総額}\rangle} = 0.066$$

$$60X - 117{,}600\text{千円} = 0.066 \times (300X \times 20\% + 600{,}000\text{千円})$$

$$60X - 117{,}600\text{千円} = 3.96X + 39{,}600\text{千円}$$

$$56.04X = 157{,}200\text{千円}$$

$$\therefore \quad X = 2{,}805.139 \rightarrow 2{,}806\text{台}$$

（小数点第１位を切上げ）

２．代替案２の目標販売台数

$$\frac{60X - 126{,}000\text{千円}\langle\text{税引後営業利益}\rangle}{300X \times 20\% + 600{,}000\text{千円}\langle\text{投下資本総額}\rangle} = 0.066$$

$$60X - 126{,}000\text{千円} = 0.066 \times (300X \times 20\% + 600{,}000)\text{千円}$$

$$60X - 126{,}000\text{千円} = 3.96X + 39{,}600\text{千円}$$

$$56.04X = 165{,}600\text{千円}$$

$$\therefore \quad X = 2{,}955.032 \rightarrow 2{,}956\text{台}$$

（小数点第１位を切上げ）

3．代替案３の目標販売台数

$$\frac{96X - 129{,}600\text{千円}\langle\text{税引後営業利益}\rangle}{380X \times 20\% + 600{,}000\text{千円}\langle\text{投下資本総額}\rangle} = 0.066$$

$$96X - 129{,}600\text{千円} = 0.066 \times (380X \times 20\% + 600{,}000\text{千円})$$

$$96X - 129{,}600\text{千円} = 5.016X + 39{,}600\text{千円}$$

$$90.984X = 169{,}200\text{千円}$$

$$\therefore\quad X = 1{,}859.667 \rightarrow 1{,}860\text{台}$$

（小数点第１位を切上げ）

問４　残余利益の計算

1．代替案１の税引後残余利益

$$\underbrace{32{,}400\text{千円}}_{\text{税引後利益}} - \underbrace{(750{,}000\text{千円} \times 20\% + 600{,}000\text{千円}) \times 6.6\%}_{\text{投下資本に対する資本コスト}} = \triangle 17{,}100\text{千円}$$

2．代替案２の税引後残余利益

$$\underbrace{54{,}000\text{千円}}_{\text{税引後利益}} - \underbrace{(900{,}000\text{千円} \times 20\% + 600{,}000\text{千円}) \times 6.6\%}_{\text{投下資本に対する資本コスト}} = 2{,}520\text{千円}$$

3．代替案３の税引後残余利益

$$\underbrace{86{,}400\text{千円}}_{\text{税引後利益}} - \underbrace{(855{,}000\text{千円} \times 20\% + 600{,}000\text{千円}) \times 6.6\%}_{\text{投下資本に対する資本コスト}} = 35{,}514\text{千円}$$

解答 16

問1

（単位：千円）

	製品α	製品β	合計
売上高	(1,080,000)	(720,000)	(1,800,000)
変動費			
製造原価	(828,000)	(376,000)	(1,204,000)
販売費	(36,000)	(20,000)	(56,000)
合計	(864,000)	(396,000)	(1,260,000)
貢献利益	(216,000)	(324,000)	(540,000)
個別自由裁量製造固定費	(21,600)	(28,800)	(50,400)
管理可能利益	(194,400)	(295,200)	(489,600)
個別拘束製造固定費	(86,400)	(115,200)	(201,600)
製品貢献利益	(108,000)	(180,000)	(288,000)
共通固定費			
拘束製造固定費			(49,500)
自由裁量販売・一般管理固定費			(45,000)
拘束販売・一般管理固定費			(67,500)
合計			(162,000)
営業利益			(126,000)

問2

売上高	標準変動製造原価	標準変動販売費	実際貢献利益
1,785,000千円	1,239,800千円	57,100千円	468,100千円

問3

差異分析表(A)

（単位：千円）

	製品α	製品β	合計
予算営業利益	——	——	126,000
販売価格差異	33,000 [U]	0 [—]	33,000 [U]
販売数量差異	21,600 [F]	40,500 [U]	18,900 [U]
変動費差異	2,250 [F]	22,250 [U]	20,000 [U]
固定費差異	——	——	6,900 [F]
実際営業利益	——	——	61,000

差異分析表(B)　販売数量差異の分析　（単位：千円）

	市場総需要量差異	市場占拠率差異	合計
製品α	54,000［U］	75,600［F］	21,600［F］
製品β	30,375［F］	70,875［U］	40,500［U］

差異分析表(C)　変動費差異の分析　（単位：千円）

	製品α	製品β	合計
直接材料費差異	13,500［U］	15,250［U］	28,750［U］
直接労務費差異	19,425［F］	3,635［U］	15,790［F］
変動製造間接費差異	375［U］	3,365［U］	3,740［U］
変動販売費差異	3,300［U］	0［—］	3,300［U］
合　計	2,250［F］	22,250［U］	20,000［U］

（注）各差異分析表の［　　］内には、不利差異であれば「U」、有利差異であれば「F」と記入しなさい。なお差異が0の場合は「—」と記入すればよい。

問4

①	j	②	e	③	h	④	f	⑤	i	⑥	m

解説

本問は、セグメント別の損益計算書を作成してから、予算・実績差異分析を行い、さらに販売数量差異を市場総需要量差異と市場占拠率差異に分析する問題です。

問1　セグメント別予算損益計算書

売　上　高：	製品α；@36千円×30,000個＝	1,080,000千円	
	製品β；@18千円×40,000個＝	720,000千円	
	合　計	1,800,000千円	
変動製造原価：	製品α；(@9千円＋@9.6千円＋@9千円)×30,000個＝		828,000千円
	製品β；(@4千円＋@3千円＋@2.4千円)×40,000個＝		376,000千円
	合　計		1,204,000千円
変動販売費：	製品α；@1.2千円×30,000個＝	36,000千円	
	製品β；@0.5千円×40,000個＝	20,000千円	
	合　計	56,000千円	

固定費：

- 製造原価　301,500千円
  - 個別　252,000千円
    - 製品α　108,000千円
      - ×20% → 自由裁量　21,600千円
      - ×80% → 拘束　86,400千円
    - 製品β　144,000千円
      - ×20% → 自由裁量　28,800千円
      - ×80% → 拘束　115,200千円
  - 共通　49,500千円（拘束）
- 販売費・一般管理費　112,500千円（共通）
  - ×40% → 自由裁量　45,000千円
  - ×60% → 拘束　67,500千円

問2　実際損益計算書の各金額

実際損益計算書

売上高	@35千円×33,000個＋@18千円×35,000個　＝	1,785,000千円
標準変動費		
製造原価	@27.6千円×33,000個＋@9.4千円×35,000個＝	1,239,800千円
販売費	@1.2千円×33,000個＋@0.5千円×35,000個　＝	57,100千円
標準貢献利益		488,100千円
標準変動費差異		20,000千円
実際貢献利益		468,100千円
固定費		
製造原価		292,100千円
販売費・一般管理費		115,000千円
営業利益		61,000千円

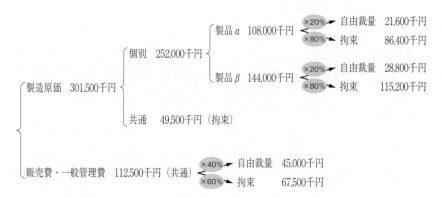

問３

１．販売価格差異と販売数量差異

〈製品 α〉

＊１　予算占拠率にもとづく実際販売量：33,000個÷22%×15%＝22,500個

販売価格差異：(@35千円－@36千円)×33,000個＝△33,000千円（不利差異）
販売数量差異：@7.2千円×(33,000個－30,000個）＝＋21,600千円（有利差異）
市場占拠率差異：@7.2千円×(33,000個－22,500個）＝＋75,600千円（有利差異）
市場総需要量差異：@7.2千円×(22,500個－30,000個）＝△54,000千円（不利差異）

注意　解答用紙に販売数量に関する差異が１つしかないので純額分析で行います。

〈製品 β〉

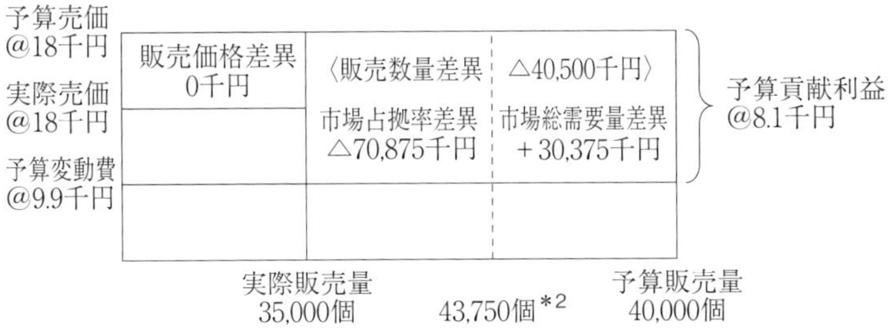

＊２　予算占拠率にもとづく実績販売量：35,000個÷20%×25%＝43,750個

販売価格差異：(@18千円－@18千円）×35,000個＝　　0千円（　―　）
販売数量差異：@8.1千円×(35,000個－40,000個）＝△40,500千円（不利差異）
市場占拠率差異：@8.1千円×(35,000個－43,750個）＝△70,875千円（不利差異）
市場総需要量差異：@8.1千円×(43,750個－40,000個）＝＋30,375千円（有利差異）

2．変動費差異

〈製品 α〉

直接材料費差異：@ 9 千円 × 33,000 個 − 310,500 千円 ＝△13,500 千円（不利差異）
直接労務費差異：@ 9.6 千円 × 33,000 個 − 297,375 千円 ＝ ＋19,425 千円（有利差異）
変動製造間接費差異：@ 9 千円 × 33,000 個 − 297,375 千円 ＝△　375 千円（不利差異）
変動販売費差異：(@ 1.2 千円 − @ 1.3 千円) × 33,000 個 ＝△　3,300 千円（不利差異）
合　計　＋　2,250 千円（有利差異）

〈製品 β〉

直接材料費差異：@ 4 千円 × 35,000 個 − 155,250 千円 ＝△15,250 千円（不利差異）
直接労務費差異：@ 3 千円 × 35,000 個 − 108,635 千円 ＝△　3,635 千円（不利差異）
変動製造間接費差異：@ 2.4 千円 × 35,000 個 − 87,365 千円 ＝△　3,365 千円（不利差異）
変動販売費差異：(@ 0.5 千円 − @ 0.5 千円) × 35,000 個 ＝ 0 千円（　―　）
合　計　△22,250 千円（不利差異）

3．固定費差異

414,000 千円 −（292,100 千円 ＋ 115,000 千円）＝ ＋ 6,900 千円（有利差異）

問 4

直接原価計算方式によりセグメント別の損益計算を行えば、企業全体の収益性の測定のみならず、各セグメントの収益性を測定することができます。

本問では売上金額による販売員の評価は、販売単価の高い製品 α をより多く売ろうとする誘因となりますが、それは、必ずしも企業の収益性を向上させるわけではありません。各製品の単位あたりの貢献利益を計算すると、以下のようになります。

製品 α ：@ 36 千円〈販売単価〉− @ 28.8 千円〈変動費〉＝ @ 7.2 千円
製品 β ：@ 18 千円〈販売単価〉− @ 9.9 千円〈変動費〉＝ @ 8.1 千円

これをみると、製品 β のほうが、単位あたり貢献利益が高く、製品 β をより多く販売したほうが、企業利益が改善することは明らかだからです。

さくいん

あ

か

さ

た

は

ま

や

ら

MEMO

スッキリわかるシリーズ

スッキリわかる　日商《にっしょう》簿記《ぼき》1級《きゅう》　工業《こうぎょう》簿記《ぼき》・原価《げんか》計算《けいさん》Ⅲ
直接《ちょくせつ》・CVP・予算《よさん》実績《じっせき》差異《さい》分析《ぶんせき》編《へん》　第《だい》2版《はん》

2013年11月25日　初　版　第1刷発行
2021年11月30日　第2版　第1刷発行
2023年12月20日　　　　　第2刷発行

編著者　TAC出版開発グループ
発行者　多田敏男
発行所　TAC株式会社　出版事業部
（TAC出版）

〒101-8383
東京都千代田区神田三崎町3-2-18
電話 03（5276）9492（営業）
FAX 03（5276）9674
https://shuppan.tac-school.co.jp

イラスト　佐藤雅則
印刷　株式会社ワコー
製本　東京美術紙工協業組合

ISBN 978-4-8132-9926-4
N.D.C. 336

簿記検定講座のご案内

選べる学習メディアでご自身に合うスタイルでご受講ください!

通学講座

3級コース　3・2級コース　2級コース　1級コース　1級上級・アドバンスコース

教室講座

通って学ぶ

定期的な日程で通学する学習スタイル。常に講師と接することができるという教室講座の最大のメリットがありますので、疑問点はその日のうちに解決できます。また、勉強仲間との情報交換も積極的に行えるのが特徴です。

ビデオブース講座

通って学ぶ　予約制

ご自身のスケジュールに合わせて、TACのビデオブースで学習するスタイル。日程を自由に設定できるため、忙しい社会人に人気の講座です。

直前期教室出席制度
直前期以降、教室受講に振り替えることができます。

無料体験入学
ご自身の目で、耳で体験し納得してご入学いただくために、無料体験入学をご用意しました。

無料講座説明会
もっとTACのことを知りたいという方は、無料講座説明会にご参加ください。

無　料
予約不要※

※ビデオブース講座の無料体験入学は要予約。
無料講座説明会は一部校舎では要予約。

通信講座

3級コース　3・2級コース　2級コース　1級コース　1級上級・アドバンスコース

Web通信講座

スマホやタブレットにも対応　見て学ぶ

教室講座の生講義をブロードバンドを利用し動画で配信します。ご自身のペースに合わせて、24時間いつでも何度でも繰り返し受講することができます。また、講義動画はダウンロードして2週間視聴可能です。有効期間内は何度でもダウンロード可能です。
※Web通信講座の配信期間は、お申込コースの目標月の翌月末までです。

TAC WEB SCHOOL ホームページ
URL https://portal.tac-school.co.jp/

※お申込み前に、左記のサイトにて必ず動作環境をご確認ください。

DVD通信講座

見て学ぶ

講義を収録したデジタル映像をご自宅にお届けします。講義の臨場感をクリアな画像でご自宅にて再現することができます。

※DVD-Rメディア対応のDVDプレーヤーでのみ受講が可能です。
パソコンやゲーム機での動作保証はいたしておりません。

資料通信講座（1級のみ）

テキスト・添削問題を中心として学習します。

Webでも無料配信中!　スマホ タブレット　パソコン

「TAC動画チャンネル」

- **講座説明会** ※収録内容の変更のため、配信されない期間が生じる場合がございます。
- **1回目の講義（前半分）が視聴できます**

詳しくは、TACホームページ
「TAC動画チャンネル」をクリック!

TAC動画チャンネル　簿記　［検索］

コースの詳細は、簿記検定講座パンフレット・TACホームページをご覧ください。

パンフレットのご請求・お問い合わせは、TACカスタマーセンターまで

通話無料　0120-509-117《ゴウカク イイナ》

受付時間　月～金 9:30～19:00
土・日・祝 9:30～18:00
※携帯電話からもご利用になれます。

TAC簿記検定講座ホームページ
TAC 簿記　［検索］

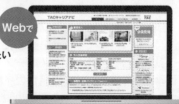

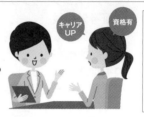

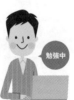

日商簿記検定試験対策書籍のご案内

TAC出版の日商簿記検定試験対策書籍は、学習の各段階に対応していますので、あなたのステップに応じて、合格に向けてご活用ください！

3タイプのインプット教材

1

簿記を専門的な知識にしていきたい方向け

満点合格を目指し 次の級への土台を築く

「合格テキスト」

「合格トレーニング」

- 大判のB5判、3級～1級累計300万部超の、信頼の定番テキスト&トレーニング！TACの教室でも使用している公式テキストです。3級のみオールカラー。
- 出題論点はすべて網羅しているので、簿記をきちんと学んでいきたい方にぴったりです！

◆3級　□2級 商簿、2級 工簿　■1級 商・会 各3点、1級 工・原 各3点

2

スタンダードにメリハリつけて学びたい方向け

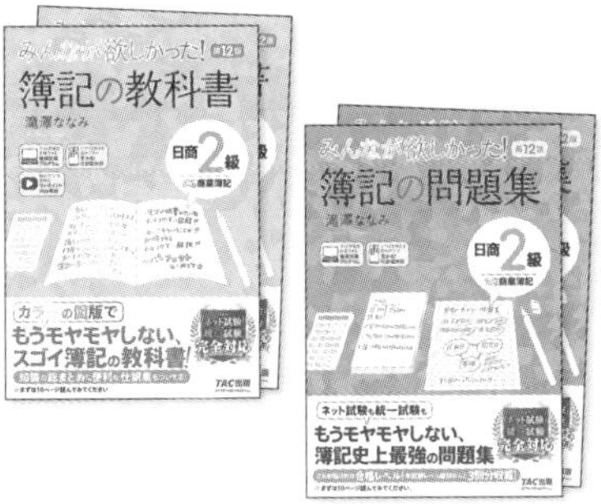

教室講義のような わかりやすさでしっかり学べる

「簿記の教科書」

「簿記の問題集」　　滝澤 ななみ 著

- A5判、4色オールカラーのテキスト（2級・3級のみ）&模擬試験つき問題集！
- 豊富な図解と実例つきのわかりやすい説明で、もうモヤモヤしない!!

◆3級　□2級 商簿、2級 工簿　■1級 商・会 各3点、1級 工・原 各3点

DVDの併用で、さらに理解が深まります！

『簿記の教科書DVD』

- 「簿記の教科書」3、2級の準拠DVD。わかりやすい解説で、合格力が短時間で身につきます！

◆3級　□2級 商簿、2級 工簿

3

気軽に始めて、早く全体像をつかみたい方向け

初学者でも楽しく続けられる！

「スッキリわかる」

テキスト／問題集一体型

滝澤 ななみ 著（1級は商・会のみ）

- 小型のA5判によるテキスト／問題集一体型。これ一冊でOKの、圧倒的に人気の教材です。
- 豊富なイラストとわかりやすいレイアウト！かわいいキャラの「ゴエモン」と一緒に楽しく学べます。

◆3級　□2級 商簿、2級 工簿　■1級 商・会 4点、1級 工・原 4点

シリーズ待望の問題集が誕生！

「スッキリとける本試験予想問題集」

滝澤 ななみ 監修　TAC出版開発グループ 編著

- 本試験タイプの予想問題9回分を掲載

◆3級　□2級

DVDの併用で、さらに理解が深まります！

『スッキリわかる 講義DVD』

- 「スッキリわかる」3、2級の準拠DVD。超短時間でも要点はのがさず解説。3級10時間、2級14時間+10時間で合格へひとっとび。

◆3級　□2級 商簿、2級 工簿

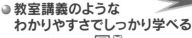

TAC出版

コンセプト問題集

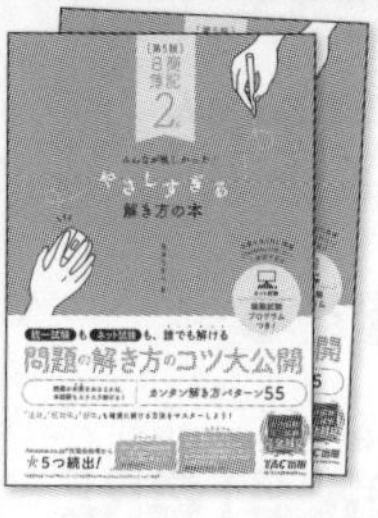

●得点力をつける!

『みんなが欲しかった! やさしすぎる解き方の本』

B5判　滝澤 ななみ 著

● 授業で解き方を教わっているような新感覚問題集。再受験にも有効。

◆3級　□2級

本試験対策問題集

●本試験タイプの問題集

『合格するための本試験問題集』

(1級は過去問題集)

B5判

● 12回分(1級は14回分)の問題を収載。ていねいな「解答への道」、各問対策が充実。

◆3級　□2級　■1級

●知識のヌケをなくす!

『まるっと完全予想問題集』

(1級は網羅型完全予想問題集)

A4判

● オリジナル予想問題(3級10回分、2級12回分、1級8回分)で本試験の重要出題パターンを網羅。

● 実力養成にも直前の本試験対策にも有効。

◆3級　□2級　■1級

直前予想

『○年度試験をあてる TAC予想模試 +解き方テキスト』

(1級は第○回をあてるTAC直前予想模試)

A4判

● TAC講師陣による4回分の予想問題で最終仕上げ。

● 2級・3級は、第1部解き方テキスト編、第2部予想模試編の2部構成。

● 年3回(1級は年2回)、各試験に向けて発行します。

◆3級　□2級　■1級

あなたに合った合格メソッドをもう一冊!

仕訳 **『究極の仕訳集』**

B6変型判

● 悩む仕訳をスッキリ整理。ハンディサイズ、一問一答式で基本の仕訳を一気に覚える。

◆3級　□2級

仕訳 **『究極の計算と仕訳集』**

B6変型判　境 浩一朗 著

● 1級商会で覚えるべき計算と仕訳がすべてつまった1冊!

■1級 商・会

理論 **『究極の会計学理論集』**

B6変型判

● 会計学の理論問題を論点別に整理、手軽なサイズが便利です。

■1級 商・会、全経上級

電卓 **『カンタン電卓操作術』**

A5変型判　TAC電卓研究会 編

● 実践的な電卓の操作方法について、丁寧に説明します!

:ネット試験の演習ができる模擬試験プログラムつき(2級・3級)

:スマホで使える仕訳Webアプリつき(2級・3級)

・2023年8月現在　・刊行内容、表紙等は変更することがあります　・とくに記述がある商品以外は、TAC簿記検定講座編です

書籍の正誤に関するご確認とお問合せについて

書籍の記載内容に誤りではないかと思われる箇所がございましたら、以下の手順にてご確認とお問合せをしてくださいますよう、お願い申し上げます。
なお、正誤のお問合せ以外の**書籍内容に関する解説および受験指導などは、一切行っておりません**。
そのようなお問合せにつきましては、お答えいたしかねますので、あらかじめご了承ください。

1 「Cyber Book Store」にて正誤表を確認する

TAC出版書籍販売サイト「Cyber Book Store」のトップページ内「正誤表」コーナーにて、正誤表をご確認ください。

CYBER BOOK STORE TAC出版書籍販売サイト

URL:https://bookstore.tac-school.co.jp/

2 1の正誤表がない、あるいは正誤表に該当箇所の記載がない ⇒ 下記①、②のどちらかの方法で文書にて問合せをする

★ご注意ください★

お電話でのお問合せは、お受けいたしません。
①、②のどちらの方法でも、お問合せの際には、「お名前」とともに、
「対象の書籍名（○級・第○回対策も含む）およびその版数（第○版・○○年度版など）」
「お問合せ該当箇所の頁数と行数」
「誤りと思われる記載」
「正しいとお考えになる記載とその根拠」
を明記してください。
なお、回答までに1週間前後を要する場合もございます。あらかじめご了承ください。

① ウェブページ「Cyber Book Store」内の「お問合せフォーム」より問合せをする

【お問合せフォームアドレス】

https://bookstore.tac-school.co.jp/inquiry/

② メールにより問合せをする

【メール宛先　TAC出版】

syuppan-h@tac-school.co.jp

※土日祝日はお問合せ対応をおこなっておりません。
※正誤のお問合せ対応は、該当書籍の改訂版刊行月末日までといたします。

乱丁・落丁による交換は、該当書籍の改訂版刊行月末日までといたします。なお、書籍の在庫状況等により、お受けできない場合もございます。
また、各種本試験の実施の延期、中止を理由とした本書の返品はお受けいたしません。返金もいたしかねますので、あらかじめご了承くださいますようお願い申し上げます。

TACにおける個人情報の取り扱いについて
■お預かりした個人情報は、TAC(株)で管理させていただき、お問合せへの対応、当社の記録保管にのみ利用いたします。お客様の同意なしに業務委託先以外の第三者に開示、提供することはございません(法令等により開示を求められた場合を除く)。その他、個人情報保護管理者、お預かりした個人情報の開示等及びTAC(株)への個人情報の提供の任意性については、当社ホームページ(https://www.tac-school.co.jp)をご覧いただくか、個人情報に関するお問い合わせ窓口(E-mail:privacy@tac-school.co.jp)までお問合せください。

(2022年7月現在)

付録編

○問題編　解答用紙

○チェックテスト

〈解答用紙・チェックテストご利用時の注意〉

本冊子には**問題編 解答用紙**と**チェックテスト**が収録されています。
この色紙を残したまま中の冊子をていねいに抜き取り、ご利用ください。
本冊子は以下のような構造になっております。

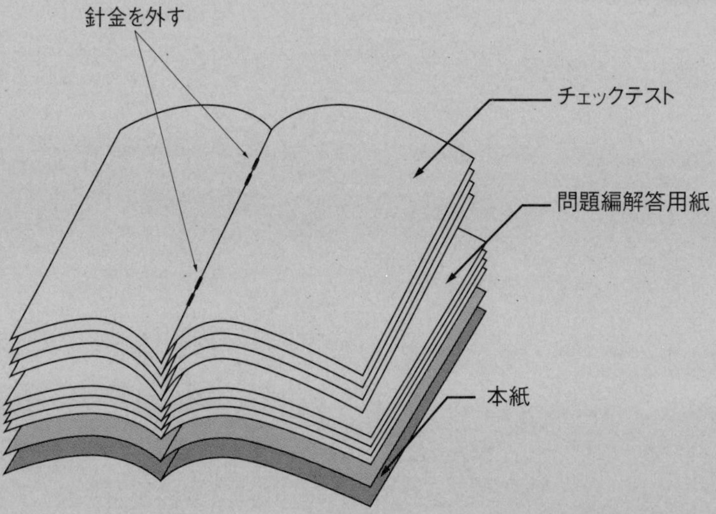

チェックテストは、**上下2カ所の針金を外して**ご使用ください。

針金を外す際には、ペンチ、軍手などを使用し、怪我などには十分ご注意ください。また、抜き取りの際の損傷についてのお取替えはご遠慮願います。

問題編

解答用紙

解答用紙はダウンロードもご利用いただけます。
TAC出版書籍販売サイト・サイバーブックストアにアクセスしてください。
https://bookstore.tac-school.co.jp/

問題 1

問1

損益計算書 (単位：円)

Ⅰ 売上高		(　　　)
Ⅱ 売上原価		
1．月初製品棚卸高	(　　　)	
2．当月製品製造原価	(　　　)	
合計	(　　　)	
3．月末製品棚卸高	(　　　)	
差引	(　　　)	
4．原価差額	(　　　)	(　　　)
売上総利益		(　　　)
Ⅲ 販売費及び一般管理費		(　　　)
営業利益		(　　　)

問2

損益計算書 (単位：円)

Ⅰ 売上高		(　　　)
Ⅱ 変動売上原価		
1．月初製品棚卸高	(　　　)	
2．当月製品製造原価	(　　　)	
合計	(　　　)	
3．月末製品棚卸高	(　　　)	
差引	(　　　)	
4．原価差額	(　　　)	(　　　)
変動製造マージン		(　　　)
Ⅲ 変動販売費		(　　　)
貢献利益		(　　　)
Ⅳ 固定費		
1．加工費	(　　　)	
2．販売費・一般管理費	(　　　)	(　　　)
直接原価計算の営業利益		(　　　)
固定費調整額		
＋）加算項目		
月末製品に含まれる固定加工費	(　　　)	
月末仕掛品に含まれる固定加工費	(　　　)	(　　　)
−）減算項目		
月初製品に含まれる固定加工費	(　　　)	
月初仕掛品に含まれる固定加工費	(　　　)	(　　　)
全部原価計算の営業利益		(　　　)

問題 2

損益計算書（全部原価計算）　　（単位：円）

売上高		(　　　)
売上原価		
月初製品棚卸高	(　　　)	
当月製品製造原価	(　　　)	
合計	(　　　)	
月末製品棚卸高	(　　　)	
差引	(　　　)	
原価差異		
第1工程		
予算差異	(　　　)	
操業度差異	(　　　)	
小計	(　　　)	
第2工程		
予算差異	(　　　)	
操業度差異	(　　　)	
小計	(　　　)	
差異合計	(　　　)	(　　　)
売上総利益		(　　　)
販売費及び一般管理費		(　　　)
営業利益		(　　　)

損益計算書（直接原価計算）

（単位：円）

売　上　高		(　　　)
変動売上原価		
月初製品棚卸高	(　　　)	
当月製品製造原価	(　　　)	
合　　計	(　　　)	
月末製品棚卸高	(　　　)	
差　　引	(　　　)	
変動製造原価差異		
第　1　工　程	(　　　)	
第　2　工　程	(　　　)	
差異合計	(　　　)	(　　　)
変動製造マージン		(　　　)
変動販売費		(　　　)
貢　献　利　益		(　　　)
固　定　費		
第1工程加工費	(　　　)	
第2工程加工費	(　　　)	
販　売　費	(　　　)	
一般管理費	(　　　)	(　　　)
営　業　利　益		(　　　)

固定費調整

（単位：円）

直接原価計算の営業利益		(　　　)
加　算　項　目		
月末仕掛品固定費		
第　1　工　程	(　　　)	
第　2　工　程	(　　　)	
月末製品固定費	(　　　)	(　　　)
控　除　項　目		
月初仕掛品固定費		
第　1　工　程	(　　　)	
第　2　工　程	(　　　)	
月初製品固定費	(　　　)	(　　　)
全部原価計算の営業利益		(　　　)

問題 3

損益計算書　(単位：円)

Ⅰ　売　上　高				(　　　)
Ⅱ　標準変動売上原価				(　　　)
[　　　　]				(　　　)
Ⅲ　[　　　　]				(　　　)
[　　　　]				(　　　)
Ⅳ　標準変動費差異				
1．価　格　差　異	[　]	(　　　)		
2．数　量　差　異	[　]	(　　　)		
3．賃　率　差　異	[　]	(　　　)		
4．時　間　差　異	[　]	(　　　)		
5．予　算　差　異	[　]	(　　　)		
6．能　率　差　異	[　]	(　　　)		
7．変動販売費予算差異	[　]	(　　　)	[　]	(　　　)
実際貢献利益				(　　　)
Ⅴ　固　定　費				
1．固定製造間接費		(　　　)		
2．固定販売費及び一般管理費		(　　　)		(　　　)
直接原価計算方式の営業利益				(　　　)
固定費調整額			[　]	(　　　)
全部原価計算方式の営業利益				(　　　)

(注) 上記の[　　]内には適切な名称を、(　　) 内には金額 (単位：円) を、[　　] 内には＋または－の符号を記入しなさい。

問題 4

7月の予想製造原価	[　　　　]	円
7月の予想販売費・一般管理費	[　　　　]	円

問題 5

a ＿＿＿＿ 円/時

b ＿＿＿＿ 円

問題 6

問1
売　上　高 ＿＿＿＿ 円　　販売数量 ＿＿＿＿ 個

問2
安全余裕率 ＿＿＿＿ %

問3
売　上　高 ＿＿＿＿ 円　　販売数量 ＿＿＿＿ 個

問4
売　上　高 ＿＿＿＿ 円　　販売数量 ＿＿＿＿ 個

問題 7

問1　①　年間の損益分岐点の販売量 ＿＿＿＿ 個

②　安全余裕率 ＿＿＿＿ %

問2　年間目標営業利益額7,700,000円を達成する年間目標売上高 ＿＿＿＿ 円

問3　①　税引前の年間目標経常利益額 ＿＿＿＿ 円

②　年間目標使用総資本経常利益率15%を達成する年間目標販売量 ＿＿＿＿ 個

問4　年間目標使用総資本経常利益率15%を達成する年間目標販売量 ＿＿＿＿ 個

問題 8

問1

(1) 製品A ＿＿＿＿ 個

製品B ＿＿＿＿ 個

製品C ＿＿＿＿ 個

(2) 製品A ＿＿＿＿ 個

製品B ＿＿＿＿ 個

製品C ＿＿＿＿ 個

問2

製品A ＿＿＿＿ 円

製品B ＿＿＿＿ 円

製品C ＿＿＿＿ 円

問題 9

問1　損益分岐点の販売量

製 品 A ＿＿＿＿ 個

製 品 B ＿＿＿＿ 個

問2　最適セールス・ミックス

製 品 A ＿＿＿＿ 個

製 品 B ＿＿＿＿ 個

問3　最適セールス・ミックスとそのときの営業利益額

製 品 A ＿＿＿＿ 個

製 品 B ＿＿＿＿ 個

営業利益 ＿＿＿＿ 円

1級　工業簿記・原価計算
チェックテスト
（制限時間：90分）

本試験と同様の形式のテスト問題（工業簿記１問、原価計算１問）です。

テキストⅠ～Ⅳを学習したあと、解いて実力をチェックしておきましょう。

チェックテストの解答用紙はダウンロードもご利用いただけます。
TAC出版書籍販売サイト・サイバーブックストアにアクセスしてください。
https://bookstore.tac-school.co.jp/

工業簿記

問題 25点

ＢＥＯ工業の東京工場では主力製品である製品ＲＭを連続生産し、累加法による実際工程別単純総合原価計算を採用している。同社における、ある月の原価計算関係資料を参照して、各問に答えなさい。

〔資　料〕

東京工場には、２つの製造部門（第１工程と第２工程）と２つの補助部門（Ａ補助部とＢ補助部）がある。

製品ＲＭの製造過程は、まず第１工程始点において材料Ｘを、工程の始点から加工費進捗度80％の段階まで平均的に材料Ｙを投入し、第１工程の作業が終了した生産物のすべてを第２工程に振り替える。

生産データ：

第１工程	産出量	備　　考
月初仕掛品	4,000kg	加工費進捗度は75％
完　成　品	24,000kg	当月完成品の全量を第２工程へ振替え
月末仕掛品	2,000kg	加工費進捗度は60％
異 常 減 損	2,000kg	加工費進捗度90％の段階で発生した

当月加工費実際発生額：

	合　計	製造部門		補助部門	
		第１工程	第２工程	A補助部	B補助部
第１次集計費					
変動費（千円）	21,560.0	4,462.0	11,966.0	3,172.0	1,960.0
固定費（千円）	20,423.8	8,316.0	5,130.8	3,617.0	3,360.0
合　計（千円）	41,983.8	12,778.0	17,096.8	6,789.0	5,320.0
A補助部門サービス実際消費割合	100%	30%	50%	—	20%
B補助部門サービス実際消費割合	100%	35%	35%	30%	—
A補助部門サービス消費能力割合	100%	30%	45%	—	25%
B補助部門サービス消費能力割合	100%	40%	30%	30%	—

補助部門加工費については、相互配賦法の連立方程式法を適用して変動費、固定費ともにその実際発生額を、変動費は補助部門サービスの実際消費割合、固定費は消費能力割合によって製造工程に配賦する。

その他：

(1)　正常仕損費の負担関係は、仕損発生点の進捗度にもとづいて決定し、その処理は度外視の方法によること。

(2)　各工程の月末仕掛品および完成品への原価配分の方法は先入先出法を採用し、異常減損および正常仕損は当月投入分から生じた。

原価計算

問題
25点

当工場では、工業用の部品を１台の自動切削設備で製造し販売している。部品はすべて１個あたり900円で販売されている。部品１個の製造には１個の材料が必要であり、当該材料は１個あたり400円で調達している。現在、この部品の需要は十分にあり、当工場の生産能力は需要の伸びに追いつかない状態である。たとえ生産量を３倍にしても、まだすべての需要を満たすことはできず、かつ現在の価格で十分に販売可能であると予測している。そこで、当工場では2×08年度より生産能力を大幅に増強することを検討している。部品の製造にはいくつかの工程を経ているが、その中でも切削工程の生産能力が最も低く、工場全体の年間最大生産可能量を制約していることがわかった。その他の工程の生産能力は現時点ですでに十分であり、切削工程の切削量が３倍に増えても、その他の工程に関しては追加コストなしで対応可能である。したがって、切削工程の切削量を増加させれば、部品の生産量をその分増大できる見込みである。そこで、現状維持案のほかに、新たに高性能の設備に買い換え生産能力を拡大するための投資案が検討されている。なお、2×07年度末時点（投資時点）での投資可能資金は15,000万円である。

〈条　件〉

② 意思決定分析

当工場は意思決定分析の期間を４年と仮定し、正味現在価値法を適用して、各投資案が経済的に有利かどうかを検討する。所要利益率は年20%、法人税等の税率は40%である。なお、当社は現在順調に利益をあげており、今後４年間も黒字決算が見込まれる。割引率20%の現価係数は以下のとおりであり、現在価値の計算に際してはこれらの係数を利用すること。

１年 0.8333	２年 0.6944	３年 0.5787	４年 0.4823	５年 0.4019

③ その他の条件

部品売上・仕損品売却はすべて現金売上であり、材料費（変動製造費用）・手直費はすべて現金支出費用である。これらのキャッシュ・フローはすべて各年度末に生じるものとする。工員はすべて固定給で雇われており、労務費4,000万円は固定費である。製造間接費5,000万円も、操業度との明確な関係がみられないことから、すべて固定費であると仮定する。したがって、変動製造費用は材料費だけである。

新規設備Ｘもしくは新規設備Ｙに買い換える場合、現在使用している現有設備の売却にかかわるキャッシュ・フロー（設備売却に伴う節税額を含む）は、2×07年度末時点のキャッシュ・フローに計上するものとする。

以上の条件のもとで以下の各問に答えなさい。なお、いずれの問いも毎年の差額キャッシュ・フローの計算に際しては、税引後で行うこととし、解答欄への記入に際して、キャッシュ・アウトフロー、負の正味現在価値には、△をつけること。

する。そこで、現有設備を新規設備Ｙに買い換えるのではなく、現有設備に追加して、2×07年度末に新規設備Ｙ１台を購入して2×08年度期首から稼動する案を採用した場合の各年度末の差額キャッシュ・フローを計算するとともに、その差額キャッシュ・フローをもとに正味現在価値を計算しなさい。この拡張投資による追加的なキャッシュ・フローは、上記の〈条件〉のほかには、切削工程において新たに生じる労務費（固定費）3,500万円および製造間接費（固定費）5,500万円を考慮すればよい（いずれも現金支出費用）。なお、ここでいう差額キャッシュ・フローとは、「現有設備のみを使い続けるという現状維持案」を基準にして、「現有設備に加えて新規設備Ｙ１台を導入するという投資案」を採用した場合に異なってくるキャッシュ・フローのことをいう。正味現在価値は、2×07年度末の時点を基準にして計算すること。

解答用紙

工 業 簿 記

〔問1〕

仕 掛 品—第1工程　　(単位：円)

借方		貸方	
月初仕掛品原価：		完成品原価：	
X 材 料 費	(　　　)	X 材 料 費	(　　　)
Y 材 料 費	(　　　)	Y 材 料 費	(　　　)
加 工 費	(　　　)	加 工 費	(　　　)
計	(　　　)	計	(　　　)
当月製造費用：		異常減損費：	(　　　)
X 材 料 費	(　　　)	月末仕掛品原価：	
Y 材 料 費	(　　　)	X 材 料 費	(　　　)
加 工 費	(　　　)	Y 材 料 費	(　　　)
計	(　　　)	加 工 費	(　　　)
		計	(　　　)
	(　　　)		(　　　)

仕 掛 品—第2工程　　(単位：円)

原　価　計　算

〔問１〕

各年度末の差額キャッシュ・フロー

2×07年度末	2×08年度末	2×09年度末	2×10年度末	2×11年度末
円	円	円	円	円

正味現在価値	円

〔問２〕

各年度末の差額キャッシュ・フロー

2×07年度末	2×08年度末	2×09年度末	2×10年度末	2×11年度末
円	円	円	円	円

正味現在価値	円

解答解説

工業簿記

〔問1〕

仕掛品—第1工程　(単位：円)

月初仕掛品原価：		完成品原価：	
X材料費	(3,040,000)	X材料費	(❷ 19,040,000)
Y材料費	(461,000)	Y材料費	(3,296,000)
加工費	(2,054,000)	加工費	(18,056,000)
計	(5,555,000)	計	(40,392,000)
当月製造費用：		異常減損費：	(❷ 3,251,600)
X材料費	(19,200,000)	月末仕掛品原価：	
Y材料費	(3,325,000)	X材料費	(1,600,000)
加工費	(❷ 18,288,000)	Y材料費	(210,000)
計	(40,813,000)	加工費	(❷ 914,400)
		計	(2,724,400)
	(46,368,000)		(46,368,000)

仕掛品—第2工程　(単位：円)

解説

〔問1〕累加法による計算

1．工程別実際加工費の集計

相互配賦法の連立方程式法により、各工程の当月工程別実際加工費を集計する。

(1) 連立方程式とその解

実際加工費配賦表　（単位：千円）

	第1工程		第2工程		A補助部		B補助部	
	変動費	固定費	変動費	固定費	変動費	固定費	変動費	固定費
第1次集計費	4,462.0	8,316.0	11,966.0	5,130.8	3,172.0	3,617.0	1,960.0	3,360.0
A 補 助 部	0.3 A	0.3 A′	0.5 A	0.45 A′	—	—	0.2 A	0.25 A′
B 補 助 部	0.35 B	0.4 B′	0.35 B	0.3 B′	0.3 B	0.3 B′	—	—
製 造 工 程 費					A	A′	B	B′

《変動費》

$$\begin{cases} A = 3{,}172 + 0.3\,B \\ B = 1{,}960 + 0.2\,A \end{cases} \Rightarrow A = 4{,}000、B = 2{,}760$$

《固定費》

$$\begin{cases} A' = 3{,}617 + 0.3\,B' \\ B' = 3{,}360 + 0.25\,A' \end{cases} \Rightarrow A' = 5{,}000、B' = 4{,}610$$

(2) 補助部門費の製造工程への配賦

実際加工費配賦表　（単位：千円）

	第1工程	第2工程	A補助部	B補助部

(2) 生産データの整理と計算（先入先出法）

① X材料費

第１工程・X材料費

3,040,000円	月　初　4,000kg	完　成　24,000kg
19,200,000円	当月投入　24,000kg	異常減損　2,000kg
		月　末　2,000kg

月末仕掛品X材料費：

$$\frac{19{,}200{,}000円}{24{,}000kg-4{,}000kg+2{,}000kg+2{,}000kg}\times 2{,}000kg=\mathbf{1{,}600{,}000円}$$

異常減損X材料費：

$$\frac{19{,}200{,}000円}{24{,}000kg-4{,}000kg+2{,}000kg+2{,}000kg}\times 2{,}000kg=1{,}600{,}000円$$

完成品X材料費：

3,040,000円+19,200,000円−1,600,000円−1,600,000円=**19,040,000円**

② Y材料費

材料Ｙは工程の始点から80％まで平均的に投入される。完成品、異常減損はすでに80％を通過しており、材料Ｙに関する進捗度は100％となる。月末仕掛品については80％を終点とみなして75％（＝60％÷80％）の換算量1,500kg、月初仕掛品については93.75％（＝75％÷80％）の換算量3,750kgと計算される。

第１工程・Y材料費

461,000円	月　初　〈3,750kg〉	完　成　24,000kg
	当月投入	異常減損

月末仕掛品Y材料費：

$$\frac{3{,}325{,}000円}{24{,}000kg-3{,}750kg+2{,}000kg+1{,}500kg}\times 1{,}500kg=\mathbf{210{,}000円}$$

異常減損X材料費：

$$\frac{3{,}325{,}000円}{24{,}000kg-3{,}750kg+2{,}000kg+1{,}500kg}\times 2{,}000kg=280{,}000円$$

3．仕掛品－第２工程勘定における計算

(1)　正常仕損費の負担関係

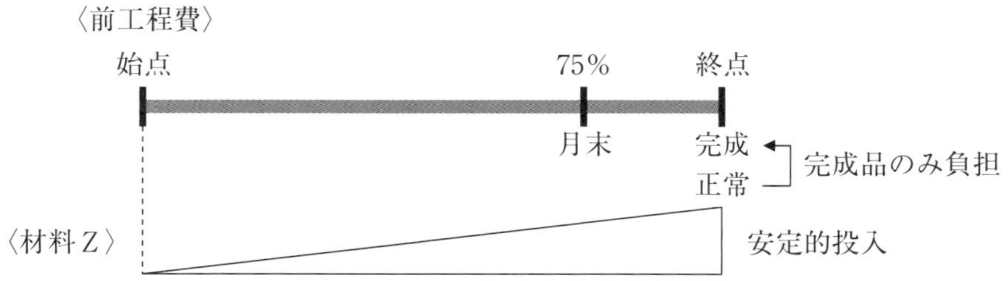

(2)　生産データの整理と計算（先入先出法）

①　前工程費

第２工程・前工程費

2,914,000円※	月　初　500個	完　成　5,500個
40,392,000円	当月投入　6,000個	正常仕損　200個
		月　末　800個

※　月初仕掛品原価

1,520,000円+244,000円+1,150,000円=**2,914,000円**

月末仕掛品前工程費：

$$\frac{40{,}392{,}000円}{5{,}500個-500個+200個+800個}\times 800個=\mathbf{5{,}385{,}600円}$$

完成品前工程費：

2,914,000円+40,392,000円−5,385,600円=**37,920,400円**

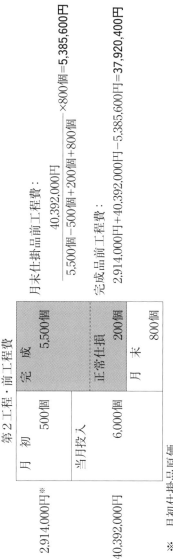

(3) まとめ

月末仕掛品原価：5,385,600円 + 324,000円 + 2,369,580円 = **8,079,180円**

完 成 品 原 価：37,920,400円 + 3,160,500円 + 22,736,800円 = **63,817,700円**

〔問２〕非累加法による計算

1. 第１工程費の計算（先入先出法）

(1) X材料費

第１工程費・X材料費

3,040,000円	月初 第1 4,000kg	完成 22,000kg
1,520,000円	月初 第2 2,000kg	
19,200,000円	当月投入 24,000kg	正常仕損 第2 800kg
		月末 第2 3,200kg
		異常減損 第1 2,000kg
		月末 第1 2,000kg

第１工程月末仕掛品X材料費：

$$\frac{19{,}200{,}000円}{22{,}000kg-(4{,}000kg+2{,}000kg)+800kg+3{,}200kg+2{,}000kg+2{,}000kg}\times 2{,}000kg$$

=1,600,000円

第２工程月末仕掛品X材料費：

$$\frac{19{,}200{,}000円}{22{,}000kg-(4{,}000kg+2{,}000kg)+800kg+3{,}200kg+2{,}000kg+2{,}000kg}\times 3{,}200kg$$

=2,560,000円

第１工程異常減損X材料費：

$$\frac{19{,}200{,}000円}{22{,}000kg-(4{,}000kg+2{,}000kg)+800kg+3{,}200kg+2{,}000kg+2{,}000kg}\times 2{,}000kg$$

=1,600,000円

完成品X材料費：

(3) 加工費

第１工程費・加工費

	借方		貸方
2,054,000円	月初 第1 〈3,000kg〉		完成 22,000kg
1,150,000円	月初 第2 2,000kg		
18,288,000円	当月投入 〈24,000kg〉		正常仕損 第2 800kg
			月末 第2 3,200kg
			異常減損 第1 〈1,800kg〉
			月末 第1 〈1,200kg〉

〈　〉内は完成品換算量

第１工程月末仕掛品加工費：

$$\frac{18{,}288{,}000円}{22{,}000kg-(3{,}000kg+2{,}000kg)+800kg+3{,}200kg+1{,}800kg+1{,}200kg}\times 1{,}200kg$$

=914,400円

第２工程月末仕掛品加工費：

$$\frac{18{,}288{,}000円}{22{,}000kg-(3{,}000kg+2{,}000kg)+800kg+3{,}200kg+1{,}800kg+1{,}200kg}\times 3{,}200kg$$

=2,438,400円

第１工程異常減損加工費：

$$\frac{18{,}288{,}000円}{22{,}000kg-(3{,}000kg+2{,}000kg)+800kg+3{,}200kg+1{,}800kg+1{,}200kg}\times 1{,}800kg$$

=1,371,600円

完成品加工費：

2,054,000円+1,150,000円+18,288,000円−914,400円
−2,438,400円−1,371,600円=16,767,600円

(4) 仕掛品―第１工程費勘定の各金額

仕掛品－第１工程費　（単位：円）

月初仕掛品原価：		完成品原価：	**37,859,600**
第１工程	5,555,000	異常減損費：	**3,251,600**
第２工程	2,914,000	月末仕掛品原価：	

2．第２工程費の計算（先入先出法）

(1)　Z材料費

第２工程費・Z材料費

244,500円	月　初　〈300個〉	完　成　5,500個
3,240,000円	当月投入　〈6,000個〉	正常仕損　〈200個〉
		月　末　〈600個〉

〈　〉内は完成品換算量

月末仕掛品Z材料費：

$$\frac{3{,}240{,}000\text{円}}{5{,}500\text{個}-300\text{個}+200\text{個}+600\text{個}}\times 600\text{個}=324{,}000\text{円}$$

完成品Z材料費：

244,500円+3,240,000円−324,000円=3,160,500円

(2)　加工費

第２工程費・加工費

1,463,640円	月　初　〈300個〉	完　成　5,500個
23,695,800円	当月投入　〈6,000個〉	正常仕損　〈200個〉
		月　末　〈600個〉

月末仕掛品加工費：

$$\frac{23{,}695{,}800\text{円}}{5{,}500\text{個}-300\text{個}+200\text{個}+600\text{個}}\times 600\text{個}=2{,}369{,}580\text{円}$$

仕損品：

265.3円/個×200個=53,060円

完成品加工費：

1,463,640円+23,695,800円−2,369,580円−53,060円

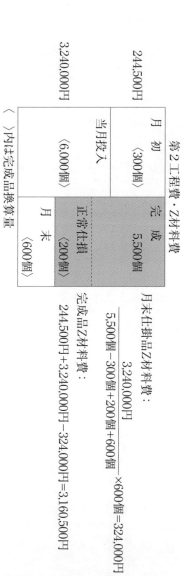

原　価　計　算

〔問１〕

各年度末の差額キャッシュ・フロー

2×07年度末	2×08年度末	2×09年度末	2×10年度末	2×11年度末
❷△49,000,000円	39,000,000円	❷ 39,000,000円	39,000,000円	❷ 44,800,000円

正味現在価値　❷ 54,756,640円

〔問２〕

各年度末の差額キャッシュ・フロー

2×07年度末	2×08年度末	2×09年度末	2×10年度末	2×11年度末
❷△89,000,000円	58,440,000円	❷ 58,440,000円	58,440,000円	❷ 62,240,000円

正味現在価値　❷ 64,116,368円

解説

〔問１〕取替投資の意思決定（現有設備から新規設備Ｘへの買い換え）

１．各投資案における部品の製造販売量、仕損発生量などの整理

現有設備、新規設備Ｘおよび新規設備Ｙの１時間あたりの製造量（切削量）は以下のとおりである。

現 有 設 備：６分間で５個切削する　⇒　１時間で50個切削する
新規設備Ｘ：４分間で５個切削する　⇒　１時間で75個切削する
新規設備Ｙ：４分間で６個切削する　⇒　１時間で90個切削する

部品製造に利用できる設備稼動時間は段取時間を除いた4,000時間（＝4,200時間－200時間）であることから、現有設備、新規設備Ｘおよび新規設備Ｙの年間製造量は以下のとおりとなる。

現 有 設 備：50個／時間×4,000時間＝200,000個
内訳（良　品）；200,000個×95％＝190,000個 ⇒ 良品として販売する
内訳（仕損品）；200,000個×５％＝　10,000個 ⇒ 仕損品のまま売却処分する

新規設備Ｘ：75個／時間×4,000時間＝300,000個
新規設備Ｙ：90個／時間×4,000時間＝360,000個
内訳（良　品）；360,000個×98％＝352,800個 ⇒ 良品として販売する
内訳（仕損品）；360,000個×２％＝　7,200個 ⇒ 手直しした後、良品として販売する

２．「現有設備のみを使い続けるという現状維持案」を採用した場合のキャッシュ・フロー（単位：円）

労務費（固定給）および製造間接費（すべて固定費）は、設備の買い換えをするしないにかかわらず発生額の変化しない原価である。したがって、この意思決定において無関連原価であるため分析より除外する。

3.「新規設備Ｘ１台を使用する案」を採用した場合のキャッシュ・フロー（単位：円）

本解説では、現有設備の売却に関わるキャッシュ・フロー（設備売却に伴う節税額を含む）は、「現有設備を売却して新規設備Ｘ１台と置き換えるという投資案」のＣＩＦ項目として扱う（以下のキャッシュ・フロー図の❷と❸）。

	〈2×07年度末〉	〈2×08年度末〉	〈2×09年度末〉	〈2×10年度末〉	〈2×11年度末〉
ＣＩＦ					❼ 12,000,000
ＣＩＦ	❸ 1,000,000	❻ 9,000,000	❻ 9,000,000	❻ 9,000,000	❻ 9,000,000
ＣＩＦ	❷ 50,000,000	❹162,000,000	❹162,000,000	❹162,000,000	❹162,000,000
ＣＯＦ	❶100,000,000	❺ 72,000,000	❺ 72,000,000	❺ 72,000,000	❺ 72,000,000
ＣＯＦ					❽ 800,000
ＮＥＴ	△49,000,000	99,000,000	99,000,000	99,000,000	110,200,000

❶　新規設備Ｘの取得原価：100,000,000円

❷　現有設備の売却価額：50,000,000円

❸　現有設備の売却損に伴う法人税節約額：(52,500,000円* − 50,000,000円) × 0.4 = 1,000,000円

（＊）現有設備の2×07年度末における簿価：75,000,000円 − 11,250,000円 × ２年 = 52,500,000円

❹　部品の売上収入：@900円 × 300,000個 ×（１ − 0.4）= 162,000,000円

❺　部品の変動製造費用（材料費）：@400円 × 300,000個 ×（１ − 0.4）= 72,000,000円

❻　新規設備Ｘの減価償却に伴う法人税節約額：22,500,000円* × 0.4 = 9,000,000円

（＊）新規設備Ｘの減価償却費：100,000,000円 × 0.9 ÷ ４年 = 22,500,000円

❼　新規設備Ｘの予想売却価額：12,000,000円

〔問２〕取替投資の意思決定（現有設備から新規設備Ｙへの買い換え）

１．「新規設備Ｙ１台を使用する案」を採用した場合のキャッシュ・フロー（単位：円）

	〈2×07年度末〉	〈2×08年度末〉	〈2×09年度末〉	〈2×10年度末〉	〈2×11年度末〉
CIF					❾ 3,200,000
CIF					❽ 6,000,000
CIF	❸ 1,000,000	❼ 12,600,000	❼ 12,600,000	❼ 12,600,000	❼ 12,600,000
CIF	❷ 50,000,000	❹194,400,000	❹194,400,000	❹194,400,000	❹194,400,000
COF	❶140,000,000	❺ 86,400,000	❺ 86,400,000	❺ 86,400,000	❺ 86,400,000
COF		❻ 2,160,000	❻ 2,160,000	❻ 2,160,000	❻ 2,160,000
NET	△89,000,000	118,440,000	118,440,000	118,440,000	127,640,000

❶　新規設備Ｙの取得原価：140,000,000円

❷　現有設備の売却価額：50,000,000円

❸　現有設備の売却損に伴う法人税節約額：(52,500,000円* − 50,000,000円) × 0.4 = 1,000,000円

（＊）現有設備の2×07年度末における簿価：75,000,000円 − 11,250,000円 × ２年 = 52,500,000円

❹　部品の売上収入：@900円 × (352,800個 + 7,200個) × (１ − 0.4) = 194,400,000円

❺　部品・仕損品の変動製造費用（材料費）：@400円 × (352,800個 + 7,200個) × (１ − 0.4) = 86,400,000円

❻　仕損品の手直費：@500円 × 7,200個 × (１ − 0.4) = 2,160,000円

❼　新規設備Ｙの減価償却に伴う法人税節約額：31,500,000円* × 0.4 = 12,600,000円

（＊）新規設備Ｙの減価償却費：140,000,000円 × 0.9 ÷ ４年 = 31,500,000円

❽　新規設備Ｙの予想売却価額：6,000,000円

〔問３〕優劣分岐点の計算

問１の分析結果（正味現在価値：54,756,640円）および問２の分析結果（正味現在価値：64,116,368円）より、「現有設備のみを使い続けるという現状維持案」「新規設備Ｘ１台を使用する案」「新規設備Ｙ１台を使用する案」のなかで、「新規設備Ｙ１台を使用する案」が最も有利であることがわかる（正味現在価値が最大になる）。

ここで、「新規設備Ｘ１台を使用する案」が最も有利な投資案であるためには、問１の分析結果（正味現在価値）が64,116,368円（問２の分析結果）よりも大きくなければならない。

そこで、新規設備Ｘの取得原価をχとおき、各年度末のキャッシュ・フローを把握する。

1．「新規設備Ｘ１台を使用するという投資案」を採用した場合のキャッシュ・フロー（単位：円）

	〈2×07年度末〉	〈2×08年度末〉	〈2×09年度末〉	〈2×10年度末〉	〈2×11年度末〉
					❼ 12,000,000
	❸ 1,000,000	❻ 0.09χ	❻ 0.09χ	❻ 0.09χ	❻ 0.09χ
CIF	❷ 50,000,000	❹ 162,000,000	❹ 162,000,000	❹ 162,000,000	❹ 162,000,000
COF	❶ χ	❺ 72,000,000	❺ 72,000,000	❺ 72,000,000	❺ 72,000,000
					❽ 4,800,000−0.04χ
NET	51,000,000−χ	90,000,000+0.09χ	90,000,000+0.09χ	90,000,000+0.09χ	97,200,000+0.13χ

❶ 新規設備Ｘの取得原価：χ円

❷ 現有設備の売却価額：50,000,000円

❸ 現有設備の売却損に伴う法人税節約額：（52,500,000円* − 50,000,000円）× 0.4 = 1,000,000円

〔問４〕拡張投資の意思決定（新規設備Ｙの追加取得）

従来より確保されている設備稼動時間4,000時間（＝4,200時間－200時間）は、現有設備を利用することで200,000個生産（内訳：良品；190,000個〈販売〉、仕損品；10,000個〈売却処分〉）し、さらに、設備稼動時間を4,000時間多く確保できることにより、新規設備Ｙを利用することで360,000個生産（内訳：良品；352,800個〈販売〉、仕損品；7,200個〈手直し後販売〉）する（なお、生産量合計は560,000個となるが、従来の生産量200,000個の３倍以内なので、他の工程の追加コストは考慮しなくてよい）。

問４では、問３までと異なりどちらの投資案でも現有設備は保持・利用しているため、新規設備Ｙに関する追加的なキャッシュ・フローのみを分析に用いればよい。なお、問４の資料より、切削工程において追加的に発生する労務費（固定費）3,500万円および製造間接費（固定費）5,500万円を差額キャッシュ・フローに組み込むことに注意する（以下のキャッシュ・フロー図の❹）。

１．新規設備Ｙを新たに導入した場合の差額キャッシュ・フロー（単位：円）

	〈2×07年度末〉	〈2×08年度末〉	〈2×09年度末〉	〈2×10年度末〉	〈2×11年度末〉
CIF					❽ 3,200,000
CIF					❼ 6,000,000
CIF		❻ 12,600,000	❻ 12,600,000	❻ 12,600,000	❻ 12,600,000
CIF		❷194,400,000	❷194,400,000	❷194,400,000	❷194,400,000
COF	❶140,000,000	❸ 86,400,000	❸ 86,400,000	❸ 86,400,000	❸ 86,400,000
COF		❹ 54,000,000	❹ 54,000,000	❹ 54,000,000	❹ 54,000,000
COF		❺ 2,160,000	❺ 2,160,000	❺ 2,160,000	❺ 2,160,000
NET	△140,000,000	64,440,000	64,440,000	64,440,000	73,640,000

新規設備Yの取得原価：140,000,000円

❷ 部品の売上収入：@900円×(352,800個＋7,200個)×(1－0.4)＝194,400,000円

❸ 部品・仕損品の変動製造費用（材料費）：@400円×(352,800個＋7,200個)×(1－0.4)＝86,400,000円

❹ 追加キャッシュ・フロー(労務費、製造間接費)：(35,000,000円＋55,000,000円)×(1－0.4)＝54,000,000円

❺ 仕損品の手直費：@500円×7,200個×(1－0.4)＝2,160,000円

❻ 新規設備Yの減価償却に伴う法人税節約額：31,500,000円*×0.4＝12,600,000円

（*）新規設備Yの減価償却費：140,000,000円×0.9÷4年＝31,500,000円

❼ 新規設備Yの予想売却価額：6,000,000円

❽ 新規設備Yの売却損に伴う法人税節約額：(14,000,000円*－6,000,000円)×0.4＝3,200,000円

（*）新規設備Yの2×11年度末における簿価：140,000,000円×0.1＝14,000,000円

2．正味現在価値法

正味現在価値：64,440,000円×(0.8333＋0.6944＋0.5787)＋73,640,000円×0.4823－140,000,000円

＝**31,252,988円**

❺　部品の変動製造費用（材料費）：@400円×300,000個×（1－0.4）＝72,000,000円

❻　新規設備Xの減価償却に伴う法人税節約額：0.225χ円*×0.4＝0.09χ円

（＊）新規設備Xの減価償却費：χ円×0.9÷4年＝0.225χ円

❼　新規設備Xの予想売却価額：12,000,000円

❽　新規設備Xの売却益に伴う法人税増加額：（12,000,000円－0.1χ円*）×0.4＝4,800,000円－0.04χ円

（＊）新規設備Xの2×11年度末における簿価：χ円×0.1＝0.1χ円

2．差額キャッシュ・フローの把握と正味現在価値法（単位：円）

	〈2×07年度末〉	〈2×08年度末〉	〈2×09年度末〉	〈2×10年度末〉	〈2×11年度末〉
〈新規設備X〉	51,000,000－χ	90,000,000＋0.09χ	90,000,000＋0.09χ	90,000,000＋0.09χ	97,200,000＋0.13χ
〈現 有 設 備〉	0	60,000,000	60,000,000	60,000,000	65,400,000
差額CF	51,000,000－χ	30,000,000＋0.09χ	30,000,000＋0.09χ	30,000,000＋0.09χ	31,800,000＋0.13χ

正味現在価値：（30,000,000円＋0.09χ円）×（0.8333＋0.6944＋0.5787）＋（31,800,000円＋0.13χ円）×0.4823
＋（51,000,000円－χ円）＝129,529,140円－0.747725χ円

よって、以下の不等式を解けばよい。

129,529,140円－0.747725χ円　＞　64,116,368円　　∴　χ　＜　87,482,392.5908…

したがって、新規設備Xの取得原価が**8,748万円**（万円未満を切捨て）以下であれば、「現有設備を売却して新規設備X1台と置き換えるという投資案」が最も有利となる。

なお、新規設備Xの取得原価を小さくすればするほど正味現在価値の値は大きくなるので、取得原価が8,748万円以下の場合に「現有設備のみを使い続けるという現状維持案」が最も有利になることはない。

2．差額キャッシュ・フローの把握と正味現在価値法（単位：円）

	〈2×07年度末〉	〈2×08年度末〉	〈2×09年度末〉	〈2×10年度末〉	〈2×11年度末〉
〈新規設備Y〉	△89,000,000	118,440,000	118,440,000	118,440,000	127,640,000
〈現 有 設 備〉	0	60,000,000	60,000,000	60,000,000	65,400,000
差額ＣＦ	**△89,000,000**	**58,440,000**	**58,440,000**	**58,440,000**	**62,240,000**

正味現在価値：58,440,000円×（0.8333＋0.6944＋0.5787）＋62,240,000円×0.4823－89,000,000円＝**64,116,368円**

４. 差額キャッシュ・フローの把握と正味現在価値法（単位：円）

	〈2×07年度末〉	〈2×08年度末〉	〈2×09年度末〉	〈2×10年度末〉	〈2×11年度末〉
〈新規設備Ｘ〉	△49,000,000	99,000,000	99,000,000	99,000,000	110,200,000
〈現 有 設 備〉	0	60,000,000	60,000,000	60,000,000	65,400,000
差額ＣＦ	**△49,000,000**	**39,000,000**	**39,000,000**	**39,000,000**	**44,800,000**

正味現在価値：39,000,000円×（0.8333＋0.6944＋0.5787）＋44,800,000円×0.4823－49,000,000円＝**54,756,640円**

					❻ 1,400,000
					❺ 4,000,000
		❹ 4,500,000	❹ 4,500,000	❹ 4,500,000	❹ 4,500,000
		❷ 900,000	❷ 900,000	❷ 900,000	❷ 900,000
CIF		❶102,600,000	❶102,600,000	❶102,600,000	❶102,600,000
COF		❸ 48,000,000	❸ 48,000,000	❸ 48,000,000	❸ 48,000,000
NET	0	60,000,000	60,000,000	60,000,000	65,400,000

❶ 部品の売上収入：@900円×190,000個×（1－0.4）＝102,600,000円

❷ 仕損品の売却処分収入：@150円×10,000個×（1－0.4）＝900,000円

❸ 部品・仕損品の変動製造費用（材料費）：@400円×200,000個×（1－0.4）＝48,000,000円

❹ 現有設備の減価償却に伴う法人税節約額：11,250,000円*×0.4＝4,500,000円

（*）現有設備の減価償却費：75,000,000円×0.9÷6年＝11,250,000円

❺ 現有設備の予想売却価額：4,000,000円

❻ 現有設備の売却損に伴う法人税節約額：（7,500,000円*－4,000,000円）×0.4＝1,400,000円

（*）現有設備の2×11年度末における簿価：75,000,000円×0.1＝7,500,000円

〔問３〕

新規設備Ｘの取得原価　❸ 8,748万円

〔問４〕

各年度末の差額キャッシュ・フロー

2×07年度末	2×08年度末	2×09年度末	2×10年度末	2×11年度末
△140,000,000円	64,440,000円	❷ 64,440,000円	64,440,000円	❷ 73,640,000円

正味現在価値　❷ 31,252,988円

●数字は採点基準　合計25点

仕掛品－第２工程費　　　　　　　　　　　　（単位：円）

借方	金額	貸方	金額
月初仕掛品原価：		完成品原価：	**25,897,300**
第２工程	1,708,140	仕損品：	53,060
当月製造費用：		月末仕掛品原価：	
Z材料費	3,240,000	第２工程	**2,693,580**
加工費	23,695,800		
計	26,935,800		
	28,643,940		28,643,940

① 月初仕掛品原価

第２工程：244,500円 + 1,463,640円 = 1,708,140円

② 月末仕掛品原価

第２工程：324,000円 + 2,369,580円 = 2,693,580円

③ 仕損品

265.3円／個 × 200個 = 53,060円

④ 完成品原価

3,160,500円 + 22,736,800円 = 25,897,300円

X 材料費	19,200,000	計	**8,170,800**
Y 材料費	3,325,000		
加工費	18,288,000		
計	40,813,000		
	49,282,000		49,282,000

① 月初仕掛品原価

第 1 工程；3,040,000 円 + 461,000 円 + 2,054,000 円 = 5,555,000 円

第 2 工程；1,520,000 円 + 244,000 円 + 1,150,000 円 = 2,914,000 円

② 月末仕掛品原価

第 1 工程；1,600,000 円 + 210,000 円 + 914,400 円 = 2,724,400 円

第 2 工程；2,560,000 円 + 448,000 円 + 2,438,400 円 = 5,446,400 円

③ 異常減損費

1,600,000 円 + 280,000 円 + 1,371,600 円 = 3,251,600 円

④ 完成品原価

18,000,000 円 + 3,092,000 円 + 16,767,600 円 = 37,859,600 円

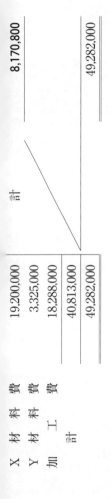

（注） 第２工程月初仕掛品量、月末仕掛品量、正常仕損量、完成品量は、原価計算単位を個数からkgに変えて計算する。
月初仕掛品量：500個×４kg＝2,000kg
月末仕掛品量：800個×４kg＝3,200kg
正常仕損量：200個×４kg＝800kg
完成品量：5,500個×４kg＝22,000kg

(2)　Ｙ材料費

第１工程費・Ｙ材料費

	借方	貸方
461,000円	月初 第1 〈3,750kg〉	完成 22,000kg
244,000円	月初 第2 2,000kg	
3,325,000円	当月投入 〈23,750kg〉	正常仕損 第2 800kg
		月末 第2 3,200kg
		異常減損 第1 2,000kg
		月末 第1 〈1,500kg〉

〈　〉内は完成品換算量

第１工程月末仕掛品Ｙ材料費：

$$\frac{3{,}325{,}000円}{22{,}000kg-(3{,}750kg+2{,}000kg)+800kg+3{,}200kg+2{,}000kg+1{,}500kg}\times 1{,}500kg$$

＝210,000円

第２工程月末仕掛品Ｙ材料費：

$$\frac{3{,}325{,}000円}{22{,}000kg-(3{,}750kg+2{,}000kg)+800kg+3{,}200kg+2{,}000kg+1{,}500kg}\times 3{,}200kg$$

＝448,000円

第１工程異常減損Ｙ材料費：

$$\frac{3{,}325{,}000円}{22{,}000kg-(3{,}750kg+2{,}000kg)+800kg+3{,}200kg+2{,}000kg+1{,}500kg}\times 2{,}000kg$$

＝280,000円

完成品Ｙ材料費：

461,000円＋244,000円＋3,325,000円－210,000円－448,000円
－280,000円＝3,092,000円

第２工程・Z材料費

244,500円	月　初 〈300個〉	完　成 5,500個
3,240,000円	当月投入 〈6,000個〉	正常仕損 〈200個〉
		月　末 〈600個〉

〈　〉内は完成品換算量

月末仕掛品Z材料費：

$$\frac{3{,}240{,}000円}{5{,}500個-300個+200個+600個}\times600個=\mathbf{324{,}000円}$$

完成品Z材料費：

244,500円+3,240,000円−324,000円=**3,160,500円**

③　加工費

第２工程・加工費

1,463,640円	月　初 〈300個〉	完　成 5,500個
23,695,800円	当月投入 〈6,000個〉	正常仕損 〈200個〉
		月　末 〈600個〉

〈　〉内は完成品換算量

月末仕掛品Z材料費：

$$\frac{23{,}695{,}800円}{5{,}500個-300個+200個+600個}\times600個=\mathbf{2{,}369{,}580円}$$

仕損品：

265.3円/個×200個=**53,060円**

完成品加工費：

1,463,640円+23,695,800円−2,369,580円−53,060円

=**22,736,800円**

		〈1,500kg〉

〈　〉内は完成品換算量

461,000円+3,325,000円−210,000円−280,000円=**3,296,000円**

③　加工費

第1工程・加工費

	借方	貸方
2,054,000円	月　初　〈3,000kg〉	完　成　24,000kg
18,288,000円	当月投入　〈24,000kg〉	異常減損　〈1,800kg〉
		月　末　〈1,200kg〉

〈　〉内は完成品換算量

月末仕掛品加工費：

$$\frac{18{,}288{,}000円}{24{,}000kg-3{,}000kg+1{,}800kg+1{,}200kg}\times 1{,}200kg=\mathbf{914{,}400円}$$

異常減損加工費：

$$\frac{18{,}288{,}000円}{24{,}000kg-3{,}000kg+1{,}800kg+1{,}200kg}\times 1{,}800kg=1{,}371{,}600円$$

完成品加工費：

2,054,000円+18,288,000円−914,400円−1,371,600円=**18,056,000円**

(3)　まとめ

月末仕掛品原価：1,600,000円＋210,000円＋914,400円＝**2,724,400円**

異 常 減 損 費：1,600,000円＋280,000円＋1,371,600円＝**3,251,600円**

完 成 品 原 価：19,040,000円＋3,296,000円＋18,056,000円＝**40,392,000円**

A 補 助 部 ①	1,200.0	1,500.0	2,000.0	2,250.0	(4,000.0)	(5,000.0)	800.0	1,250.0
B 補 助 部 ②	966.0	1,844.0	966.0	1,383.0	828.0	1,383.0	(2,760.0)	(4,610.0)
製 造 工 程 費	6,628.0	11,660.0	14,932.0	8,763.8	0.0	0.0	0.0	0.0

① A補助部門費の配賦

《変動費》

第1工程：0.3A = 1,200

第2工程：0.5A = 2,000

B補助部：0.2A = 800

《固定費》

第1工程：0.3A′ = 1,500

第2工程：0.45A′ = 2,250

B補助部：0.25A′ = 1,250

② B補助部門費の配賦

《変動費》

第1工程：0.35B = 966

第2工程：0.35B = 966

A補助部：0.3B = 828

《固定費》

第1工程：0.4B′ = 1,844

第2工程：0.3B′ = 1,383

A補助部：0.3B′ = 1,383

(3) 各工程への配賦額

第1工程：6,628千円 + 11,660千円 = **18,288,000円**

第2工程：14,932千円 + 8,763.8千円 = **23,695,800円**

2. 仕掛品ー第1工程勘定における計算

(1) タイム・テーブル

材料Yは工程始点から80%の地点までの平均的投入であることに注意しなければならない。

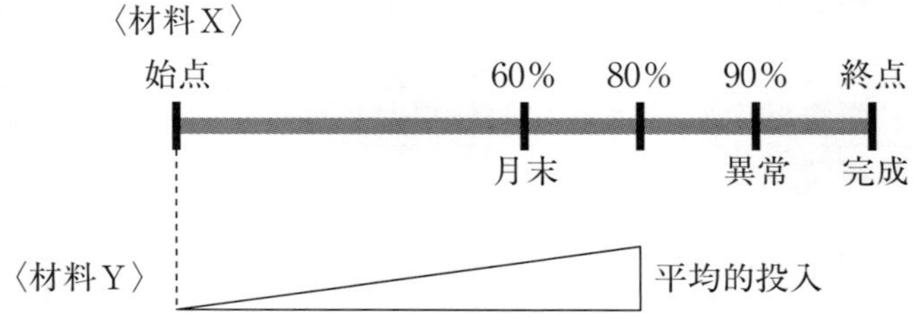

Z 材 料 費	(244,500)	Z 材 料 費	(3,160,500)
加 工 費	(1,463,640)	加 工 費	(22,736,800)
計	(4,622,140)	計	(❷ 63,817,700)
当月製造費用：		仕 損 品：	(❷ 53,060)
前 工 程 費	(40,392,000)	月末仕掛品原価：	
Z 材 料 費	(3,240,000)	前 工 程 費	(5,385,600)
加 工 費	(❷ 23,695,800)	Z 材 料 費	(324,000)
計	(67,327,800)	加 工 費	(2,369,580)
		計	(❷ 8,079,180)
	(71,949,940)		(71,949,940)

〔問２〕

(a)	最終完成品に含まれる第１工程費	❶	37,859,600円
(b)	最終完成品に含まれる第２工程費	❶	25,897,300円
(c)	仕掛品－第１工程費勘定における月末仕掛品原価	❶	8,170,800円
(d)	仕掛品－第２工程費勘定における月末仕掛品原価	❶	2,693,580円
(e)	異常減損費	❶	3,251,600円
(f)	仕掛品－第１工程費勘定における月初仕掛品原価	❶	8,469,000円
(g)	仕掛品－第２工程費勘定における借方合計金額	❶	28,643,940円

●数字は採点基準　合計25点

〔問３〕

新規設備Xの取得原価 | 万円 |

〔問４〕

各年度末の差額キャッシュ・フロー

2×07年度末	2×08年度末	2×09年度末	2×10年度末	2×11年度末
円	円	円	円	円

正味現在価値 | 円 |

Z材料費	(　　　)	Z材料費	(　　　)
加工費	(　　　)	加工費	(　　　)
計	(　　　)	計	(　　　)
当月製造費用：		仕損品：	(　　　)
前工程費	(　　　)	月末仕掛品原価：	
Z材料費	(　　　)	前工程費	(　　　)
加工費	(　　　)	Z材料費	(　　　)
計	(　　　)	加工費	(　　　)
		計	(　　　)
	(　　　)		(　　　)

〔問2〕

(a)	最終完成品に含まれる第1工程費	円
(b)	最終完成品に含まれる第2工程費	円
(c)	仕掛品－第1工程費勘定における月末仕掛品原価	円
(d)	仕掛品－第2工程費勘定における月末仕掛品原価	円
(e)	異常減損費	円
(f)	仕掛品－第1工程費勘定における月初仕掛品原価	円
(g)	仕掛品－第2工程費勘定における借方合計金額	円

を採用した場合の各年度末の差額キャッシュ・フローを計算するとともに、その差額キャッシュ・フローをもとに正味現在価値を計算しなさい。なお、ここでいう差額キャッシュ・フローとは、「現有設備のみを使い続けるという現状維持案」を基準にして、新規設備X１台を使用した場合に異なってくるキャッシュ・フローのことをいう。正味現在価値は、2×07年度末の時点を基準にして計算すること。

〔問２〕2×07年度末に現有設備を売却し新規設備Y１台に買い換え2×08年度期首から稼動する案を採用した場合の各年度末の差額キャッシュ・フローを計算するとともに、その差額キャッシュ・フローをもとに正味現在価値を計算しなさい。なお、ここでいう差額キャッシュ・フローとは、「現有設備のみを使い続けるという現状維持案」を基準にして、新規設備Y１台を使用した場合に異なってくるキャッシュ・フローのことをいう。正味現在価値は、2×07年度末の時点を基準にして計算すること。

〔問３〕〔問１〕〔問２〕の分析より、「新規設備Yに買い換えることが最も有利である」と判断できる。「新規設備Xに買い換えることが最も有利である」ためには、新規設備Xの取得原価が何万円以下であればよいか、計算しなさい。計算上生じる端数に関しては、計算途中では四捨五入せず、最終の答えの段階で万円未満を切り捨てなさい。なお、新規設備Xの2×11年度末の予想売却価額に変更はないものとする。

〔問４〕さて、さらに4,000時間の設備稼動時間（段取時間控除後）を確保できることがわかり、ここで投資案の設定を変更する。つまり、従来より確保されている設備稼動時間は現有設備の利用に充て、新しく確保する設備稼動時間4,000時間は新規設備Yの利用に充てることを検討

現在使用している自動切削設備（以下、現有設備と称する）は2×05年度末に導入され2×06年度期首から稼動したものであるが、さらに生産能力の高い高性能自動切削設備ＸもしくはＹ（以下、新規設備Ｘ、新規設備Ｙと称する）に買い換えることを検討している。現有設備は6分間で5個切削できるが、新規設備Ｘは5個切削するのに4分間で済む。さらに、新規設備Ｙは同じ4分間で6個切削することができる。

現有設備の利用においては、切削工程で投入量の5％の仕損が生じており、仕損品は手直し不能で1個あたり150円にて売却処分する以外に用途はない。処分のためのコストはかからない。また、新規設備Ｘを利用すれば仕損は生じないが、新規設備Ｙを利用すると切削工程で投入量の2％の仕損が発生する。ただし、仕損の程度が軽く1個あたり500円のコストをかけて手直しをすることで良品（販売品）に回復させることができる。

現在、設備の保守の時間を差し引き、年間4,200時間の設備稼動時間を確保している。うち200時間は、段取時間として使用されると見積られている。なお、各切削設備の諸データは以下のとおりである。

	現有設備	新規設備Ｘ	新規設備Ｙ
生産能力	年間　?　個	年間　?　個	年間　?　個
取得原価	7,500万円	10,000万円	14,000万円
減価償却の方法	いずれの設備も、残存価額を取得原価の10%とする定額法による。耐用年数は、現有設備は6年、新規設備はいずれも4年である。		
2×11年度末の予想売却価額	400万円	1,200万円	600万円
2×07年度末時点での売却価額	5,000万円	—	—

〔問１〕累加法による全部実際工程別総合原価計算により計算することとし、答案用紙に示された仕掛品勘定に記入し完成させなさい。

〔問２〕通常の非累加法（非累加法本来の方法）による全部実際工程別総合原価計算により計算することとし、答案用紙に示された金額を求めなさい。

と材料Ｚの割合は、第１工程完成品４kgに対して材料Ｚが３単位で常に一定である。

生産データ：

第２工程	産出量	備　　考
月初仕掛品	500個	加工費進捗度は60％
完　成　品	5,500個	—
月末仕掛品	800個	加工費進捗度は75％
正 常 仕 損	200個	工程終点で発生した

〔注〕第２工程正常仕損品には265.3円／個の評価額があり、第２工程加工費から控除する。

各工程の実際原価：

	月初仕掛品原価		当月製造費用
	第１工程	第２工程	
Ｘ　材　料　費	3,040,000円	1,520,000円	19,200,000円
Ｙ　材　料　費	461,000円	244,000円	3,325,000円
Ｚ　材　料　費	—　円	244,500円	3,240,000円
加工費（第１工程）	2,054,000円	1,150,000円	？　円
加工費（第２工程）	—　円	1,463,640円	？　円

問題 10

問１

製　品　A　　　　　個

製　品　B　　　　　個

問２

営業利益　　　　　円

問３

製品Ａ１個あたりの貢献利益が　　　　円より少なくなれば、最適セールス・ミックスは変化する。

問題 11

1.

×2年度予定損益計算書　(単位：万円)

売上高	(　　　　)
売上原価	(　　　　)
売上総利益	(　　　　)
販売費・一般管理費	(　　　　)
営業利益	(　　　　)
支払利息	(　　　　)
経常利益	(　　　　)
法人税等	(　　　　)
当期純利益	(　　　　)

2.

×2年度予定貸借対照表　(単位：万円)

流動資産		流動負債	
現金	(　　　　)	買掛金	(　　　　)
売掛金	(　　　　)	短期借入金	(　　　　)
製品	(　　　　)	[　　　　]	(　　　　)
原料	(　　　　)	[　　　　]	(　　　　)
その他	(　　　　)	流動負債合計	(　　　　)
流動資産合計	(　　　　)	固定負債	
固定資産		社債	(　　　　)
土地	(　　　　)	負債合計	(　　　　)
建物・設備	(　　　　)	純資産	
減価償却累計額	(△　　　)	資本金	(　　　　)
固定資産合計	(　　　　)	利益準備金	(　　　　)
		任意積立金	(　　　　)
		繰越利益剰余金	(　　　　)
		純資産合計	(　　　　)
資産合計	(　　　　)	負債・純資産合計	(　　　　)

(注) 上記の財務諸表の[　　]内に勘定科目名を、(　　)内には金額を記入して予定財務諸表を完成させなさい。

問題 12

(注) 下記の財務諸表における（　　）内に計算した数値を記入し、予定損益計算書と予定貸借対照表を完成させなさい。

1．×1年度予定損益計算書（単位：円）

	1月	2月
売上高	(　　　)	(　　　)
変動売上原価	(　　　)	(　　　)
変動製造マージン	(　　　)	(　　　)
変動販売費	(　　　)	(　　　)
貢献利益	(　　　)	(　　　)
固定費		
加工費	(　　　)	(　　　)
販売・一般管理費	(　　　)	(　　　)
固定費計	(　　　)	(　　　)
営業利益	(　　　)	(　　　)
支払利息	(　　　)	(　　　)
経常利益	(　　　)	(　　　)

2．×1年度予定貸借対照表（単位：円）

	1月末	2月末
流動資産		
現金	(　　　)	(　　　)
売掛金	(　　　)	(　　　)
製品	(　　　)	(　　　)
原料	(　　　)	(　　　)
流動資産計	(　　　)	(　　　)
固定資産		
土地	(　　　)	(　　　)
建物・設備	(　　　)	(　　　)
固定資産計	(　　　)	(　　　)
資産合計	(　　　)	(　　　)

流　動　負　債		
買　　掛　　金	(　　　　)	(　　　　)
借　　入　　金	(　　　　)	(　　　　)
流 動 負 債 計	(　　　　)	(　　　　)
固　定　負　債	(　　　　)	(　　　　)
純　　資　　産		
資　　本　　金	(　　　　)	(　　　　)
資 本 剰 余 金	(　　　　)	(　　　　)
利 益 剰 余 金	(　　　　)	(　　　　)
純　資　産　計	(　　　　)	(　　　　)
負債・純資産合計	(　　　　)	(　　　　)

問題 13

事業部別予算損益計算書　(単位：円)

Ⅰ	売　　上　　高	(　　　　)
Ⅱ	変動売上原価	(　　　　)
	変動製造マージン	(　　　　)
Ⅲ	変 動 販 売 費	(　　　　)
	貢　献　利　益	(　　　　)
Ⅳ		(　　　　)
		(　　　　)
Ⅴ		(　　　　)
		(　　　　)
Ⅵ	本社費配賦額	(　　　　)
	事業部営業利益	(　　　　)

(注) □ 内には適当な語句を、(　　) 内には適当な金額を記入しなさい。

問題 14

問1

損　益　計　算　書　　(単位：円)

Ⅰ	売　　上　　高	(　　　　)
Ⅱ	変動売上原価	(　　　　)
	変動製造マージン	(　　　　)
Ⅲ	変動販売費	(　　　　)
	貢　献　利　益	(　　　　)
Ⅳ		(　　　　)
		(　　　　)
Ⅴ		(　　　　)
		(　　　　)
Ⅵ	共通固定費配賦額	(　　　　)
	事業部営業損失	(　　　　)

(注) 上記の□内には適切な名称を、(　　) 内には金額を記入しなさい。

問2

投下資本利益率		%
残　余　利　益		円

問3

投下資本利益率		%
残　余　利　益		円

問4

⑴　C事業部長は、この投資案を採用（する・しない）。なぜなら、この投資案を採用することで投下資本利益率が（増加・減少）するからである。

⑵　C事業部長は、この投資案を採用（する・しない）。なぜなら、この投資案を採用することで残余利益が（増加・減少）するからである。

⑶　全社的な観点から考えた場合、この投資案は採用すべきで（ある・ない）。なぜなら、この投資案を採用することでC事業部の残余利益とともに全社的残余利益も（増加・減少）するからである。

(注)（　　）内の不要な文字を二重線を引いて消しなさい。

問題 15

問1

税引後加重平均資本コスト率 [　　　　] %

問2

	代替案1	代替案2	代替案3
⑴	千円	千円	千円
⑵	千円	千円	千円
⑶	台	台	台
⑷	%	%	%
⑸	%	%	%

問3

代替案1	代替案2	代替案3
台	台	台

問4

代替案1	代替案2	代替案3
千円	千円	千円

問題 16

問1 (単位：千円)

	製品α	製品β	合計
売上高	( )	( )	( )
変動費			
製造原価	( )	( )	( )
販売費	( )	( )	( )
合計	( )	( )	( )
貢献利益	( )	( )	( )
個別自由裁量製造固定費	( )	( )	( )
管理可能利益	( )	( )	( )
個別拘束製造固定費	( )	( )	( )
製品貢献利益	( )	( )	( )
共通固定費			
拘束製造固定費			( )
自由裁量販売・一般管理固定費			( )
拘束販売・一般管理固定費			( )
合計			( )
営業利益			( )

問2

売上高	標準変動製造原価	標準変動販売費	実際貢献利益
千円	千円	千円	千円

問3

差異分析表(A) (単位：千円)

	製品α	製品β	合計
予算営業利益	——	——	126,000
販売価格差異	[ ]	[ ]	[ ]
販売数量差異	[ ]	[ ]	[ ]
変動費差異	[ ]	[ ]	[ ]
固定費差異	——	——	[ ]
実際営業利益	——	——	61,000

差異分析表(B)　販売数量差異の分析　　　　　　　　　　　　　(単位：千円)

	市場総需要量差異	市場占拠率差異	合計
製品α	[　]	[　]	[　]
製品β	[　]	[　]	[　]

差異分析表(C)　変動費差異の分析　　　　　　　　　　　　　(単位：千円)

	製品α	製品β	合計
直接材料費差異	[　]	[　]	[　]
直接労務費差異	[　]	[　]	[　]
変動製造間接費差異	[　]	[　]	[　]
変動販売費差異	[　]	[　]	[　]
合　　計	[　]	[　]	[　]

(注) 各差異分析表の［　　］内には、不利差異であれば「U」、有利差異であれば「F」と記入しなさい。なお差異が0の場合は「—」と記入すればよい。

問4

①		②		③		④		⑤		⑥	